Introducción a la

MISIOLOGÍA

3ra Edición

H. Armstrong • M. McClellan • D. Sills

Publicado por
Reaching and Teaching International Ministries
P.O. Box 206115
Louisville, Kentucky, USA 40250-6115

Portada diseñada por Karen Boone: www.karenboone.com

Editado por Hermes y Sonia Soto Editing and Translation: hermessoto@yahoo.com

A menos que se indique lo contrario, las citas bíblicas se tomaron de La Santa Biblia Reina Valera © 1960 por Sociedades Bíblicas Unidas.

ISBN 978-0-615-41990-9

Impreso en los Estados Unidos de América

CONTENIDO

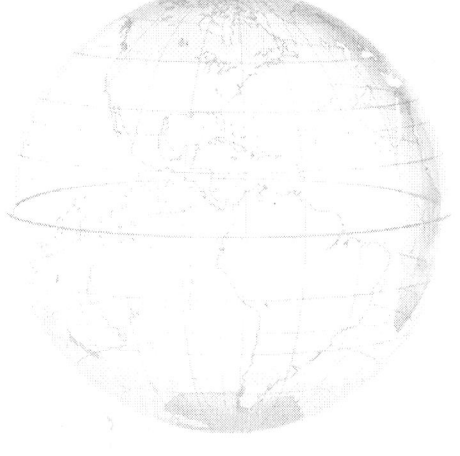

PRÓLOGO

La Gran Comisión es vista por muchos cristianos como las órdenes de marcha dadas por nuestro Señor Jesucristo a sus seguidores.

> Jesús se acercó a ellos y les dijo: -- Dios me ha dado toda autoridad en el cielo y en la tierra. Vayan, pues, a las gentes de todas las naciones, y háganlas mis discípulos; bautícenlas en el nombre del Padre, del Hijo y del Espíritu Santo, y enséñenles a obedecer todo lo que les he mandado a ustedes. Por mi parte, yo estaré con ustedes todos los días, hasta el fin del mundo (Mateo 28: 18-20)[1].

Es claro en este pasaje que el que tiene *todo* el poder nos envía a hacer discípulos de *todos* los grupos culturales, a enseñarles *todo* lo que Él nos enseño y promete estar con nosotros *todos* los días. A la luz de este mandato dado por el Rey de Reyes y Señor de Señores cabe hacer las preguntas: ¿Con cuánta seriedad estamos tomando este mandato? ¿Cuánto comprendemos su significado? ¿Cómo vamos con su cumplimiento? ¿Qué estrategias estamos empleando para implementar la Gran Comisión en nuestras vidas y en nuestro ministerio?

Es obvio que en las vidas de los autores de este libro, *Introducción a la Misiología*, la Gran Comisión ocupa un lugar primordial. El hecho de que ellos estuvieron dispuestos a ir a otros países a comunicar el mensaje del evangelio entre grupos de diversos idiomas, culturas y niveles socioeconómicos es una indicación de su deseo profundo que "las gentes de todas la naciones" lleguen a ser seguidores fervientes de Jesucristo.

Los primeros cuatro capítulos de este libro proveen un fundamento sólido para el estudio de la misiología. Uno puede estar seguro que al terminar esta sección el lector tendrá un conocimiento muy claro y bíblico acerca de la filosofía de misiones, las bases bíblicas de las misiones, la teología de misión y las bases históricas de misiones. Este fundamento es necesario para evitar los errores y las posiciones extremas (p.eje. el universalismo) que están minando la obra misionera en nuestro día.

La experiencia misionera de los autores es evidente en los capítulos cinco a nueve. "La confusión acerca del llamado misionero es la razón principal por la cual la gran mayoría de los cristianos no van al campo misionero ni consideran la posibilidad de servir al Señor en tal ministerio." Esta declaración hecha en el capítulo cinco introduce una discusión excelente acerca de tal llamado y la preparación que se necesita para ser misionero. También de gran beneficio son las discusiones en los siguientes capítulos acerca de la vida del misionero; filosofías, estrategias y metodologías; la cultura y la cosmovisión; y las investigaciones etnográficas. El lector encontrará que estos temas le pondrán al día en cuanto a los conceptos y las estrategias que se están utilizando por las agencias misioneras a través del mundo.

Una de las contribuciones más grandes de este libro se encuentra en los capítulos diez y once, "Las Religiones del Mundo" e "Influencias Religiosas en la América Latina." La descripción y las observaciones acerca de estas religiones y las sugerencias acerca de las estrategias para evangelizar a las personas en éstas, son de suma importancia para los lectores. Estos capítulos no sólo tratan con las religiones mundiales principales tales como el judaísmo, el catolicismo romano, el islam, el hinduismo, el budismo y el confusionismo sino también las religiones tradicionales y el animismo y las sectas tales como los testigos de Jehová y el mormonismo.

Al leer el libro de los Hechos uno se da cuenta que el Apóstol Pablo tomó el trasfondo cultural y religioso de las personas a las cuales predicó. Por ejemplo, cuando predicó a los judíos en la sinagoga de Antioquía de Pisidia (Hechos 13) y cuando predicó a los griegos en el areópago en Atenas (Hechos 17). Nosotros debemos hacer lo mismo para que las personas de las diferentes religiones puedan comprender el mensaje de salvación. En el Apóstol Pablo también vemos las características principales enfatizadas tan clara y eficazmente en este libro. La claridad de su llamamiento, su preparación, su comprensión de los factores religiosos y culturales, su filosofía de misiones tan enfocada, su teología misionera tan bíblica y su comprensión de la guerra espiritual, todo esto le capacitó para ser un misionero por excelencia. Tengo la firme convicción que este libro, *Introducción a la Misiología*, tiene el potencial de ayudar a pastores, misioneros, profesores de misiones, estrategas misioneros, estudiantes al ministerio y miembros de las iglesias a tener un concepto más claro de la misión de Dios y a prepararse para ser siervos más eficaces en el cumplimiento de la Gran Comisión.

Daniel R. Sánchez, D.Min., Ph.D.

Decano Asociado
Director, Scarborough Institute of Church Planting and Growth
Roy Fish School of Evangelism and Missions
Southwestern Baptist Theological Seminary

---

[1] *Dios Llega Al Hombre: Nuevo Testamento Versión Popular*, Nueva York: Sociedad Bíblica Americana, 1979, 82

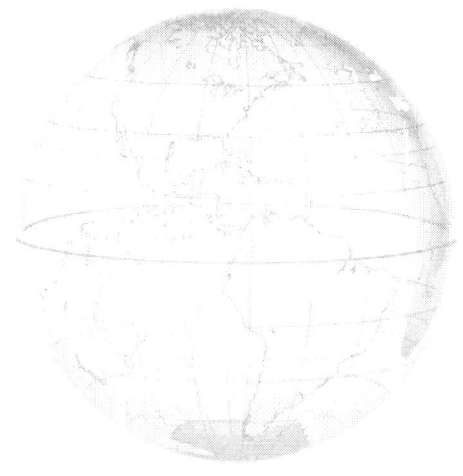

Introducción

En el año 1985 uno de nosotros y su familia empezaron a servir como misioneros al oeste de Guatemala en un contexto bilingüe: español y un idioma maya autóctono. Aprendimos mucho, vimos fruto de conversiones, discípulos, y algunas nuevas iglesias. Damos tantas gracias por nuestros hermanos guatemaltecos y por hermanos de otros países latinoamericanos que se encontraban allí. Todavía viajamos al oeste de Guatemala para servir por periodos cortos. Considero aquellos años unos de los más importantes de mi vida, y a pesar de mis errores (que fueron muchos) recibí amor, conocimiento, y sabiduría de mis hermanos guatemaltecos. Después de dos años consideramos el llamamiento de Dios en la vida de varios de ellos a pastorear y servir en diferentes ministerios en la iglesia. Recuerdo el testimonio de otros hermanos guatemaltecos que servían como misioneros dentro de Guatemala. Desafié al grupo de discípulos con quienes servía en un área geográfica a considerar el llamamiento misionero (transcultural) en su vida. Uno de ellos, Efraín Juárez, un joven casado, respondió a Dios y se convirtió con gran sacrificio económico en un misionero vocacional bilingüe (español y quiché) para iniciar iglesias en el oeste del país, en áreas lejos de su hogar y su aldea. Después de veinte años todavía sirve como misionero. Ahora él se ha convertido en un modelo para mí.

En otros años servimos en la capital de Guatemala, la urbe más grande de Centro América. Los hermanos con quienes servimos en la capital y nuestros colegas misioneros enriquecieron nuestra vida. En 1993 empezamos a servir con un grupo bautista iniciando una nueva iglesia en un área pobre y exageradamente poblada. El Pastor tuvo (y tiene) una visión desafiante y misionera. La historia de esta iglesia, la Iglesia Bautista Shalom, es inspiradora y asombrosa. Desde un pequeño grupo sin dinero, terreno, edificios, o vehículos, Dios levantó una iglesia misionera que ha plantado otras iglesias, edifica casas para los necesitados, opera una clínica médica completa que sirve a unos cuatrocientos pacientes diarios, tiene una escuela de más de setecientos alumnos, capacita a personas en cómo ganarse la vida, ofrece un instituto de entrenamiento misionero, entre varios ministerios. Cada semana miles escuchan el evangelio en varios cultos, con miles de profesiones de fe en Cristo cada año. La iglesia tiene un fuerte énfasis en el discipulado y prepara a pastores para las nuevas iglesias que inicia. El pastor de la Iglesia Bautista Shalom, Alvaro Perdomo, arquitecto de profesión, evangeliza personalmente y su iglesia ha captado su ejemplo. En nuestra primera reunión de oración y planificación Alvaro dejó ver muy claro su meta de levantar una iglesia misionera, sobre todo. Uno de los líderes, Ivan Rodríguez, me dijo que no hubo un gran énfasis en algunos misioneros extranjeros para llamar a hermanos como él a ser misioneros. Más bien el llamado fue para que fueran pastores y maestros. En la Iglesia Shalom, él se hizo misionero iniciando iglesias transculturalmente. Años después, Shalom estableció un ministerio misionero fuera de Guatemala en un país en el Caribe y en el norte de África. Además, Shalom envió un misionero a los Estados Unidos.

Dios despertó en estas iglesias un propósito misionero y son iglesias misioneras. Representan la nueva generación de iglesias latinoamericanas misioneras y hay muchas otras. Aunque joven, el movimiento es fuerte. Este libro es un esfuerzo en apoyo al movimiento.

§

1
Una Filosofía de Misión

¿Qué es una filosofía de misión? ¿Cuáles son los valores bíblicos para una filosofía de misión? ¿Cuáles son algunas filosofías de misión contemporáneas? En su libro "Mañana" Justo González expresa la belleza del término "mañana" que no significa solamente el día de mañana sino un tiempo distinto, un nuevo día, como hoy es un día nuevo para el ministerio misionero de la iglesia latinoamericana.[1] De un campo misionero a una fuerza misionera la iglesia latinoamericana desarrolla su filosofía de misión.

La importancia de una filosofía de misión

Cuando una iglesia, denominación, u organización misionera decide servir en la misión de Dios, adopta una filosofía de misión, ya sea explícita o no. Por ejemplo, una iglesia u organización misionera puede determinar que la evangelización directa a través de reuniones de grandes grupos de personas en campañas evangelísticas, o equipos evangelísticos casa por casa, adopta una filosofía de cómo cumplir con la misión de Dios. Quiere decir que su filosofía de misión es dedicarse casi exclusivamente al evangelismo directo. Otros pueden destacar una filosofía de la preparación del liderazgo, la dedicación al estudio, la enseñanza, y la predicación de la verdad bíblica, estableciendo centros o instituciones de educación ministerial. Hoy, denominaciones como los bautistas del sur y su Junta de Misiones Internacionales tanto como otros grupos optan por la perspectiva o filosofía de plantar iglesias como su mayor énfasis para realizar la misión de Dios. Algunas iglesias u organizaciones pueden proyectar obras de caridad que demuestran el amor de Cristo, como el establecimiento de instituciones o ministerios de caridad, servicios médicos, escuelas, u otras maneras de servicio al pueblo para facilitar buenas relaciones con las comunidades y ganar una entrada para hablar del evangelio como su filosofía de misión. Algunos se enfocan en alcanzar mayormente a las urbes creyendo que esto alcanzará en el futuro a todos los pueblos.[2] Cada ejemplo mencionado sirve como una metodología o estrategia. No obstante, revela una filosofía o determinación de cómo realizar la misión de Dios. Quiérase o no, tiene o tendrá una filosofía de misión. La pregunta es si está centrada o respaldada en y por la Palabra de Dios, una teología sana, y la realidad del contexto contemporáneo.

> *Quiérase o no, usted tiene o tendrá una filosofía de misión. La pregunta es si está centrada o respaldada en y por la Palabra de Dios, una teología sana, y la realidad del contexto contemporáneo.*

Las varias filosofías tienen creencias en común pero sus proponentes optan por adoptar su propia perspectiva o filosofía de misión distinta. En varios aspectos todas las distintas filosofías son esfuerzos de amar y obedecer a Dios, amar al prójimo, evangelizar, hacer discípulos y seguir al Espíritu Santo mientras Dios establece y multiplica su iglesia, establece su reino, y muestra su gloria.[3]

La iglesia usa su filosofía de misión para proyectar sus propósitos, establecer sus ministerios e implementar sus estrategias. Además, tiene un impacto sobre su perspectiva hacia las organizaciones o estructuras misioneras de otras iglesias de su propia denominación o afiliación. Su filosofía influencia su acercamiento a la cooperación misionera.

Sugerimos, pues, que hay una variedad de filosofías de misión aceptables por causa de los distintos contextos misioneros en el mundo y los diferentes dones dados al pueblo de Dios, pero hay elementos de una filosofía de misión cristiana que la Biblia enseña para cualquier iglesia u organización misionera. Su filosofía de misión es una manera de ministrar para llegar al campo de la práctica.

Deseamos una mejor colaboración entre iglesias y

organizaciones misioneras con el fin de cumplir con la misión de Dios. Con los reformistas recordamos que la iglesia siempre necesita ser reformada por Dios en toda época y lugar. Lo mismo se aplica a las filosofías de misión de la iglesia.

Valores bíblicos para una filosofía de misión

Un valor bíblico nos presenta una verdad bíblica, o algo digno de nuestra devoción y compromiso como cristianos, que guía y motiva nuestro ministerio y relación con Dios. Sólo escogemos aquí algunos valores que consideramos importantes en los contextos contemporáneos. Valores bíblicos que destacan medios espirituales. Nuestra filosofía de misión debe evidenciar por lo menos los siguientes valores.

Sobrenatural

Dios nos llama a entrar en su misión. No es una misión creada por las mentes ni las imaginaciones humanas. Su panorama incluye la reconciliación de toda la creación con Dios, y es comprensiva. El territorio de la misión es todo lugar y el Señor Jesucristo tiene dominio sobre todo (Col. 1:15-19). Dios concibe, inicia, sostiene, y orquesta la misión.[4] El hecho de que la misión es sobrenatural y mayor que la capacidad humana nos requiere primero y más que todo una respuesta y una vida de fe al establecer nuestra filosofía de misión. El cristiano no debe abrazar la perspectiva del naturalismo científico que rechaza lo sobrenatural. Tal perspectiva deja la misión de Dios como nada más que proyectos humanos. El cristiano y la iglesia empiezan a participar en la misión de Dios confesando que es Su misión, realizada por Su poder, y demanda Sus medios sobrenaturales.

El Pacto de Lausana va al grano al decir que ni aun podemos hablar de misión o evangelismo sin hablar de Dios mismo. El primer párrafo del pacto es un punto de partida:

Afirmamos nuestra creencia en el único Dios eterno, Creador y Señor del mundo, Padre, Hijo, y Espíritu Santo, quien gobierna todas las cosas según el propósito de su voluntad. El ha llamado del mundo un pueblo para sí mismo, y los ha enviado al mundo para ser sus siervos y sus testigos, para la extensión de su reino, la edificación del cuerpo de Cristo, y para la gloria de su nombre.[5]

Este inmerecido pueblo de Dios dobla sus rodillas, mira hacia el cielo, y alabando a Dios desde lo más profundo de su alma, hace eco de las palabras del profeta Isaías: "Heme aquí, envíame a mí" (Is. 6:8b). Cualquier filosofía de misión se inicia y se finaliza en y con Dios. No es una causa humana sino una misión divina.

Eclesial

El medio humano innegable de Dios para su misión evidenciado en el Nuevo Testamento es la iglesia cuya misión es "misión de una comunidad" y que "existe para ser enviada".[6] Carlos Van Engen insiste que "la congregación local" tiene una gran importancia en la misión de Dios porque es "la comunidad del pacto".[7] La iglesia es una comunidad de individuos, y cada uno es importante. Dios llama a cada cristiano a ser un discípulo y a vivir una vida entregada a seguirlo en su misión; es decir una vida misional (Lc. 9:23). "Todo miembro de la iglesia tiene una labor estratégica que cumplir para crear una congregación misionera".[8] Queremos ser "misionales" en toda dimensión de nuestra vida.[9] Quiere decir que la misión de Dios debe ser el aspecto más importante de la vida de cada creyente y cada iglesia. Los cristianos viven su fe de una manera misional en las comunidades donde viven ahora y en los pueblos donde Dios los envía. Es decir, no es dónde vive su vida de fe sino cómo vive su vida de fe lo que la hace "misional". Sobre todo, Dios desea el servicio del cristiano en su misión no sólo como un individuo sino como un miembro de una iglesia, una comunidad de fe.

Personal

En otras épocas el uso y valor de la tecnología no jugó un papel mayor, pero no es la realidad actual. La tecnología ha dado a la iglesia grandes medios e instrumentos para llevar a cabo la obra misionera. Entre ellos están: el satélite, la computadora y la Internet (sin hacer mención del teléfono celular). Apoyamos el uso de la tecnología (con límites de sabiduría bíblica). La mayor necesidad, sin embargo, permanece en la comunicación y demostración del evangelio por intermedio de personas y no por medio de maquinas. En su base nuestro ministerio es personal y relacional, proclamando y amando a Dios, amando a los cristianos, y a nuestro prójimo (Mt. 22:37-40; 1 Jn. 3:24; 4:11). Según el modelo de Cristo, su vida misional es una vida encarnada en medio del mundo (Jn. 1:14; 1 Jn. 1:1-5) y debe reproducir discípulos.[10] En un sentido nuestra vida es como una planta o un árbol sembrado por Dios que crece, florece, y permanece entre los campos de este mundo rebosante de personas sin la salvación de Cristo.

> *Una filosofía dominada por las capacidades tecnológicas, los énfasis empresariales, y la distorsión del valor de la riqueza económica, nunca llega a la profundidad bíblica ni capta el sacrificio de tantos cristianos en el mundo que dan su vida para seguir el ejemplo de Jesucristo, en una entrega sacrificial. Es imposible cumplir con la misión encomendada por Dios sin sacrificio personal y eclesial.*

Sacrificial

La perspectiva bíblica de la vida, la muerte, y cómo se relacionan con la semilla del evangelio nos ayuda a entender el valor de dar nuestra vida a Dios en nuestra misión (Mt. 13:1-23). Lucas 9:23-25 acierta "Porque todo el que quiera salvar su vida, la perderá; y todo el que pierda su vida por causa de mí, éste la salvará" (v. 24). Cristianos en varias partes del mundo han experimentado la pérdida en diferentes sentidos, a veces incluso la pérdida de su propia vida, como una semilla de vida en la misión encomendada por Dios.[11] Pablo aclaró que su presentación del evangelio vino con su propia vida (1 y 2 Ts.). En verdad, esta perspectiva es difícil y es mucho más fácil para nosotros escribir de ella que vivirla. Una filosofía dominada por las capacidades tecnológicas, los énfasis empresariales, y la distorsión del valor de la riqueza económica, nunca llega a la profundidad bíblica ni capta el sacrificio de tantos cristianos en el mundo que dan su vida para seguir el ejemplo de Jesucristo, en una entrega sacrificial. Es imposible cumplir con la misión encomendada por Dios sin sacrificio personal y eclesial.

Trans y Multicultural

La dignidad humana vista por la imagen de Dios en toda persona (Gen 1:26), aunque manchada por el pecado, nos da un aprecio por la variedad de las culturas y la rica oportunidad tanto como la necesidad de llevar a cabo la misión encomendada por Dios junto con creyentes y líderes de varias culturas. Las diferencias culturales no sólo tienen que ver en cuanto a cómo comunicar el evangelio a otros grupos sino también en cuanto a cómo colaborar junto a cristianos de otras culturas en la misión, cruzando esos obstáculos culturales y enriqueciendo el alcance misionero con una fuerza misionera trans y multicultural. Ahora, no es una tarea mayormente del occidente hacia el sur, sino del sur al sur y del sur al norte.[12] Aun más, de todo lugar a todo el mundo. El Pacto de Lausana explica que: "La evangelización del mundo requiere a toda la iglesia para llevar a todo el evangelio a todo el mundo".[13] Quiere decir que va a haber más grupos de diferentes culturas trabajando juntos en las misiones en el siglo XXI. Por lo tanto, misioneros, iglesias, y organizaciones misioneras van a crear e implementar nuevos convenios globales.

Compasiva

La misión global requiere una perspectiva comprensiva que incluya una vida compasiva del cristiano y de la iglesia. La predicación de la Palabra de Dios en sí señala la voz profética y amorosa de la iglesia que desafía a la iglesia vivir una vida de amor, compasión y servicio hacia otros, especialmente en los contextos globales de pobreza y sufrimiento. La idea de un amor sin el evangelismo no es un amor bíblico completo. Sin embargo, el evangelio tiene un impacto en toda dimensión de la vida y demuestra el amor y la compasión de nuestro Señor Jesucristo.[14]

Fraternal: La unidad y la cooperación

Cristo, el Evangelio, y la Biblia (Hch. 28; Ro. 10; Col. 1:15; Jn. 14:6) son pilares de la unidad para la obra misionera. También, hay unidad dada por el Espíritu Santo quien se manifestó de una manera especial en el día de Pentecostés enviando a la iglesia hacia el fin del mundo con el mensaje del evangelio (Hch. 2). Como cristianos, iglesias, o ministerios misioneros podemos y debemos cooperar en la misión, en una variación de niveles, actividades, ministerios y proyectos globales, en una variedad de esferas (1 Co. 9–10). Cada iglesia debe considerar su naturaleza, sus

> *La misión de Dios debe penetrar a toda área de la vida de la iglesia.*

ministerios, su visión y su misión, a la luz de Dios y su misión. La misión de Dios debe penetrar a toda área de la vida de la iglesia.

La iglesia evangélica obra para mantener la unidad tanto teológica como misiológica. Es posible citar hoy críticas contra las denominaciones notando casi únicamente la división que causan. Sin duda algunas críticas son justas. Merece ante todo una evaluación de las estructuras eclesiásticas y las de los grupos extra eclesiásticos misioneros. Exige una evaluación seria de nuestras actitudes y propósitos. Sin embargo, las denominaciones funcionan para unir grandes cantidades de iglesias locales. Donde la iglesia nueva crece y se multiplica en varias partes del mundo, buscan tal unidad. Muchos de nosotros anhelamos un mayor sentido de unidad y cooperación.[15]

Proponemos una unidad espiritual en vez de una unidad mayormente institucional. Dado que Dios debe ser adorado en toda nación y entre todo pueblo (Sal. 2, 29, 47; Ap. 5:9-10), que el primero y el segundo mandamiento (Ex. 20:3-5) giran alrededor de la adoración de Dios, y que el servicio a Dios viene como un acto de adoración (Ro. 12:1, 2), encontramos una clave para la unidad y las relaciones fraternales entre denominaciones y organizaciones misioneras en la enseñanza de Jesús en cuanto a la adoración.

La unidad: El Espíritu Santo y la verdad de Jesucristo

El Señor Jesucristo nos dijo: "Dios es Espíritu, y los que le adoran deben adorarle en espíritu y en verdad" (Juan. 4:24). Juntos oramos por un avivamiento espiritual donde nos humillamos bajo la obra soberana del Espíritu Santo quien crea una unidad no tanto institucional sino espiritual en Cristo Jesús. Los dos han aparecido en un movimiento misionero global. Vemos el crecimiento de la unidad de los líderes y participantes por todo el mundo en el movimiento evangélico, comprometido con la unidad en espíritu y en verdad, iniciado en Lausana en 1974. Ha resultado en una unidad para cumplir con la misión encomendada por Dios y la evangelización del mundo

La verdad da unidad a las denominaciones y a los grupos extra eclesiásticos misioneros. Como punto de partida así como enfoque principal buscamos la unidad acerca del evangelio. Nos desafía a aclarar su naturaleza y amplitud, y a unirnos en torno a ello. También, anhelamos más unidad en cuanto al contenido total de la doctrina bíblica, lo que creemos (Judas 3). De una manera general la iglesia tiene una unidad doctrinal. Por ejemplo, la iglesia primitiva y la contemporánea creen en el Dios trino. Además, la Reforma destacó elementos como la salvación solo en Cristo y la autoridad única de la Biblia. Estos elementos siguen vigentes hoy para la unidad. A pesar de esto, hay elementos teológicos que han dividido las iglesias en varias denominaciones. Creencias sobre el gobierno de la iglesia, los dones espirituales, asuntos de la moralidad o la justicia, y otros han resultado en división. Sin duda ha habido motivos y pleitos que no le agradan a Dios. Pero sugerimos que muchas de las divisiones han sucedido porque cada grupo trata de mantener lo que considera como una interpretación correcta sobre las verdades bíblicas. Debemos identificar las doctrinas principales que jamás podemos comprometer de aquellas que podemos reconocer como importantes, pero permitir unas diferencias de interpretación entre denominaciones y grupos evangélicos. Por ejemplo, la deidad de Jesucristo, su muerte sacrificial y su resurrección a favor de nosotros como pecadores es una doctrina esencial para todo cristiano. También, hay un solo Dios y es trino. Otras doctrinas tales como el gobierno de la iglesia pueden dividirnos como denominaciones pero no como creyentes. Doctrinas como el milenio no deben de dividirnos aun en diferentes denominaciones. Esta realidad (que no es nueva) nos exige perseguir y desarrollar una cooperación misionera "en espíritu y verdad" aun con algunas diferencias. El Espíritu Santo nos llama, nos guía y nos une alrededor del evangelio y la verdad bíblica. Aun sin un acuerdo en todo detalle doctrinal, Dios nos ha dado unidad en cuanto a lo esencial.

El desafío posmoderno y la filosofía

En el siglo XXI hemos visto en el contexto latinoamericano tanto como en otros lugares, una perspectiva pos institucional señalada en parte por la filosofía posmoderna. Acabamos de mencionar que nuestra meta no es una unidad mayormente institucional sino espiritual pero es necesario aclarar algo acerca de las instituciones y las organizaciones. Podemos recalcar que no es el fin de esta en la sociedad (es interesante notar que la perspectiva posmoderna ha surgido mayormente de las "instituciones" académicas) aunque la filosofía posmoderna critica hasta rechazar a las instituciones. En relación con la iglesia, nos señala el cambio de percepción acerca de una cristiandad reconocida por sus relaciones con unas instituciones sociopolíticas como la Iglesia Católica Romana en América Latina. Justo González propone que: "las misiones han contribuido de forma significativa a la disolución de la cristiandad. La cristiandad es la fusión del cristianismo con un orden político y territorial".[16] Sin embargo, la fe cristiana real y la iglesia existen aparte de tal cristiandad.

> *La misión de la iglesia también necesita una organización misionera efectiva entre varias iglesias en pro del avance misionero para facilitar un esfuerzo misionero eficaz, incluyendo el buen uso de los recursos disponibles.*

Para la iglesia, una filosofía pos institucional no significa pos organizacional. En la Biblia la iglesia aparece visiblemente organizada y tiene una organización con liderazgo y ministerios por lo menos ejercidos por la variedad de dones, líderes y oficios (Ro. 12; 1 Co. 12; Ef. 4). La misión de la iglesia también necesita una organización misionera efectiva entre varias iglesias en pro del avance misionero para facilitar un esfuerzo misionero eficaz, incluyendo el buen uso de los recursos disponibles. Para obtener unos resultados óptimos debemos evitar una actitud exagerada de la independencia. Al mismo tiempo, la estructura de las iglesias u organizaciones extra eclesiásticas que facilitan su obra misionera deben ser dinámicas y no rígidas. Nuestra filosofía de misión debe caracterizarse por una buena mayordomía de nuestros recursos, sin permitir a las estructuras organizacionales obstaculizar nuestra misión cooperativa. Hay un lugar hoy para las denominaciones y las organizaciones misioneras tanto como una organización bíblica y eficaz de la iglesia para facilitar la obra misionera, pero hay lugar para cambios en ellas.

Un movimiento misionero latinoamericano contemporáneo

COMIBAM es una organización latinoamericana netamente misionera. Su crecimiento en las últimas dos décadas ha sido impresionante. Facilita un movimiento iberoamericano de misiones globales. Nacido de una visión latinoamericana misionera, intenta concientizar, movilizar y capacitar a las iglesias iberoamericanas para cumplir con la Gran Comisión. Un enfoque particular es el de las misiones transculturales. Ha provisto recursos para reflexión, análisis e investigación. Proyecta la visión misionera entre los diversos grupos y organizaciones misioneras e iglesias de América Latina. COMIBAM busca enviar obreros, desarrollar materiales y facilitar alianzas entre las organizaciones misioneras e iglesias latinoamericanas y entidades internacionales semejantes. Ha provisto consejos para el movimiento misionero iberoamericano. Su filosofía es apoyar a *las iglesias* en su misión de cumplir con la Gran Comisión, incluyendo el alcance de los no alcanzados. Su liderazgo destaca la importancia de los pastores de las iglesias locales y el cuidado pastoral como claves en su filosofía. Fortalece y sirve a los movimientos misioneros naciónales y regionales de América Latina.[17] Para cumplir con su meta de alcanzar a los no alcanzados han desarrollado "Alcance una Etnia" (Etnia a Etnia…Esta Generación).[18] Se incluyen los "Movimientos de Plantación de Iglesias (MPI)" dirigidos hacia los no alcanzados (ENA) (www.comibam.org "Etnia a Etnia") [Grupos locales indígenas].

COMIBAM reconoce el desafío enorme de las urbes como campos misioneros sumamente necesitados y difíciles, que brotan con la diversidad religiosa, cultural y económica, además de ser lugares de pobreza y sufrimiento. También reconoce la necesidad de contextualizar el evangelio y la Palabra de Dios en los contextos variables del mundo. Como valores esenciales destacan la capacitación en una variedad de metodologías, el desarrollo de unos convenios internacionales y la investigación, junto con el levantar de recursos económicos, para facilitar su misión, incluyendo la misión urbana. Recalca que la cooperación misionera entre los diversos grupos es una mejor mayordomía de todos nuestros esfuerzos.[19]

COMIBAM también considera la obra social como parte de la obra misionera. Amplificando su visión y misión, un líder proyecta: "Las Dimensiones de un Paradigma Misionero Nuevo" que "...incluyen las grandes ciudades multiculturales, la re-evangelización del Occidente, testificar en el mundo de la pluralidad religiosa entre los grupos étnicos no alcanzados donde se encuentran (ya sea en las ciudades grandes o los países de acceso restringido); la lingüística y la traducción, la contextualización; siendo agentes de la reconciliación en un mundo de violencia, de la gente desplazada, de los refugiados, de los inmigrantes, en medio de la persecución religiosa y una cantidad inmensa de sufrimientos. Más cristianos murieron en el siglo XX que en los 19 siglos anteriores".[20] Apoyan movimientos de grupos de gente o pueblos autóctonos que quisieran captar la visión misionera tanto bíblica como contemporánea. Un grupo con la misma meta como COMIBAM es AMIGIUA, una organización misionera de la Convención de Iglesias Bautistas de Guatemala y la Junta Internacional de Misiones de las Iglesias Bautistas del Sur de los Estados Unidas. Coopera con otros grupos con semejante meta y existe para movilizar y capacitar misioneros latinoamericanos a toda la tierra.[21]

Cambios contemporáneos de filosofía misionera

El de los empresariales y el de los que reconocen el liderazgo del Espíritu Santo

Hace un siglo la iglesia mostró un optimismo misionero y un liderazgo misiológico por lo general en el mundo occidental. A principios del siglo XXI, la situación global ha cambiado con el avance de la iglesia en el área geográfica en el sur del mundo. En muchos de estos lugares, la iglesia ha crecido sin el poder sociopolítico y económico. Junto con el crecimiento de las iglesias pentecostales y carismáticas, la filosofía de misiones ha ido cambiando de un énfasis empresarial a uno de dirección y estrategia del Espíritu Santo. De ninguna manera significa que las iglesias y los especialistas en la misiología hace un siglo no creían en el Espíritu Santo. El cambio surge de la introducción e influencia de filosofías tomadas del sector comercial e industrial de negocios exitosos, provenientes de Occidente, sobre énfasis en las filosofías misioneras tanto como estrategias específicas de nuestras iglesias. No hay que menospreciar las diferencias en cuanto a la doctrina del Espíritu Santo que existen entre las varias iglesias evangélicas. Diferencias hay y son muy importantes, pero bienvenidos a un énfasis mayor en buscar más la dirección del Espíritu Santo y manejar menos las metas misiológicas para una evaluación empresarial.

Esta perspectiva provee algo importante para la iglesia entera. Permite una mayor participación de las iglesias locales en establecer una filosofía y estrategias misioneras. En términos metafóricos: una filosofía de misión "de abajo" y de "de arriba". La erudición cristiana y los misiólogos "especialistas" por todo el mundo contribuyen hacia una filosofía de misión pero junto con la iglesia misma en sus varios contextos locales.

> *Esta perspectiva permite una filosofía de misión "de abajo" y "de arriba."*

La siembra de nuevas iglesias y el inicio de movimientos de la siembra de iglesias

Dado el cambio de las culturas (que son dinámicas) y los centros de la población (que crecen desproporcionalmente en las urbes), siempre se necesitan nuevas iglesias, además de la renovación y la adaptación de las ya existentes. El libro de Hechos narra la multiplicación de iglesias como un patrón central de la iglesia neotestamentaria. El Nuevo Testamento destaca la siembra y la formación de nuevas Iglesias como parte integral de su misión.[22] Pablo es el ejemplo mayor de su dedicación a la multiplicación de iglesias como una prioridad de su misión. Cristo establece su iglesia (Mt. 16:18). El Espíritu Santo se manifestó en el Día de Pentecostés (Hch. 2) de una manera poderosa, iniciando un movimiento de evangelización e iniciación de iglesias en todo lugar. A lo largo de la narración histórica en el libro de los Hechos vemos el compañerismo y las practicas distintas de las nuevas iglesias, aun en los primeros años de su existencia (Hch. 2:41-47). Para la iglesia contemporánea, Bosch recalca el redescubrimiento de la iglesia local como "la Iglesia en misión", hoy.[23]

Algunos han insistido en que el objetivo de iniciar, hacer crecer, y multiplicar iglesias locales es "el objetivo prioritario de toda obra misionera". Aunque es una estrategia, es un fundamento de una filosofía de misión.[24] Hay conceptos fuera y dentro de la iglesia que tienen la intención de reducir la misión de la iglesia a asuntos internos, o de limitar su ministerio únicamente a esfuerzos evangelísticos (que son tan importantes). Desean dejar a la iglesia más como una isla en su comunidad en vez de que sea un jardín que produzca varios frutos influyendo la vida total de la comunidad. Necesitamos una eclesiología y una filosofía de misión más amplia que el solo papel de la iglesia. Algunos consideran que "Solamente a través del establecimiento y desarrollo de la operación de las iglesias locales diseminadas por todos los centros de población, integradas en parte a la cultura de cada zona originalmente designada…" podemos considerar la eficacia de la iglesia en esta labor.[25] De nuevo, un valor esencial para una filosofía de misión es lo eclesial.

Desdichadamente, las sociedades, sus instituciones, ya sean políticas o educacionales, mayormente hoy consideran que la iglesia juega un papel muy limitado en cuanto a la vida entera de la población. Sin duda alguna, hay iglesias que pueden guardar esta perspectiva y olvidar todo lo que la iglesia tiene para contribuir a la sociedad. La iglesia debe ser la influencia más poderosa en el mundo, en toda dimensión de la vida. En primer lugar, tiene el mensaje de salvación. Segundo, es un esfuerzo moral y profético de misericordia y para la dignidad de los seres humanos creados a la imagen de Dios. Se preocupa por la provisión de las necesidades de otros. Tercero, tiene una contribución comúnmente olvidada en su enseñanza bíblica que expone la sabiduría de Dios para toda relación humana, como el telón de la sociedad. Solo el mensaje bíblico habla a todo aspecto de la vida humana. Debemos recuperar el papel sumamente importante de la iglesia en otros tiempos de la historia de la misma.[26]

Al mismo tiempo, debemos recuperar la prioridad del pastorado de la iglesia en el plan de Dios. Junto con el pastorado, nos urge recuperar la importancia de la predicación y el buen uso del púlpito. "La iglesia [la gente] se salva o se pierde con su púlpito…y ha de comenzar por revisar y renovar su ministerio de la palabra, tanto en sustancia como en estilo".[27] Quiere decir que la dirección tanto como la eficacia de la iglesia depende mucho del buen uso del púlpito. La exposición cuidadosa, poderosa, correcta y expositiva de toda la Palabra de Dios se lleva a cabo desde púlpito. Esta es su razón de ser. Hay una necesidad urgente de elevar el nivel de dedicación a la predicación de la Palabra de Dios. Para los pastores, si Dios mismo habló en la Biblia, y lo hizo, ¡qué gran tarea tenemos de exponer con claridad lo que dice Él y cómo impacta, cambia y se aplica a nuestra vida! La prédica debe ser bíblicamente fiel, clara y entendible en su presentación, teológicamente sana y relevante en su contexto, presentando las aplicaciones a los oyentes. No quiere decir que cada predicador debe ser un erudito académico, de ninguna manera. Significa que Dios se nos ha revelado y ha hablado con finalidad y sin error en las sagradas escrituras de la Biblia. Por lo tanto, lo que él nos reveló es el fundamento del ministerio pastoral y misionero. Cada predicador y maestro de la Palabra de Dios sigue aprendiendo de ella y crece en su capacidad de comunicarla a lo largo de su ministerio y su vida. Reconocemos la urgencia de comunicar lo que Dios dice en lugar de lo que nosotros opinamos. La prédica de la Biblia debe reflejar el tipo de libro bíblico predicado, ya sea la poesía de los Salmos o la profecía, los libros narrativos de la historia como Hechos, u otros. No obstante, existe en grandes partes del mundo en las culturas y los pueblos donde las personas mayormente se comunican sin literatura o medios escritos, la necesidad de la comunicación oral, o contar historias, una prédica que incluye un estilo de contar las historias de toda la Biblia desde Génesis hasta Apocalipsis.

El movimiento cristiano vigente y contemporáneo testifica del concepto bíblico de la iglesia: como una comunidad espiritual en Cristo, como un cuerpo y como una asamblea de creyentes. No necesita licencias políticas para ser la iglesia ni aun son necesarios edificios o catedrales históricas, por bellas o impresionantes que sean. Lo importante para la iglesia es reconocer que el Dios soberano le ha encomendado un papel sumamente importante en la historia y tenemos la promesa de que él está con nosotros siempre (Mt. 28:20).

No todos somos llamados por Dios al ministerio como líderes o pastores de las iglesias, y afirmamos el servicio a Cristo a través de una multitud de vocaciones y profesiones de los cristianos. Al mismo tiempo, respecto a la misión de Dios, cada cristiano debe considerar como más importante su llamamiento al servicio a Dios y de su iglesia, el valor de ser un cristiano "misional".

> *En el primer siglo y los subsiguientes, Dios levantó de los oprimidos, olvidados, marginados, y perseguidos un esfuerzo misionero sin igual; y llevó el evangelio a todo el mundo.*

Es posible explicar una parte del impacto de la iglesia primitiva que se extendió a todo el mundo en unos pocos siglos; porque captaron sus propósitos en la vida: servir en la misión de Dios y glorificarlo aún con un trabajo o una educación menospreciada por el mundo que lo rodea.[28] Su identidad mayor no fue únicamente en factores sociales, o aún familiares, sino su estatus como hijos de Dios, cuerpo de Cristo, salvos, llamados, dotados por el Espíritu Santo, y enviados al mundo con el evangelio. En el primer siglo y los subsiguientes, Dios levantó de los oprimidos, olvidados, marginados, y perseguidos un esfuerzo misionero sin igual; y llevó el evangelio a todo el mundo. Verdaderamente, el mundo vio la gloria del único y viviente Dios mientras la iglesia continuó las obras del reino que Cristo empezó (Mt. 5:16).

Los pueblos no alcanzados y el cambio en la estrategia de alcance de naciones políticas a los grupos de personas diferentes

Hace unas décadas surgió una filosofía de priorizar los recursos misioneros y las estrategias misioneras hacia los pueblos menos evangelizados en los lugares más difíciles. El análisis misiológico sacó a luz un área geográfica entre las longitudes 10/40 alrededor del mundo. En términos misiológicos se llama "La Ventana 10/40".[29] En esta área hay lugares sin la presencia de la iglesia, y allí vive la mayoría de los no cristianos en la tierra. En esta área que cruza fronteras políticas y nacionales existe una pobreza exagerada, una hegemonía de las religiones no cristianas, como el islam, el hinduismo, el budismo, y también el animismo, dominados por los contextos políticos injustos, a menudo con persecución inhumana contra los pocos cristianos allí y con sufrimiento económico para las varias religiones. Por lo tanto, hay una mayor dedicación de personal y recursos económicos a la "Ventana 10/40", además de más reflexión misiológica dedicada al área. Presenta para la iglesia un desafío enorme y una oportunidad histórica de amar en el contexto de odio hacia cristianos, y brindar ayuda humana a los no cristianos allí, mientras oramos y les presentamos el evangelio de Jesucristo.[30]

Hoy hay mayor énfasis en comunicar el evangelio entre grupos de personas afiliadas por cultura, lengua, etnia, afinidades sociales y otros factores, en vez de un país o una nación entera. Esta estrategia reconoce la gran diversidad de personas que hay en un país.

De campos misioneros a cuerpos misioneros

Áreas como América Latina que han sido campos misioneros en el pasado se convierten en fuerzas misioneras con menos presencia misionera extranjera y un cambio de filosofía de los misioneros no latinoamericanos que permanecieron allí. Hoy más y más de ellos desempeñan su ministerio como socios o colegas entre iguales. Esto crea la posibilidad de compartir recursos económicos multinacionales, multiplicar los equipos multinacionales, y proveer la capacitación misiológica además de teológica en el sentido histórico. Movimientos como Lausana sirven como liderato e impulsan el uso de esta dinámica global para obtener los resultados anhelados. Ponen la reflexión misiológica en un ambiente teológico multinacional.

A la misma vez, reconoce que las misiones cristianas tienen una rica historia para ser un ejemplo en el siglo XXI. Justo González opina que: "Las misiones, recalcando la transmisión del evangelio sin la inmediata supervisión o imposición del orden de cristiandad, comienzan a fomentar y nutrir un cristianismo que fluye y crece por su continua interacción con culturas ajenas a la cristiandad y sin sus restricciones. Este cristianismo arraigado a distintas culturas, no restringido por el legado de las estructuras de la cristiandad, lleno de vitalidad y difícil de controlar y de predecir, es el resultado directo del trabajo misionero a través de la historia. *Este cristianismo sin fronteras territoriales, fluido, diverso, profético, carismático, tercermundista, es el que se proyecta como la levadura del movimiento misionero del siglo XXI* "(énfasis nuestro).[31]

Consejos para las iglesias

Hoy como nunca antes se nos presenta una oportunidad de cooperación global de las iglesias y organizaciones evangélicas. Necesitamos una filosofía que demuestre una alta esperanza de la grandeza y gloria de Dios; que se enfoque en la persona y obra del reinante Señor y Salvador, Jesucristo y la obra del Espíritu Santo. Determina cuales medios espirituales son de mayor prioridad, como la oración, la evangelización, el discipulado y actos de compasión sacrificial, pero da lugar al apoyo de la obra del Espíritu Santo en la investigación, el estudio y el desempeño misiológico. La iglesia local tiene una responsabilidad individual, pero no puede permanecer aislada de otras iglesias en su misión.

La filosofía de misión a pesar del contexto debe incluir los valores mencionados:

➢ Sobrenatural - Nuestra visión misionera no se limita por nuestra capacidad humana.

➢ Eclesial - La obra misionera realiza y utiliza todo ministerio misionero en apoyo a y a través del evangelio para el establecimiento y crecimiento de iglesias por todo el mundo.

➢ Personal - La misión de Dios se realiza por el ministerio de personas, viviendo una vida "encarnada" y "misional".

➢ Sacrificial - El cristiano y la iglesia consideran su vida como un sacrificio vivo en la misión de Dios.

➢ Trans y Multicultural - Reconoce la necesidad de cruzar barreras culturales para servir juntos en la misión local y global.

➢ Fraternal - Buscamos la unidad como cristianos en un número creciente de esferas de la misión, tanto en las denominaciones como en los varios ministerios y grupos extra eclesiásticos misioneros.

Una filosofía de misión que concuerda con los valores y movimientos del contexto contemporáneo puede ser, por ejemplo, algo así: La misión de Dios requiere la dependencia completa de Dios y el compromiso sacrificial del cristiano y la iglesia. La proclamación del evangelio, la multiplicación de iglesias y la demostración del amor de Dios, es en todo el mundo, la responsabilidad principal de toda iglesia en cooperación con toda iglesia y todo cristiano disponible de toda nación y pueblo hacia el mundo entero. ¿Cuál es su filosofía de misión?

Para la reflexión y la investigación:

1. ¿Cuál es la importancia de tener una filosofía de misión?
2. ¿Cuál es la filosofía de misión de COMIBAM?
3. ¿Cuáles son los valores bíblicos mencionados para una filosofía de misión?
4. ¿Cuáles son los factores contemporáneos que impactan una filosofía de misión?
5. ¿Cómo se puede explicar la diferencia entre pos institucional y pos organizacional?
6. ¿Qué importancia tiene la diferencia que contestó en la pregunta numero 5?
7. ¿Cuáles son algunos otros valores bíblicos que considera importantes para una filosofía de misión?
8. Presente los elementos principales para llegar a una mayor unidad a fin de realizar la misión de Dios.
9. ¿Cuáles son las maneras y los niveles en los cuales su iglesia y ministerio cooperan con otros en la obra misionera?
10. ¿Qué puede hacer para mejorar sus esfuerzos?
11. ¿Puede su iglesia y ministerio involucrarse de una manera u otra en alcanzar a los no alcanzados con el evangelio en la "Ventana 10/40? ¿Cómo?
12. Proyecto: Desarrollen una Filosofía de Misión para su iglesia o ministerio.

Notas

[1]Justo L. González, *Mañana: Christian Theology through Hispanic Eyes* (Nashville, TN: Abingdon Press, 1990), 162-4.

[2]Roger Greenway, *Apóstoles a la Ciudad* (Grand Rapids, MI: Libros Desafío, 2004), 74-75.

[3]John Stott, *Making Christ Known* (Grand Rapids, MI: Eerdmans Publishing Company, 1996), 13.

[4]Cecilio Arrastia, *Tentación y Misión: Reflexiones Sobre la Misión de la Iglesia* (El Paso, TX: Casa Bautista de Publicaciones, 1993), 57, 85.

[5]Stott, *Making Christ Known,* 9.

[6]Arrastia, *Tentación y Misión,* 57, 85.

[7]Carlos Van Engen, *El Pueblo Misionero de Dios* (Grand Rapids, MI: Libros Desafío, 2004), 116.

[8]Van Engen, *El Pueblo Misionero de Dios,* 147.

[9]Van Engen, *El Pueblo Misionero de Dios,* 119.

[10]Van Engen, *El Pueblo Misionera de Dios,* 100.

[11]John R. W. Stott, *El Cristiano Contemporáneo* (Grand Rapids, MI: Libros Desafío, 2001), 87-89.

[12]Justo L. González y Carlos F. Cardoza, *Historia General de las Misiones* (Barcelona, España: Editorial CLIE, 2008), 312.

[13]Stott, *Making Christ Known,* 28, 33.

[14]David. J. Bosch, *Misión en Transformación* (Maryknoll, New York: Orbis Books, 1991), 26.

[15]Entre los grupos que han tomado acción para facilitarla está la Junta Internacional de Misiones de la denominación los Bautistas del Sur. Coopera con grupos denominacionales, misiones de varios tipos, y grupos extra-eclesiásticos en múltiples países. Intenta participar con todo cristiano que desea participar en la Gran Comisión y a la misma vez mantener su propia confesión de fe. Hay mucho más que hacer pero es un inicio y otras iglesias sin duda lo han hecho también.

[16] González y Cardoza, *Historia General de las Misiones*, 311.

[17]www.comibam- "COMIBAM International: A New COMIBAM For A New Missionary Era, March 1, 2009.

[18]www.comibam- "Etnia a Etnia"- AUE y ETHNE.

[19]Carlos Scott y Jesus London, "Where is COMIBAM heading? Strategic Focal Points, www.comibam.org.

[20]www.comibam.org- "Projections and Challenges for the Iberoamerican Mission Movement" by Carlos Scott.

[21] Asociación Misionera de Guatemala. Tiene una relación directa con la Convención de Iglesias Bautistas de Guatemala pero se relaciona con varios grupos evangélicos semejantes.

[22]Bosch, *Misión en Transformación*, 155, 156.

[23]Bosch, *Misión en Transformación*, 463-466.

[24]Van Engen, *El Pueblo Misionero de Dios*, 116.

[25]Arthur Glasser, "Levantando Iglesias" en *Misión Mundial,* Tomo I, Jonatán Lewis, ed., (Miami, FL: Editorial Unilit, 1990), 107-109.

[26]Greenway, *Apóstoles a la Ciudad*, 74, 75.

[27]Arrastia, *Misión y Tentación*, 79.

[28]Para un breve resumen, vea a Ralph Winter, "El Movimiento Cristiano Mundial" en *Misión Mundial*, Jonatán P. Lewis, ed., (Miami, FL: Editorial Unilit, 1990), 119-121.

[29]Stan Guthrie, *Missions in the Third Millenium* (Carlisle, UK: Paternoster Publishing, 2000), 58.

[30]A. Scott Morena, ed., "10/40 window" in *Evangelical Dictionary of World Missions* (Grand Rapids, MI.: Baker Books, 2000), 938.

[31]González y Cardoza, *Historia de las Misiones*, 311.

2
Base Bíblica de las Misiones

Consideraremos ahora los temas misionales mayores que se encuentran a través de las Sagradas Escrituras. Lo haremos en tres partes, que corresponden al Antiguo Testamento, a los Evangelios y finalmente a los Hechos y las Epístolas.

Parte I: Misiones en el Antiguo Testamento

En esta primera parte vamos a identificar algunos temas misionales en el Antiguo Testamento e ilustrar el propósito redentor de Dios más allá de la nación de Israel. Lo haremos pensando en la premisa que la Biblia es un libro misionero, la promesa misionera que Dios dejara a su pueblo, el plan de Dios para cumplir su promesa, el propósito que Dios tuviera para dejar una promesa y trazar su plan, el plan puesto en práctica, la provisión de Dios para que la promesa y el plan se realizaran, y la persistencia de Dios hacia su cumplimiento.[1]

Veamos en primer lugar la *premisa* en la cual se basa todo lo que viene luego. La premisa es que la Biblia es un libro misionero porque Dios es un Dios misionero. Hace poco uno de nosotros estuvo visitando a su mama en el Día de Acción de Gracias, cuando ella sacó de la biblioteca de su esposo-pastor difunto una copia original de un libro escrito por el primer profesor de misiones de la institución donde enseñamos. En la obra, publicada hace más de un siglo, el autor elaboró cuatro puntos:

1. Las misiones es el método por el cual Dios lleva adelante su plan de las edades. Es decir, todo lo que Dios ha estado haciendo desde el principio del mundo, a través de lo cual vemos el hilo de la redención, es misiones.
2. Las misiones es el método por el cual Dios realizará el fin de sus negociaciones con las naciones y las tribus.

3. Las misiones son el método divino para llevar a la humanidad a su ideal, a su destino.

4. Las misiones representan el mensaje del amor de Dios a los hombres.[2]

El punto para nosotros es que llegamos a conocer el plan de las edades por la lectura y el estudio de su palabra y es esa palabra la que nos cuenta una historia de redención, no solamente de su pueblo escogido, sino de todas las naciones. Es la historia de reconciliar toda la humanidad a él mismo. De modo que la Biblia es un libro misionero porque Dios es un Dios misionero.

Con base en esa premisa, encontramos la *promesa* de Dios, mejor ilustrada por el llamado de Abram (y un pueblo) en Génesis 12. Si volvemos al principio de la historia de Dios y su creación para poner en perspectiva el llamado de Abram, vemos que Dios creó todo, que todo era bueno, que creó al hombre para cuidar lo creado y para tener compañerismo con él, que creó a la mujer e instituyó la familia, que luego vino la rebelión del hombre y la mujer, dando lugar al pecado y la caída. De allí vemos el desarrollo de la vida humana, algo de bueno y algo no tan bueno, y encontramos un día a Enoc, quien caminó con Dios pero casi de forma solitaria. Después vemos el hombre justo Noé y la historia del diluvio y la destrucción del mundo, y también la renovación del pacto entre Dios y su creación. Siguiendo la historia que se nos cuenta en Génesis, vemos la repoblación del mundo, las generaciones de los hijos de Noé, y la Torre de Babel. Y de repente entra a la historia Abram:

> Pero Jehová había dicho a Abram: Vete de tu tierra y de tu parentela, y de la casa de tu padre, a la tierra que te mostraré. Y haré de ti una nación grande, y te bendeciré, y engrandeceré tu nombre, y serás bendición. Bendeciré a los que te bendijeren, y a los que te maldijeren maldeciré; y serán benditas en ti todas las familias de la tierra (Gn. 12:1-3).

Son palabras muy significativas en el plan de las edades. Estamos de acuerdo con Juan Stott que afirma que: "Los once capítulos previos apuntan a estas palabras; el resto de la Biblia las sigue y las cumple".[3] Con estas palabras Abram llega a ser el primer misionero, y el mundo entero, "todas las familias de la tierra," son su campo de servicio. No sabe adónde el Señor lo va a llevar, no sabe lo que el Señor va a hacer con él, no sabe como el llamado y la promesa de bendición se cumplirán, de dónde vendrá su presupuesto, ni cuánto será, si vivirá en un departamento o una casa, o tienda, si utilizará el transporte público o su propio camello; pero en este llamado y en su respuesta Abram y Dios se juntan de la mano y empiezan un pacto que durará por toda la historia y por medio del cual Dios redimiría a su pueblo del pecado en el cual había caído poco tiempo después de haberlo puesto en el paraíso que le pudo haber pertenecido.

Consideramos dos puntos mayores en cuanto a las implicaciones de la promesa que Dios trazó para Abram.

La promesa misma

Fue una promesa para la posteridad. Dios iba a hacer de Abram una nación grande. Un constante recordatorio de esto viene en su cambio de nombre que encontramos en capítulo 17. Dios mismo cambia su nombre de Abram, padre exaltado, a Abraham, padre de una multitud. Tendría descendientes innumerables por más de mil años por medio de los hebreos y sus descendientes biológicos y políticos, y después por medio de la iglesia y sus descendientes espirituales del Mesías que era inherente en la promesa.

Fue también una promesa de tierra. Antes de ser Abraham, Abram había dado a su sobrino Lot la opción de escoger tierra en Canaán, y Abram había tomado lo que no escogió Lot. Esta tierra con la que se quedó Abram llegó a ser la Tierra Prometida a la cual sus descendientes retornarían siglos después y que sería la cuna del judaísmo y el cristianismo.

Fue también una promesa de bendición, una bendición que tocaría a toda la humanidad. A lo mejor usted ya sabe todo esto. Lo ha de haber estudiado en cursos del Antiguo Testamento, o en su Escuela Dominical, pero lo animamos a repensarlo ahora desde una perspectiva misionera.

El cumplimiento de la promesa

Juan Stott habla del cumplimiento de la promesa por medio de cinco descripciones de Dios, las cuales resumimos a continuación.

En primer lugar, Stott afirma que Dios es Dios de la historia:

La historia no es un flujo al azar de eventos. Porque Dios está cumpliendo un plan que concibió en la eternidad pasada y que consumar en la eternidad futura. Jesucristo, como la semilla de Abraham, es la figura central en este proceso histórico. Regocijémonos que si somos discípulos de Cristo también somos descendientes de Abraham. Pertenecemos a este linaje espiritual. Si hemos recibido las bendiciones de la justificación por la fe, la aceptación de Dios y el Espíritu que mora en nosotros, entonces hoy somos los beneficiarios de una promesa hecha a Abraham hace cuatro mil años.[4]

En segundo lugar, Dios es Dios del pacto.[5] A veces el tiempo de Dios no es nuestro tiempo. Abraham vio el comienzo del cumplimiento de la promesa de prosperidad en el nacimiento de Isaac, pero obviamente no vivió para ver las generaciones de su semilla. El pacto de Dios transciende el tiempo y la historia. Todas sus promesas son verdaderas, pero no sabemos cuándo se cumplirán. Eso es un consuelo para el misionero que lo da todo, aun si los resultados llegan cuando ya no está.

Tercero, Stott nos recuerda que Dios es Dios de bendición.

Vosotros sois los hijos de los profetas, y del pacto que Dios hizo con nuestros padres, diciendo a Abraham: En tu simiente serán benditas todas las familias de la tierra. A vosotros primeramente, Dios, habiendo levantado a su Hijo, lo envió para que os bendijese, a fin de que cada uno se convierta de su maldad. (Hch. 3:25, 26)

"Su obra principal y característica es bendecir a la gente con su salvación," dice Stott.[6] Y nosotros tenemos que ir a decirle a la gente que eso es lo que Dios quiere hacer.

Cuarto, Dios es Dios de la misericordia.[7] La semilla de Abraham será tan innumerable como la arena o las estrellas. De alguna manera, en la misericordia de Dios millones de nosotros vamos a compartir con Abraham la eternidad, porque las promesas de Dios se cumplen. Tenemos el privilegio de compartir con el mundo su mensaje y podemos anticipar compartir la eternidad con aquellos a quienes él redime a través de la influencia nuestra.

Quinto, es Dios de misión. Todas las familias de la tierra serán bendecidas a la medida que les llevamos el evangelio. Escucha a Stott:

Oro que las palabras 'todas las familias de la tierra' puedan escribirse en nuestros corazones. Esta expresión más que cualquier otra revela el Dios viviente de la Biblia como un Dios misionero. Es también la expresión que condena todo nuestro parroquialismo y naciónalismo, nuestro orgullo racial (sea blanco o negro), nuestro paternalismo, y nuestro imperialismo arrogante. ¿Cómo nos atrevemos a adoptar una actitud hostil o desdeñosa o indiferente a cualquier persona de otra cultura o color si nuestro Dios es el Dios de todas las familias de la tierra? Debemos ser cristianos globales con una visión global, porque tenemos un Dios global.[8]

Hemos considerado la premisa y la promesa. Ahora, consideremos tres aspectos del *plan*. El primero es el testimonio de un pueblo, según Éxodo19:3-6:

> Y Moisés subió a Dios; y Jehová lo llamó desde el monte, diciendo: Así dirás a la casa de Jacob, y anunciarás a los hijos de Israel: Vosotros visteis lo que hice a los egipcios, y cómo os tomé sobre alas de águilas, y os he traído a mí. Ahora, pues, si diereis oído a mi voz, y guardareis mi pacto, vosotros seréis mi especial tesoro sobre todos los pueblos; porque mía es toda la tierra. Y vosotros me seréis un reino de sacerdotes, y gente santa. Estas son las palabras que dirás a los hijos de Israel.

Han pasado siglos desde que Dios dio la promesa a Abraham. Pero su pacto es válido aún, su promesa es verdadera todavía, su plan sigue en moción. Le dice a su pueblo tres cosas: será una posesión especial, será un reino de reyes y sacerdotes, y será una nación santa. Esto lo dice a Israel, pero escucha lo que dice el apóstol Pedro hablando a los creyentes gentiles siglos después: "Mas vosotros sois linaje escogido, real sacerdocio, nación santa, pueblo adquirido por Dios, para que anunciéis las virtudes de aquel que os llamó de las tinieblas a su luz admirable..." (1 P. 2:9).

El segundo aspecto del plan es la proclamación de la salvación de Dios. El salmista lo proclama así:

> Cantad a Jehová, bendecid su nombre. Anunciad de día en día su salvación. Proclamad entre las naciones su gloria, en todos los pueblos sus maravillas.
> Porque grande es Jehová, y digno de suprema alabanza; temible sobre todos los dioses. Decid entre las naciones: Jehová reina. También afirmó el mundo, no será conmovido; Juzgará a los pueblos en justicia. (Sal. 96:1-4, 10)

El tercer aspecto del plan es que su pueblo sea una luz para las naciones. Así lo afirma el Señor por la voz del profeta Isaías:

Ahora pues, dice Jehová, el que me formó desde el vientre para ser su siervo, para hacer volver a él a Jacob y para congregarle a Israel (porque estimado seré en los ojos de Jehová, y el Dios mío será mi fuerza); dice: Poco es para mí que tú seas mi siervo para levantar las tribus de Jacob, y para que restaures el remanente de Israel; también te di por luz de las naciones, para que seas mi salvación hasta lo postrero de la tierra. (Is. 49:5, 6).

Ese es el plan misionero de Dios, el testimonio del pueblo de Dios, la proclamación de la palabra a las naciones, y el pueblo de Dios ofreciendo luz en un mundo oscuro.

Hasta aquí se ha mencionado la premisa, la promesa y el plan. Considere ahora que *el propósito* del plan misionero de Dios es que las naciones lo alaben. El salmo 67 da alabanza al Salvador universal: "Te alaben los pueblos, oh Dios. Todos los pueblos te alaben". (Sal. 67:5). "Jehová desnudó su santo brazo ante los ojos de todas las naciones, y todos los confines de la tierra verán la salvación del Dios nuestro". (Is. 52:10), y que su nombre sea engrandecido:

> *Ese es el plan misionero de Dios —el testimonio del pueblo de Dios, la proclamación de la palabra a las naciones, y el pueblo de Dios ofreciendo luz en un mundo oscuro.*

Porque desde donde el sol nace hasta donde se pone, es grande mi nombre entre las naciones; y en todo lugar se ofrece a mi nombre incienso y ofrenda limpia, porque grande es mi nombre entre las naciones, dice Jehová de los ejércitos. (Mal. 1:11)

Además, es que las naciones se vuelvan a Dios: "Se acordarán, y se volverán a Jehová todos los confines de la tierra. Y todas las familias de las naciones adorarán delante de ti. Porque de Jehová es el reino, y él regirá las naciones". (Sal. 22:27, 28)

Además de la premisa, la promesa, el plan y el propósito, encontramos mayormente entre los profetas el plan puesto en *práctica*. A través de las profecías, encontramos que o Israel se absorbía política y espiritualmente a su mundo contemporáneo o que era el medio por el cual las naciones encontraban la salvación por medio de su Dios. Considere, por ejemplo, que en Miqueas encontramos que la meta de la práctica es que haya paz, un mundo en el cual las espadas se conviertan en azadones y las lanzas en hoces.[9]

En Jonás, encontramos la tarea. El libro de Jonás en su totalidad es un libro misionero –se dirige al racismo y etnocentrismo, y la obediencia o desobediencia para hacer la tarea misionera–. Muestra que el amor de Dios no se confina a Israel, sino quiere bendecir todo el mundo (a propósito, Jonás no es el misionero modelo).

En Daniel, encontramos que el reino de Dios sobrepasa los reinos temporales de las naciones: "Y en los días de estos reyes el Dios del cielo levantará un reino que no será jamás destruido, ni será el reino dejado a otro pueblo; desmenuzará y consumirá a todos estos reinos, pero él permanecerá para siempre. . ". (Dn. 2:44).

En Zacarías 2:11, encontramos la declaración misionera mundial de Dios: "Y se unirán muchas naciones a Jehová en aquel día, y me serán por pueblo, y moraré en medio de ti; y entonces conocerás que Jehová de los ejércitos me ha enviado a ti".

Y en Malaquías, encontramos que el beneficio de la misericordia de Dios no se limita solo a Israel, sino a las naciones, como ya hemos visto en Malaquías 1:11, citado arriba.

La premisa, la promesa, el plan, el propósito, la práctica y *la provisión*. La provisión para el cumplimiento de este maravilloso plan misionero de Dios es el Siervo Sufriente que el profeta Isaías nos presenta con tanta elocuencia. Más que los demás libros proféticos, quizá, el libro de Isaías está repleto con temas misioneros, especialmente en relación con el Siervo Sufriente y su papel en la historia. Por ejemplo, en el capítulo 9 se habla del reino universal del Mesías prometido. El capítulo 11 habla de la paz y la justicia internacional que vendrán como resultado del testimonio de Israel y la influencia del Mesías. En el capítulo 19 se habla de la evangelización de Egipto. En el capítulo 34 Isaías predice el juicio de Dios sobre todas las naciones, y el capítulo 40 apunta a un solo verdadero Dios y la locura de la idolatría. El capítulo 49 proclama que Israel es una luz a las naciones. El 53 afirma la provisión de Dios para la salvación. Este pasaje, el más grande de todos que habla del Siervo Sufriente, hace varias referencias a Jesús, y varios pasajes neotestamentarios hacen referencia directa o indirecta a él. Finalmente, el capítulo anticipa el día cuando todas las naciones y lenguas se reunirán para experimentar la gloria de Dios.

Hemos visto la premisa, la promesa, el plan, el propósito, la práctica y la provisión. Finalmente, veamos *la persistencia* de Dios para ver el plan ejecutado. El plan fue sencillo: Dios mismo haría grande su nombre, y su pueblo le haría conocer el nombre al mundo. Siempre había entre el pueblo altibajos con obediencia y desobediencia, con adoración e idolatría, con avivamiento y degradación, esperanza y exilio, y siempre había un juez o profeta o rey para llamar su atención nuevamente a Dios.

Cuando la relación entre Dios y el pueblo de Israel ya había cumplido varios siglos, Dios les dice a ellos por medio del profeta Ezequiel:

> Por tanto, di a la casa de Israel: Así ha dicho Jehová el Señor: No lo hago por vosotros, oh casa de Israel, sino por causa de mi santo nombre, el cual profanasteis vosotros entre las naciones adonde habéis llegado. Y santificaré mi grande nombre, profanado entre las naciones, el cual profanasteis vosotros en medio de ellas;

y sabrán las naciones que yo soy Jehová, dice Jehová el Señor, cuando sea santificado en vosotros delante de sus ojos. (Ez. 36:22-23)

Dios nunca ha dejado a un lado su plan para las edades. Con persistencia y con amor llama a sí mismo a su pueblo y lo invita a trabajar junto con él para hacer conocer su nombre entre las naciones. Ese es el tema de las misiones en el AT.

Parte II: Misiones en el Nuevo Testamento

También nos interesa, por supuesto, lo que podemos extraer de los evangelios, los hechos, y las epístolas para aumentar nuestro entendimiento de la tarea misionera. Nuestra concientización y sentido de responsabilidad pueden aumentar y aclararse al examinar algunos pasajes clave. Ya que estamos de acuerdo en que el Antiguo Testamento claramente da el trasfondo para entender que el pueblo de Dios debe ser un pueblo misionero, y dado que en el Nuevo Testamento encontramos que el hilo de redención entretejido a través de todas las Escrituras se cumple en la persona y la obra de Jesucristo, mencionaremos brevemente varios pasajes seleccionados en los cuatro evangelios que nos recuerdan en cuanto a la responsabilidad misionera de la iglesia de Cristo, como el nuevo pueblo de Dios. Son pasajes que ilustran que Greenway tiene razón cuando llama a los evangelios la "literatura misionera" de la iglesia primitiva.[10]

En Mateo 5:13, 14, encontramos las palabras del Mesías:

Vosotros sois la sal de la tierra; pero si la sal se desvaneciere, ¿con qué será salada? No sirve más para nada, sino para ser echada fuera y hollada por los hombres. Vosotros sois la luz del mundo; una ciudad asentada sobre un monte no se puede esconder.

Sal (sabor, sazonador, valor) y luz (alumbrador, esclarecedor, ilustrador) –eso es lo que debemos ser– y lo debemos ser en toda la tierra y en todo el mundo. El mundo, o literalmente *el cosmos*, indica la suma total del universo material, la hermosura en él y la totalidad de personas que viven en él. La iglesia de Cristo tiene la responsabilidad de sazonar y alumbrar no solamente a las personas en la Palestina del siglo primero, ni a las de Europa, ni América del Norte, ni América del Sur, sino a la suma total de personas que viven en el mundo, punto.

En Mateo 6:10, en el contexto de su oración modelo, Jesús nos indica que debemos orar al Padre que: "Venga tu reino. Hágase tu voluntad, como en el cielo, así también en la tierra". El vocablo "reino" traduce el termino griego *basileia,* cuyo significado se relaciona con todo lo perteneciente al rey y su dominio. Podríamos decir que Jesús nos está enseñando a orar que el dominio real de los cielos venga a la tierra, al mundo en general y también al corazón de cada persona.

Es interesante pensar en por qué el Señor escogió el verbo "venir" y no el verbo "ir". ¿Por qué no dijo que oráramos "vaya tu reino"? Por supuesto, estamos aquí en la tierra de tal manera que gramaticalmente tendríamos que orar que el reino venga y no que vaya. Pero, quizá no estaríamos lejos de todas las implicaciones de las palabras de Jesús si consideráramos que si uno quisiera seguir la oración modelo para ofrecerle a Dios una oración misional, tendría que irse primero a un lugar y entonces orar que el reino viniera a ese lugar. Por ejemplo, en lugar de orar que el reino de Dios vaya a Afganistán, enviamos obreros a Afganistán quienes, ya estando allí, pueden orar legítimamente que el reino de Dios venga a Afganistán. La responsabilidad de la iglesia es orar por las misiones, ciertamente, pero también es enviar e ir a los fines de la tierra para que cada corazón tenga la oportunidad de ser morada del reino.

En Mateo 9:35 al 38, Jesús se encuentra enseñando, predicando y sanando. Tan grandes fueron las necesidades y tan numerosa la gente que necesitaba escuchar la enseñanza y responder a la predicación y ser bendecida por la sanidad, que Jesús, rebosando de compasión, urgió a sus discípulos a orar para que se multiplicara el número de obreros que les ayudara a cuidar todas las necesidades ministeriales de tanta gente. El dilema para la obra misional fue la necesidad de obreros para ministrar entre las multitudes. La solución fue orar para que más obreros respondieran a la necesidad. Más de veinte siglos después, ¿acaso ha cambiado el dilema o la solución? Pensamos que no.

En Mateo 24:14, en el contexto de enseñar a los discípulos acerca de su segunda venida e indicarles algunas señales del fin de los tiempos, Jesús afirma que "...será predicado este evangelio del reino en todo el mundo, para testimonio a todas las naciones; y entonces vendrá el fin". Dos palabras en este versículo claman a nosotros por su enorme influencia en nuestro entendimiento acerca de nuestra tarea misional. "Mundo" viene del griego *oikoumene*: el mundo habitado o habitable. ¿Dónde debemos predicar para un testimonio a las naciones? A todo el mundo habitado o habitable, a los confines de la tierra; no solamente a las ciudades, no solamente a los grupos étnicos grandes, no solamente a los lugares donde podemos vivir cómodamente y donde nuestros hijos tengan una buena escuela cerca, no solamente donde podemos tener televisión por cable, Internet y correo electrónico, sino a todo el mundo habitado o habitable.

Y en ese mundo habitado o habitable debemos llevar el mensaje "a todas las naciones", al *ethné*, literalmente a todos los gentiles. Jesús estaba instruyendo a judíos, descendientes de Abraham, quienes habían recibido la promesa de que sus descendientes serían una bendición a todas las naciones, a todos los gentiles o no judíos. Seguía en pie la promesa y Jesús les dijo a los doce que cuando la promesa se cumpliera por medio de la extensión del evangelio, vendía el fin en la providencia de Dios.

En los círculos misiológicos de hoy, generalmente se habla de cuatro posibles interpretaciones de *ethné*: (1) los no judíos, idea que hubiera sido muy sorprendente para los discípulos a pesar de su conocimiento de la promesa de Abraham y las profecías sobre la salvación de los gentiles; (2) las naciones geográfico-políticas del primer siglo; (3) todos los grupos etnolingüísticas en el mundo; y (4) toda la humanidad.[11] La mayoría de las agencias misioneras hoy en día concentran sus estrategias en la tercera interpretación, mayormente porque les da una manera más o menos manejable de acercarse a la enorme tarea. Estamos de acuerdo con Moreau, Scott y McGee cuando afirman que este versículo nos hace recordar que en este mundo pluralista donde hay tantas religiones y en donde tantas personas creen que la tarea misionera ya no es necesaria, aún debemos predicar el mensaje de Cristo como un testimonio a todas las naciones en todo el mundo. ¡No hay alternativa para la salvación![12]

En Marcos 6:7 al 13 aparece el relato del envío de los primeros doce misioneros. Este relato, también mencionado por Mateo y Lucas, nos hace reconocer que hay tiempos cuando uno debe ir al campo con un mínimo de previsiones y materiales, de acuerdo con la urgencia y las circunstancias de la tarea. A propósito, esta historia nos da un precedente para misiones nacionales o domésticas. Marcos escribía para lectores judíos y los discípulos parecían estar viajando en un círculo más pequeño que el de Pablo o aún el mismo Marcos en años posteriores.

En Lucas 2:25 al 32 el doctor Lucas cuenta la historia de Simeón, el hombre justo en Jerusalén que esperaba la llegada del Mesías. Estando él en el templo, María y José entran para dedicar a su nuevo hijo, Jesús, a Dios. Simeón abraza a los padres y a su hijo y dice: "Ahora, Señor, despides a tu siervo en paz, conforme a tu palabra. Porque han visto mis ojos tu salvación, la cual has preparado en presencia de todos los pueblos; luz para revelación a los gentiles, y gloria de tu pueblo Israel."

Tomando su inspiración de las palabras de Isaías, Simeón pronuncia que Jesús será la luz de revelación a los gentiles. ¿No le da gozo a usted? ¡Está hablando de nosotros! Greenway nos recuerda que "Lucas, que era un gentil convertido a la fe en Jesús, escribió para gentiles como él que querían saber que Jesús se proponía incorporar no sólo a judíos sino también a gentiles en su reino".[13]

En Lucas 4:18 al 19, escrito en el contexto del comienzo del ministerio público de Jesús, lo encontramos a él en la sinagoga leyendo Isaías 61:

> El Espíritu de Jehová el Señor está sobre mí, porque me ungió Jehová; me ha enviado a predicar buenas nuevas a los abatidos, a vendar a los quebrantados de corazón, a publicar libertad a los cautivos, y a los presos apertura de la cárcel; a proclamar el año de la buena voluntad de Jehová....

Después de leerlo, dice sorprendente y quietamente a los congregados: "Hoy se ha cumplido esta Escritura en vuestros oídos". Jesús fue el enviado, enviado a predicar las buenas nuevas, a proclamar la libertad a los cautivos y la vista a los ciegos, a proclamar el año del Señor. Jesús fue el Enviado, para que él pudiera a su vez enviar. Nótese que tres de las tareas que Isaías mencionó y que Jesús vino a cumplir están directamente relacionadas con la proclamación.

En Lucas 8:26 al 39, se encuentra otro pasaje enfocado en el envío. Mientras en el 4:18,19, es Jesús mismo el enviado, en este pasaje él deliberadamente es el que envía. El endemoniado gadareno ha sido sanado y saneado y quiere acompañar a Jesús y sus discípulos a Galilea. Jesús le dice: "Vuélvete a tu casa, y cuenta cuán grandes cosas ha hecho Dios contigo". Si todos nuevos convertidos fueran evangelistas itinerantes, nadie se quedaría en casa para ganar a sus propias familias, comunidades y pueblos. Pueda ser que seamos enviados lejos, o pueda ser que estemos llamados a regresar o quedarnos en casa. La clave es obediencia al que envía.

En Lucas 10:1 al 12 se relata una actividad misionera muy parecida a la relatada en Mateo 9 (la mies es mucha y los obreros pocos) y Marcos 6 (los doce enviados con instrucciones similares), esta vez con un grupo más grande de 70 o 72 personas. La enfocamos nuevamente aquí porque Lucas introduce un elemento nuevo en la tarea. Las instrucciones son muy similares, con un mínimo de bienes que podría distraer o diferir. La nueva instrucción para notar se encuentra en el versículo 5: "En cualquier casa donde entréis, primeramente decid: Paz sea a esta casa".

Muchos misioneros contemporáneos están diseñando sus estrategias alrededor de los hombres o mujeres de paz que encuentran al llegar a un nuevo pueblo o barrio. Buscan un simpatizante, alguien con hospitalidad, a veces el primer convertido. Con el apoyo de aquel nuevo amigo de confianza, quien le da credibilidad y seguridad, el misionero entonces empieza a evangelizar.

En Juan 3:16, 17, el apóstol amado retoma el tema del enviado: "Porque de tal manera amó Dios al mundo, que ha dado a su Hijo unigénito, para que todo aquel que en él cree, no se pierda, mas tenga vida eterna. Porque no envió Dios a su Hijo al mundo para condenar al mundo, sino para que el mundo sea salvo por él".

Dios encarnado en el mundo, enviado para salvar al mundo. Esto es el corazón de las misiones. Como vimos a Dios en el Antiguo Testamento como un Dios misionero, aquí en el Nuevo no queda duda, porque él mismo envió su Hijo a la tarea misional sin paralelo. Pero, como todos no pudieron escuchar y responder a su mensaje en los treinta y tres breves años que él estuvo aquí en la carne, a los que sí escucharon y creyeron se les encargó la continuación de la tarea. Vemos este tema a lo largo del Evangelio de Juan. Moreau, Corwin, y McGee nos hacen recordar que solamente la misión de los seguidores de Cristo tiene sentido. Él fue el Enviado –el que comparte con Dios Padre la deidad (1:1), vino del Padre (1:18), hace lo que fue enviado hacer (5:36), glorificando a Dios Padre (1:14; 13:31, 32), regresa al Padre (13:1), y envía a sus seguidores a continuar su tarea (20:21).[14]

Juan 20:21 no deja duda en cuanto a lo que Jesús espera: "Entonces Jesús les dijo otra vez: Paz a vosotros. Como me envió el Padre, así también yo os envío". Así que, en los cuatro evangelios, el tema del envío, del Enviado, de los que él envía, es constante y consistente. Aún en este breve y superficial repaso es fácil ver que las misiones no son invención humana, sino que empiezan en el corazón de Dios. En su oración sacerdotal en Juan 17, Jesús oró por los que seríamos los herederos del mensaje y la misión. Nuestra tarea es clara: hacer conocer al mundo lo que hemos aprendido de Jesús.

No podemos dejar esta discusión de la perspectiva misionera de los evangelios sin una mirada a la Gran Comisión, que declara la asignación final de Jesús a sus discípulos y por ende a nosotros. Cada uno de los cuatro evangelistas nos da algún sentido de lo que Cristo dijo a sus discípulos en esos días finales cuando estuvieron juntos. Veamos dos de los cuatro relatos. Para darnos un entendimiento más amplio de lo que Jesús nos mandó a hacer después de su resurrección, vamos a ver cómo Lucas y Mateo recordaban las palabras de Jesús años después, ambos bajo la inspiración del Espíritu Santo.

En Lucas 24:44 -49 y Hechos 1:8, Jesús les dio a los discípulos en su último día juntos, y a nosotros hoy, una promesa, un propósito y los lugares dónde proclamar su nombre. En Mateo 28:16-20, encontramos la versión de la Gran Comisión que quizá más reconocemos y recordamos. Consideremos los relatos de Lucas y Mateo como uno solo.

En primer lugar, vemos que Cristo tuvo y tiene la autoridad para mandar a sus seguidores a que lleven su mensaje al mundo. Mateo 28:18 lo dice claramente: "Y Jesús se acercó y les habló diciendo: Toda potestad me es dada en el cielo y en la tierra". Hay tres cosas que debemos entender en cuanto a su autoridad. Primero, fue una autoridad ganada y merecida. Con calma Jesús había confundido a los eruditos de su día con su propia sabiduría y entendimiento e interpretación de las Sagradas Escrituras y de la vida misma. Con audacia él había llamado al arrepentimiento de sus pecados a los ricos y a los pobres, a los aprendidos y los analfabetos, a los viejos y a los jóvenes. Con autoridad había desafiado la realidad al multiplicar un puñado de peces y panes en un banquete para miles. Con autoridad sobre la naturaleza, él había desafiado el viento y la lluvia para calmar la tempestad. Incluso había dejado morir a un amigo, cuando pudo haberlo sanado, para poder, con autoridad, levantarlo de la muerte. Pero, después de todo, al final de los tres años, al terminar la gran aventura que todos pasaron con él, en un día fatal el maestro había muerto en una cruz como un criminal. Pero al llegar el día para comisionar a sus seguidores ¡él estaba vivo! El había ganado la autoridad al permanecer en una cruz cuando pudo haberse bajado de ella, sin tener que ir a la tumba, cuando todas las fuerzas de la naturaleza y la maldad decían que se quedara allí.

Segundo, no solamente ganó la autoridad, sino que con tal autoridad les daba poder a sus seguidores para cumplir su misión. Les dijo con autoridad que hicieran discípulos a todo lugar a donde iban, bautizándolos y enseñándoles la obediencia a los mandatos de Jesús. Según lo que recuerda Lucas, Jesús les dijo "recibiréis" poder. No dijo "a lo mejor puedan recibir poder," no dijo "bien podrían recibir poder", no dijo "si se esfuercen mucho, quizá lo vayan a recibir". Dijo, claramente, "recibiréis poder". Los seguidores de Cristo recibirán poder. Aquellos que van en el nombre de Jesús para proclamar su nombre y bautizar en su nombre, y enseñar obediencia a él, tienen su poder por medio del Espíritu Santo.

Tercero, con su autoridad ganada y merecida, no solamente les dio poder a sus seguidores, también esperaba que sus seguidores obedecieran este gran mandamiento. Lucas recuerda que Jesús dijo recibiréis poder, y *me seréis testigos*. No dijo que quizás serían, podrían ser, ni que tenían el derecho de vacilar sobre el asunto. Dijo, me seréis testigos –era un mandato y Jesús contaba con su obediencia–. Mateo recuerda que Jesús dijo: Id y haced discípulos. Hay en las palabras de Jesús, recordado por ambos, Lucas y Mateo, una expectativa fuerte de que sus seguidores harían exactamente lo que él les estaba dando poder para que hicieran.

Pero, en segundo lugar, estos pasajes no solamente nos hablan de la autoridad de Cristo para dar la Gran Comisión, también nos cuentan exactamente cuál es la tarea que esperaba que sus seguidores cumplieran. Había dos puntos en la tarea.

La primera parte de la tarea, según Lucas 24:47, fue predicar o proclamar el arrepentimiento y el perdón de pecados en su nombre. Eso es lo que él quería decir en Hechos 18, según Lucas, que debían ser sus testigos. Y eso es lo que quería decir cuando dijo, según Mateo, que habían de hacer discípulos, bautizándolos y enseñándoles la obediencia. Un testigo es alguien que recuerda, uno que tiene información o conocimiento de alguna cosa y como resultado de su conocimiento puede confirmar algo. En Hechos, Jesús le dijo que la tarea era ser "mis testigos" [me seréis testigos], es decir, ellos debían recordar todo lo que habían escuchado de él y visto de él, y confirmarlo ante el mundo proclamando la veracidad de lo que él dijo acerca del arrepentimiento y el perdón y probándolo con sus propias vidas. La palabra para testigo viene del mismo vocablo para mártir. Un testigo para Jesús es uno que cree hasta la muerte que lo que él dijo fue cierto.

La segunda parte de la tarea fue la proclamación. Lucas recuerda que Jesús les dijo que proclamarían su nombre a todas las naciones. Mateo recuerda que les dijo que hicieran discípulos de todas las naciones, bautizándolos y enseñándoles a observar sus mandatos. Aparentemente Jesús estaba diciendo a sus discípulos y a nosotros aquel día final antes de regresar al Padre; "¿no entienden ustedes después de todo? Yo tengo toda autoridad. Ahora vayan ustedes a todo el mundo y hagan discípulos de todas las naciones. Serán mis testigos en Jerusalén, en toda Judea, y Samaria y hasta los fines de la tierra. Serán mis testigos en Louisville, en Santiago, en Bogotá, en Hong Kong, y a través del globo. Y nótese bien que no dijo que serán sus testigos primero en Jerusalén y cuando hubieran cubierto esa responsabilidad suficientemente, entonces fueran a Judea, y cuando Judea ya estuviera saturada con el evangelio, entonces pasarían a Samaria, y con la energía que les quedara después de estar allí por un tiempo, fueran al resto del mundo. No se puede argüir que la responsabilidad nuestra es o aquí o allá, ni podemos debatir que nuestra obligación es mayor localmente o globalmente. Es una responsabilidad simultánea, de igual importancia, aquí y allá. Nuestra tarea es proclamar el arrepentimiento y la salvación por medio de Cristo a nuestro mundo entero, cerca y lejos.

La tercera cosa que vemos en estos pasajes es que nos aseguró estar presente mientras cumplimos la asignatura. Recuerde lo que dijo: "estoy con vosotros todos los días, hasta el fin del mundo".

Para la reflexión y la investigación:

1. Considere el significado de los pasajes siguientes en Hechos relacionados al poder divino para cumplir la tarea misionera: Hechos 1:8; 1: 14; 2:1 al 4; 2:42; 4:31; 6:8; 12:5 y 12; 13:3; 16:25
2. Considere el significado de los pasajes siguientes en Hechos relacionados con la estrategia de la iglesia primitiva en el cumplimiento de la tarea misionera: 2:37-41;5:42; 8:5; 8: 26 al 38; 13: 14 y 15; 17:22; 20:20.

Notas

---

[1] Estamos endeudados con nuestro colega John Mark Terry para este bosquejo.

[2] W.O. Carver, *Missions in the Plan of the Ages* (Misiones en el plan de las edades). (Nashville: Broadman Press, 1903), páginas 27-51. Aunque un examen de la posición teológica de Carver indicaría que no cabría bien con la posición de la mayoría de los eruditos evangélicos conservadores de hoy, los cuatro puntos que elabora en este texto son válidos como un cuadro del propósito misionero de Dios.

[3] Juan Stott, "The Living God is a Missionary God", en Ralph Winter y Steven Hawthorne, *Perspectives on the World Christian Movement*, 3rd Edition (Pasadena, California: William Carey Library), página 4.

[4] Stott, página 8.

[5] Ibídem, página 9.

[6] Ibídem.

[7] Ibídem.

[8] Ibídem.

[9] El capítulo 4 de Miqueas es especialmente descriptivo de un mundo que ha vuelto al Mesías.

[10] Roger Greenway, *¡Vayan y hagan discípulos!: Una introducción a las misiones cristianas.* (Grand Rapids: Libros Desafío, 2004), página 48.

[11] Scott Moreau, Gary Corwin, y Gary McGee, *Introducing World Missions: A Biblical, Historical, and Practical Survey.* (Grand Rapids, MI: Baker Academic, 2004), página 43.

[12] Ibídem, página 42.

[13] Greenway, página 49.

[14] Moreau, Corwin, McGee, página 49.

3
Teología de Misión

La Teología y La Misión

El cristiano debe definir algo como su fuente o base para entender la misión de Dios. Bosquejamos tres elementos sobresalientes en nuestro análisis: Dios trino, el reino de Dios (su gobierno y el mensaje), y su instrumento principal, la iglesia.[1] La teología se desarrolla por la iglesia mientras estudia la Palabra de Dios y entiende más mientras obedece más su enseñanza. La iglesia cumpliendo con la misión de Dios, un pueblo adorando, proclamando, sirviendo de una manera encarnada desarrolla la teología. La iglesia a menudo sufriente y pobre en "el camino, y la verdad, y la vida" expone la teología de misión, no la erudición aislada de la iglesia. Emilio Núñez, teólogo evangélico influyente, dice que "la teología evangélica del futuro tendrá que ser bíblica en sus fundamentos; eclesiástica en su estrecha relación con la comunidad de fe…".[2]

Podemos concordar sin reserva que "Misión es lo que la Biblia constituye; podemos hablar de igual manera de la base misional de la Biblia como la base bíblica de la misión".[3] David Bosch identifica un error del campo teológico. No consideraba a la misión como parte de la esencia de la iglesia. Hoy por lo menos en el mundo de la mayoría (o dos tercios del mundo) la misión se considera una expresión de la esencia misma de la iglesia, como una prueba de la iglesia o su validez.[4] Bosch exhorta a la iglesia occidental a desarrollar una teología misionera y no solo una teología de misión.[5] Todo el texto de la Biblia presenta y narra la misión de Dios.[6] Dios va a reconciliar todas las cosas en él por la obra de Jesucristo en la cruz y a establecer su reino. Como herramientas teológicas, las ciencias sociales nos son muy útiles para la teología de misión y la misiología, incluyendo la antropología y la sociología, para examinar la "realidad concreta" o desenmascarar la realidad humana y para elaborar la teología en nuestro contexto.[7]

El acercamiento misiólogico distingue entre las palabras

> *Misión precede misiones. Misión significa enviar. Misiones consisten en ponerla en práctica.*

misión y misiones. Consideramos que las dos son importantes, pero misión precede las misiones. Misión (*missio* en latín) significa enviar. Dios envía a su Hijo, a su Espíritu, y a su iglesia. Misiones mayormente consisten en ponerla en práctica.

Las escrituras: La Biblia en la misión

La inspiración, la autoridad y la suficiencia de la Biblia juegan un papel grande en una teología de misión. Afirmamos que Dios habla por la Biblia sin error.[8] La Palabra de Dios es la persona de Jesucristo y también el discurso de Dios contenido en el canon de las Escrituras (Jn. 1:1,14; 2 Ti. 3:16; 2 P. 1:20, 21; 3:16). La Biblia tiene la autoridad, la claridad y la suficiencia para declarar y ser eficaz en la misión de Dios.[9] Hay otros libros religiosos considerados como una revelación divina por sus adherentes. Nos acercamos a ellos respetuosamente respondiendo a sus libros con el mensaje bíblico (1 P. 3:15). El cristiano presenta el mensaje del evangelio como la Palabra de Dios.

El contexto misionero hoy nos obliga a explicar una dimensión más del mensaje bíblico, su capacidad de ser claro y comprendido. Dios no solamente es capaz de comunicarse a nosotros sino de hacerlo de una manera que podemos entender con claridad y confianza (Dt. 6:6, 7; Sal. 19:7; 119:130; Mt. 12:3, 5; 22:29-31). Pablo como los otros autores inspirados de la Biblia entiende o da por sentado que sus lectores pueden entender sus palabras.[10] Varias religiones del mundo tendrán uno o más libros que insistan en que hay uno o más de un ser divino, pero realmente esos libros o documentos son incapaces de presentar con claridad la realidad, naturaleza, o mensaje divino de uno o más de un ser divino, y además los idiomas humanos carecen de esta capacidad. El concepto se llama, "la inefabilidad de Dios y el idioma". Al contrario, consideramos que Dios no solo posee el deseo de comunicarse con nosotros en una capacidad específica por medio de idiomas humanos, sino de una manera entendible y suficiente.

La Palabra en su profundidad es comprensiva, entendible en todo contexto y tiempo. A la vez con la regla de la fe, *Sola Scriptura,* la Biblia se lee y se entiende en todo idioma. La Palabra de Dios nos da una unidad en la fe cristiana y la obra misionera.[11]

Samuel Escobar nota lo que otros han afirmado también: que en el siglo 21, la postmodernidad evalúa la narración de historias. Primero, lo que sucedió en la Biblia es una historia que verdaderamente sucedió. Este aspecto de las escrituras cristianas es único entre todas las religiones del mundo. Segundo, da una base teológica para comunicar el mensaje del reino por historias bíblicas con una metodología de la narración, dado que muchas personas en el mundo se comunican y aprenden de forma oral.[12] Pero Dios también se explica o nos explica cosas en la Biblia de una naturaleza proposicional, o sea, Dios revela y nos explica como es.

El Dios Trino y Misionero

El punto de partida de la Misión de Dios es, sencillamente, Dios. El cristiano reconoce que hay un solo Dios y Dios es trino, es decir, Dios en tres personas: Padre, Hijo, y Espíritu Santo. Lesslie Newbigin quien basa su teología de misión en la Trinidad y organiza su explicación relacionada a la Trinidad por la fe, el amor, y la esperanza (Mt. 16–17; 1 Co. 12:1-3; 1 Jn. 4:1-3) presenta la misión trinitaria:

Es la acción de Dios por la cual Él escoge y unge los mensajeros de su reino. Es la obra del Espíritu soberano para habilitar a los hombres y las mujeres en situaciones nuevas y en nuevas formas culturales a encontrar las maneras por las cuales la confesión de Jesús como el Señor se haga en el idioma de su propia cultura. La misión de la iglesia es de hecho la participación obediente de la iglesia en aquella acción del Espíritu por la cual la confesión de Jesús como el Señor se hace la confesión auténtica de todo pueblo nuevo, cada uno en su propia lengua.[13]

> *Según una cosmovisión bíblica y cristiana, Dios es el creador, el redentor y el consumador de todas las cosas.*

Según una cosmovisión bíblica y cristiana, Dios es el creador, el redentor y el consumador de todas las cosas. No hay otros poderes espirituales antes de él, mayor que él, ni portadores de revelación aparte de él. Dios es único y santo. Como creador, tiene la capacidad y el derecho de gobernar su creación, es el Rey del Reino.

La creación única y especial del Dios trino es el ser humano, creado a su imagen (Gn. 1:26). El ser humano otorgado de su dignidad por Dios su creador tiene un valor especial. Sin embargo, su rebelión, el pecado, presentada desde Génesis 3 nos presenta con el contexto de la misión de Dios para redimir, restaurar y reconciliar a toda su creación a él. La persona y la obra de Cristo es la manera de realizarla. Jesucristo se declara el Señor soberano sobre todo (Col. 1:13-18). La soberanía de Dios se ve en su poder, su conocimiento y su presencia sin límite. Dios Padre le da el nombre sobre todo nombre a Cristo (Fil. 2:9). Dios, el Espíritu Santo, obra en la misión desde la creación hasta la nueva tierra y el nuevo cielo, la consumación del reino y la eternidad. Hay un gran panorama de la base teológica que incluye la grandeza y gloria de Dios y su amor, la gravedad del pecado, y la dignidad del ser humano en la imagen de Dios. Destaca la centralidad de la obra de Cristo en la cruz. Después de la resurrección vemos la obra sobresaliente del Espíritu Santo en la obra salvífica y el establecer y enviar de la iglesia en la misión de Dios, contemplando la venida de Cristo quien da una esperanza poderosa y segura. Las tres personas son copartícipes. La misión de Dios procede del Dios trino.[14]

La autoridad para la misión viene mayormente de la doctrina de Cristo. Cuando evangelizamos y proclamamos el mensaje de Dios, inevitablemente alguien nos va a preguntar: ¿cuál es su autoridad? Según Lesslie Newbigin Jesucristo halló un desafío a su autoridad y la autoridad para la misión de Dios. El habló con una autoridad distinta (Mateo 7:29). Directamente, los religiosos demandaron saber "¿Con qué autoridad haces estas cosas, y quién te dio autoridad para hacer estas cosas" (Marcos 11:28)? La respuesta teológica verdadera es que la autoridad de Jesucristo no era ni es "una autoridad derivada" sino "la autoridad de Dios mismo presente en medio de la historia humana". (Marcos 1:1-4).[15] La iglesia primitiva afirmó su autoridad "en el nombre de Jesús" (Hechos 4:7-10) y la confesión "Jesús es el Señor" (Ro. 10:9; Hch. 16:31; Mt. 10:32).[16]

Entre los cristianos el Espíritu Santo más fácilmente nos representa la naturaleza misionera de Dios como bien reconocida en el libro de Hechos. Un misionero y autor escribe que: "Es la revelación del Espíritu Santo como un Espíritu misionero lo que distingue [El libro de] los Hechos como único en el Nuevo Testamento".[17] Vemos Pentecostés como un evento paradigmático en la venida plena del Espíritu Santo y su manifestación ponderosa, pero "Pentecostés fue un evento misionero".[18] Notamos que los versículos de Hechos 2 encierran un relato del cumplimiento por Dios de su promesa antiguotestamentaria en Joel (Hch. 2:16-21). La venida y el cumplimiento fueron derramados sobre la raza humana. Hay unas implicaciones misioneras esenciales para toda la raza humana que incluyen a todo pueblo, toda lengua, todo lugar y nación (Ap. 5:9). Predicamos el evangelio a toda raza, grupo étnico, clase social o económica, niño o adulto, mujer u hombre y las barreras raciales y étnicas se derrumban. En la predicación del apóstol Pedro cada uno oyó en su propio idioma, y Hechos registra la obra misionera cruzando estas barreras del idioma, tal como otras barreras. Captamos la naturaleza global o internacional del momento (Hechos 20:22, 23). Stott considera que la fuerza para el movimiento evangelístico y misionero en el libro de Hechos no es la Gran Comisión sino Dios el Espíritu Santo.[19]

La manifestación misionera de Dios es la manifestación de su naturaleza, su amor. Según Juan Stott, "La misión auténtica cristiana,...también es integral al cristianismo histórico. El cristianismo sin misión no es el cristianismo ahora".[20] Stott acierta que "La misión cristiana tiene su raíz en la naturaleza de Dios mismo. La Biblia revela a Dios como un Dios misionero (Padre, Hijo, y Espíritu Santo), que crea un pueblo misionero y obra hacia una consumación misionera".[21]

Para exponer una teología de misión, consideramos toda la Biblia como el texto para declarar que Dios es misionero como un breve resumen, recordando que en el Antiguo Testamento con la creación de todas las cosas (Gn. 1) y la promesa de proveer redención después de la caída de Adán y Eva (Gn. 3:15), Dios actúa en preservar su creación pero vemos con gran claridad y poder la misión de Dios a todo pueblo en Génesis 12:1, la promesa a Abram que incluye una promesa a todo pueblo en la tierra. Tal promesa se realiza en Cristo (Gá. 4). Alrededor de esta promesa gira la manifestación misionera del Dios soberano que escoge a un pueblo misionero para anunciar la promesa y la verdad a todo pueblo.[22]

La Biblia enseña la realidad del infierno.[23] Dios va reconciliando todas las cosas en él y la verdad del infierno es una parte de su reconciliación. Notamos que rescatar a los inconversos del castigo del infierno es una motivación justa para evangelizar (Lucas 15; Marcos 16:15, 16), aunque lo más importante es la gloria de Dios en toda la tierra (2 Co. 3:7–4:18). La conversión es un motivo para la misión de Dios pero nos lleva a lo que es el señorío de Cristo y la adoración de Dios en toda la tierra.[24]

Varios teólogos y misiólogos han notado un cambio de motivo para los cristianos y la iglesia en cumplir con la misión de Dios. De antemano declaramos que todo motivo refleja una responsabilidad hacia Dios como uno de sus hijos y discípulos. Ya sea un sentido de responsabilidad de evangelizar por haber recibido la salvación, la realidad del infierno, o estar tan absorbido o cautivado por Dios, su gloria, su magnificencia y el evangelio, todos giran alrededor de una responsabilidad hacia Dios.[25] Es obvio en la Biblia misma que hubo varios motivos en la iglesia primitiva (Fil. 1:15; 1 Jn. 4:1). Sin lugar a dudas, un motivo puro no siempre fue el caso, ni tampoco lo es para nosotros hoy.[26] La tentación es distorsionar la capacidad humana al sobreestimar el poder humano en la misión de Dios y menospreciar la manifestación poderosa de Dios en su misión.

El reino de Dios

Dios gobierna toda su creación y el establece su reino. Progresivamente son ambos la manifestación y el mensaje de su misión. No se puede comprender la misión de Dios y una teología de misión sin una presentación del reino cuyo mensaje central es Cristo. Cristo, Dios el Hijo, quien creó todas las cosas, sostiene toda la creación, realiza la misión del Dios trino, y es el mensaje de la misión. El reino es el dominio, el gobierno de Dios que existe hoy pero parcialmente por el cual oramos "que venga tu reino" (Mt. 6:10). En su consumación habrá liberación completa en Cristo.

El reino de Dios, la justicia, y la liberación

La naturaleza del reino se dirige hacia el contexto latinoamericano y tantos otros lugares en el mundo que sufren y buscan liberación sociopolítica. Primordialmente, el evangelio del reino libera pecadores de su pecado personal y su destino eterno pero a la misma vez les da la esperanza de la justicia y dignidad divinas para ahora y el futuro (Col. 1:27; 1 P. 1:3). La justicia y la situación de la pobreza son importantes. Hay una dimensión del pecado colectivo pero no esperamos una utopía sociopolítica en términos marxistas ni otros pero buscamos una liberación bíblica completa.[27] A la misma vez la proclamación sin acción sacrificial para y en solidaridad con los que sufren no concuerda con el reino de Dios ni su misión (Mt. 22:37-39). Dios mismo se dio a conocer como compasivo. El reino crece y engrandece como un árbol pero no se completa hasta su consumación en la segunda venida de Cristo (2 Ts. 1). La justicia nunca llegará a ser perfecta hasta que Cristo venga, pero debe ser mayor donde existe la influencia del evangelio (Mt. 5–7), contra la corrupción pecaminosa reinante. El evangelio no elimina el sufrimiento ni la injusticia pero promete eliminarlos para siempre con la segunda venida de Cristo. Sin embargo, la teología de misión hoy que no considera el sufrimiento y la pobreza queda incompleta.[28] Son importantes porque Dios se preocupa por ellas y no deben ser pasadas por alto con indiferencia. Él otorga la dignidad sobre toda persona porque son creadas a su imagen (Gn. 4:26). También, Cristo siempre manifestó tanto la justicia como la misericordia hacia los que sufrían (Mt 8 y9; 25:45; Marcos 1:40-42; 2:5-11; 6:33-44; 8:1-9; 10:46-52). Por consecuencia, Cristo nos mandó amar primero a Dios y segundo a nuestro prójimo (Mt 22:37-40). Él ejerce una justicia divina y ofrece a los que sufren en la pobreza una esperanza y una nueva realidad porque el reino de Dios es "justicia, paz y gozo en el Espíritu Santo" (Ro. 14:17).

Solo Cristo y el evangelio vencen el poder del pecado (1 Co. 15:50-58). Las consecuencias del pecado incluyen consecuencias sociales también, pero los medios sociales mayormente humanos

> *Las consecuencias del pecado incluyen consecuencias sociales también, pero los medios sociales mayormente humanos incluyendo el poder político revolucionario no pueden vencer el pecado aunque pueden impactar estructuras sociopolíticas.*

incluyendo el poder político revolucionario no pueden vencer el pecado aunque pueden impactar estructuras sociopolíticas. Sin embargo, el pecado de toda sociedad es poner alguna cosa en el lugar de Dios. No obstante la iglesia juega un papel profético tanto como sacrificial de compasión en el reino viviendo en humildad y predicando con valentía. La iglesia con la verdad de la Palabra de Dios tiene mucho que dar a las comunidades y las sociedades a través de los valores bíblicos del amor, la gracia, la dignidad, la sabiduría, la moralidad, y tantos otros que pueden ser parte de la estructura de una sociedad más digna. La consumación del reino y la esperanza de la iglesia no recaen en un movimiento sociopolítico sino que dependen de Dios y su gobierno que es ilimitado. Las épocas y los poderes humanos cambian y fallan pero Dios no cambia ni falla (Salmo 91). Mientras la humanidad espera inquieta, la iglesia se involucra en la sociedad por medio del amor de Cristo con el mensaje de verdad y justicia del Dios santo (Mt. 5–7) que muestra el perdón y la redención.

El mensaje del reino: El evangelio

El mensaje del reino es un mensaje de la salvación y del señorío de Cristo, el evangelio (Hch. 28:31). Se ve más claro cuando hablamos de la conversión, cuya meta es íntegra, ser salvo y santificado (que es un proceso de por vida) y someterse al señorío de Cristo. La naturaleza de la conversión a Cristo es radical. Hay una regeneración por el Espíritu Santo (Tit. 3:5) y una resurrección de la muerte espiritual (y algún día del cuerpo) (Jn. 11:25, 26; Hch. 24:15-21; 1 P. 1:3). Los convertidos dejan cosas atrás y empiezan algo nuevo. ¿Si vamos a ser hechos más y más conforme a la imagen de Cristo, más como él en el carácter, la vida espiritual y nuestra relación con Dios, necesitamos un cambio radical, arrepentimiento real (2 Co. 7:9-19) y acudir a Cristo por fe (Ro. 10:17; Mt. 11:28). También, el señorío de Cristo forma una parte esencial para ver la misión a la luz de una cosmovisión cristiana. Todo dios falso, ídolo e ideología humana exaltada, deben ser rechazados y cambiados por el señorío de Cristo (Fil. 2:9-11). Tiene un impacto radical en la vida del convertido; su cultura y su mundo por doquier van creciendo. Recordamos aquí la urgencia del discipulado y las verdades de la Biblia para cada nuevo creyente.[29]

El evangelio es el mensaje del reino. Pablo no dejó ni una duda de su misión: "Pues no me envió Cristo a bautizar, sino a predicar el evangelio; no con sabiduría de palabras, para que no se haga vana la cruz de Cristo" (1 Co. 1:17). ¿Es obvio qué significa el evangelio? La respuesta es sí y no. Los que lo reciben y creen en él si entienden qué es. Para los que reconocen que son pecadores son buenas noticias y es el poder de Dios (1 Co. 1:18). Es una declaración confiable que "...Cristo Jesús vino al mundo a salvar los pecadores..." (1 Ti. 1:15). El Espíritu Santo revela la verdad del evangelio, convence de pecado, y presenta a Cristo como verdaderamente es (Jn. 16:8-15). Nos obliga a entender y hacer claro qué significa el evangelio.

El contenido del evangelio y la fe cristiana es fijo. Las metodologías de comunicar el evangelio varían entre culturas e idiomas. Los contextos múltiples del mundo en la tarea misionera demandan una contextualización. No obstante, no tenemos la libertad de ser creativos con el contenido del evangelio. Pablo dijo que él evangelizaba a los corintios con lo que había recibido, y el evangelio que recibió fue "conforme a las Escrituras" (1 Co. 15:1-4). El Pacto de Lausana también reconoce el contenido del evangelio para comunicarlo de una manera fiel a las Escrituras. Identifican el corazón del evangelio:

> Reconocemos como centrales los temas de Dios como el Creador, la universalidad del pecado, Jesucristo como el Hijo de Dios, Señor de todo, y Salvador por su muerte expiatoria y sustitucional, y la vida de la resurrección, la necesidad de la conversión, la venida del Espíritu Santo y su poder transformador, el compañerismo y la misión de

la iglesia Cristiana, y la esperanza de la venida de Cristo. Mientras son elementos básicos del evangelio, es necesario añadir que no una declaración teológica libre de una influencia cultural. Por lo tanto, toda formulación teológica debe ser juzgada por la Biblia misma, que es sobre todas ellas completamente. Su valor debe ser evaluado por su fidelidad a la Biblia tanto como la relevancia por la cual se aplica su mensaje a su propia cultura. En nuestro deseo de comunicar el evangelio eficazmente, a menudo nos damos cuenta de los elementos en el evangelio que las personas no les gustan. Por ejemplo, la Cruz de Cristo siempre ha sido una ofensa a los orgullosos y tontería los sabios. Pero Pablo no la eliminó de su mensaje por estas razones. Al contrario, siguió proclamándola, con fidelidad y con el riesgo de la persecución, confiado en que el Cristo crucificado es sabiduría y poder de Dios. Nosotros también, aunque nos preocupamos por contextualizar nuestro mensaje y eliminar de ello toda ofensa innecesaria, debemos resistir la tentación de acomodarlo al orgullo o prejuicio humano. Ha sido dado a nosotros. *Nuestra responsabilidad no es editarlo sino proclamarlo*[30] (énfasis nuestro).

El Dios soberano por su amor, su gracia y su misericordia se nos reveló y habló por las Escrituras. Todos son capaces como seres humanos de entender nuestras acciones misioneras y la comunicación del evangelio porque Dios nos da tal capacidad innata (Ro. 1:18-32). La existencia de otras religiones viene del impacto del pecado y no por la existencia de otros dioses. El mundo y todo que existe en él fue creado por el único Dios. Él no solo está a donde vamos, sino que él interviene y es soberano en todo lugar.

El evangelio es buenas noticias. Aunque en su autoevaluación el ser humano se cree capaz de alcanzar a Dios (y la salvación) por su capacidad espiritual o moral innata y demostrada por sus "buenas obras" o tradiciones religiosas, Dios por su gracia y misericordia es quien nos extiende el medio de la salvación (Ef. 2:8, 9). Solo Dios puede salvar a los pecadores de su pecado, y la salvación no viene por un esfuerzo humano, religioso, ni por la sinceridad religiosa sino en y por Dios en una persona: "...llamarás su nombre JESÚS, porque él salvará a su pueblo de sus pecados" (Mt. 1:21). El hombre es incapaz de salvarse, está muerto en sus "delitos y pecados" (Ef. 2:1, 5), es culpable ante Dios "por cuanto todos pecaron..." (Ro. 3:23) con un destino eterno "porque la paga del pecado es muerte..." (Ro 6:23).

La evidente declaración de Jesucristo y las Escrituras es que la salvación viene exclusivamente en Jesús "Y en ningún otro hay salvación; porque no hay otro nombre bajo el cielo, dado a los hombres, en que podamos ser salvos" (Hch. 4:12). Jesucristo lo aclaró diciendo: "Yo soy el camino, y la verdad, y la vida; nadie viene al Padre, sino por mí". (Jn. 14:6). Dios soberanamente la inicia por su amor, su santidad, su misericordia, su justicia y su grandeza (Ef. 3:18) y "...muestra su amor para con nosotros, en que siendo aún pecadores, Cristo murió por nosotros" (Ro. 5:8). El evangelio declara un acto divino incomparable de Dios al enviar a su Hijo quien murió por nosotros los pecadores. El evangelio destaca la manera de su muerte y su centralidad en el evangelio mismo. Sin ella, no hay un evangelio.

Predicar el evangelio es predicar "la cruz de Cristo" que es el poder de Dios para salvarnos (1 Co. 1:17, 18). Cristo voluntariamente se hizo el sustituto por nuestro pecado en la cruz, un sacrificio santo, el "Cordero de Dios" (Jn. 1:29) y una satisfacción perfecta, "...Consumado es...". (Jn. 19:30). A los salvos Dios nos otorga su justicia inmerecida por la obra de Cristo en la cruz. El acto de Cristo en la cruz de su muerte y su resurrección es un acto de poder soberano (1 Co. 15:1-4). Entre los pasajes que elaboran el significado está Romanos 3:21-26, que nos promete la justicia de Dios "...por medio de la fe en Jesucristo... gratuitamente por su gracia, mediante la redención que es en

Cristo Jesús… a quien Dios puso como propiciación por medio de la fe en su sangre… el que justifica al que es de la fe de Jesús" (Ro. 3:22, 24-26). Si la proclamación de la obra de Cristo en la cruz es un escándalo para algunos, no es algo nuevo, ni debe desanimarnos porque es "…locura a los que se pierden" (1 Co. 1:18). En la cruz, Cristo se sacrificó por el pecado para salvar y justificar a los pecadores. La misión de Dios viaja por la cruz de Cristo.

El que predica y extiende el evangelio debe hacer una invitación. La decisión de convertirse a Cristo y recibir la salvación tiene dos dimensiones, como predicó el Apóstol Pablo "…del arrepentimiento para con Dios, y de la fe en nuestro Señor Jesucristo" (Hch. 20:21). Dios no solo da la salvación sino la hace posible también por la obra divina del Espíritu Santo quien: "…convencerá al mundo de pecado, de justicia y de juicio…" y nos "…guiará a toda la verdad…" (Jn. 16:8, 13). Dios está activo en ambas dimensiones. Predicamos con confianza porque Dios actúa en la salvación. A la vez, toda persona que recibe la salvación debe arrepentirse, creer y confiar en Cristo. Son buenas noticias que podemos recibir el perdón de nuestros pecados. Debemos decidir y obedecer a la invitación. Deja en claro nuestra responsabilidad en la proclamación: presentar al evangelio de una manera clara "…conforme a las Escrituras…" (1 Co. 15:3, 4) y hacer una invitación recibirlo. El evangelio tiene su propio poder, "es poder de Dios para salvación a todo aquel que cree…" (Ro. 1:16).

Pluralismo, universalismo, e inclusivismo religioso

El contexto global es uno del pluralismo religioso. No es que cada lugar tiene una pluralidad de religiones sino el mundo de naciones y pueblos es religiosamente pluralista. Quiere decir que existe un pluralismo empírico en el mundo y en varios países particulares. Afirmamos las implicaciones sociales del pluralismo empírico: la diversidad "étnica, cultural, racial y socioeconómica. Defendemos la libertad religiosa para toda religión. Aunque América Latina tiene religiones no cristianas, la religión dominante ha sido el catolicismo con el crecimiento asombroso de la iglesia evangélica cristiana actualmente.

No obstante el pluralismo religioso tiene otra definición que usamos aquí. Teológicamente, es la creencia de que hay una variedad de caminos, religiones, filosofías, ideas, o medios que lo llevan a uno a Dios y a la salvación (aunque no todos creen en la salvación) y todos son medios igualmente válidos. Tal posición se llama pluralismo religioso filosófico.[31] La Biblia, la fe cristiana histórica, y la iglesia cristiana contemporánea rechazan el pluralismo religioso filosófico. Aun más, las religiones no cristianas lo rechazan con unas pocas excepciones.

Otra posición distinta, el universalismo, es la creencia de que todas las personas serán salvas indiferentemente de cuál religión tengan o si no tienen religión. Cree que de una manera u otra toda persona tiene una relación con Cristo. Rechaza la existencia del infierno y el castigo eterno. No es una creencia bíblica ni de la iglesia cristiana histórica. Nubla la distinción entre las religiones y destruye la motivación misionera.

El inclusivismo es otra creencia acerca de Dios y "la salvación". Cree en la obra de Jesucristo en la cruz y sus méritos salvíficos para toda persona. Sin embargo cree que las personas que no tienen un conocimiento de Jesucristo ni del evangelio pero responden lo mejor que pueden a su propia religión o la revelación que tienen, son salvos aun si no responden a una presentación del evangelio. El inclusivismo tampoco es una posición bíblica. Afirmamos la urgencia y necesidad de presentar el evangelio a toda persona.

Aunque estas tres creencias erróneas todavía existen, el movimiento misionero de la iglesia no se ha detenido y la afirmación del Pacto de Lausana en 1974 es que iglesias que no han abrazado una teología liberal en tal sentido tienen un fervor misionero todavía. En el Pacto:

> Afirmamos que solo hay un Salvador y solo un evangelio...Reconocemos que toda persona tiene algún conocimiento de Dios por su revelación general en la naturaleza. Pero negamos que tal conocimiento pueda salvar, porque los hombres suprimen la verdad por su injusticia. También rechazamos como despreciativo a Cristo y al evangelio todo tipo del sincretismo y diálogo que implica que Cristo habla igualmente por todas las religiones e ideologías. Jesucristo, siendo él mismo el único Dios-hombre quien se dio a sí mismo como el único rescate por los pecadores, es el único mediador entre Dios y el hombre. No hay otro nombre por el cual podemos ser salvos... Jesucristo ha sido exaltado sobre todo otro señor.[32]

La iglesia, la proclamación y la persuasión

Los que tienen una religión sin un dios, o que creen que Jesucristo no es divino o que no hay un destino eterno sino un fin sin una eternidad, merecen nuestro respeto como seres humanos sinceros. No obstante, todos no pueden tener la razón a la misma vez cuando creen en cosas completamente opuestas. El contexto del pluralismo religioso exige hoy la proclamación del Evangelio del Señor Jesucristo como el único medio de la salvación dado por el único Dios. Una manera de expresárselo a otros es la exclusividad de esta fe cristiana como la verdad de la salvación y Jesucristo. Juan Stott lo expresa bien: "Reconocer la finalidad y lo absoluto de Cristo mismo...no es la idolatría sino la adoración auténtica".[33] El asunto de la verdad es inevitable. La misión del cristiano es proclamar apasionada y convincentemente la verdad del evangelio y persuadir el no cristiano de que Cristo es el Señor y Salvador. La Biblia nos asegura que no es una tarea solamente humana. El Espíritu Santo obra en el que proclama y el que escucha. Quiere decir que nuestra misión es más que dialogar con otros y mostrar comprensión y respeto mutuo. Como Pablo ante Agripa queremos que el no creyente se convierta y siga a Cristo (Hch. 26:29). El apóstol Pablo mismo llegó a las sinagogas para predicar y por costumbre "razonar" con ellos, pero su misión fue evangelizar y ganarlos para Cristo. Cristo es incomparable. Hay un solo Dios, Señor, Nombre, Mediador y Camino. El evangelio cristiano es *exclusivo* pero su proclamación debe ser *universal* y es *inclusivo* de personas de "toda tribu, lengua, nación y pueblo" (Ap. 5:9, 10).

La Iglesia sigue reformándose, el Espíritu Santo renueva a la iglesia conforme a la verdad de la Palabra de Dios revelada, la Biblia, pero a la misma vez dirige a la iglesia creando las maneras diarias de llevar a cabo su ministerio y los recursos específicos necesarios en cada contexto y situación global, para la predicación y aplicación de la Palabra para la misión global de Dios.

La iglesia

La iglesia es el instrumento principal para la misión de Dios. Por lo tanto, una teología de misión destaca el papel de la iglesia. Samuel Escobar dice que "la tarea misionera Cristiana [es] parte de la razón fundamental del ser de la iglesia". Escobar reconoce la importancia de estudiar la "historia" de la misiología y la teología de misión evangélica.[34] De semejante manera Orlando Costas insiste que "Misión es intrínseca a la vida de la iglesia en sí. *No hay otra iglesia que la iglesia misionera. Ser la iglesia por lo tanto es vivir en una situación de cruce; constantemente encontrando el mundo; ser desafiada por ello y ser lanzada por el Espíritu de Cristo a testificar en y a ello del evangelio del reino de Dios"* (énfasis nuestro).[35]

> *La iglesia es el instrumento principal para la misión de Dios. Por lo tanto, una teología de misión destaca el papel de la iglesia.*

La iglesia es enviada en la misión. Cristo dijo a los apóstoles: "No me elegisteis vosotros a mí, sino que yo os elegí a vosotros, y os he puesto para que vayáis y llevéis fruto, y vuestro fruto permanezca…" (Jn. 15:16). Pablo reconoció esta verdad cuando dijo: "Pues si anuncio el evangelio, no tengo por qué gloriarme; porque me es impuesta necesidad; y ¡ay de mí si no anunciare el evangelio!" (1 Co. 9:16). Dios inicia su misión, escoge a su iglesia y sus siervos y los manda hacia el mundo para proclamar y servir.

Orlando Costas define algo muy importante para la misión de la iglesia hoy. La misión de la iglesia se mueve "fuera del portal". Jesucristo padeció fuera del portal de Jerusalén, ciudad santa, y mueve el local de la misión afuera del templo de Israel (He. 13:12). El análisis se aplica a la iglesia después de la cristiandad en ciertos términos pos cristiana, donde lo institucional es un poco menos dominante, como las Américas. La misión del siglo XXI nos lleva fuera de los confines del sagrado templo y las instituciones de la cristiandad marchando hacia los no creyentes de cualquier clase, y reconoce los olvidados y marginados.[36]

La iglesia es una comunidad de creyentes en Jesucristo. Pertenece a Dios (Hch. 2:27). La Biblia la presenta como una asamblea (ekklesia traducida iglesia) (Hch. 11:22, 26; Ro. 16:1; 1 Co. 1:2), su pueblo, su cuerpo (1 Co. 12:13), una familia, entre otras imágenes.[37]

La iglesia es edificada por Jesucristo (Mt. 16:18) y nace por medio del Espíritu Santo (Hch. 2). Concluimos con los Reformadores que la verdadera iglesia predica el evangelio (y administra eficazmente las ordenanzas). La unidad de las verdaderas iglesias es espiritual en el evangelio.

La iglesia es una comunidad de fe (Hch. 16:5; Gá. 6:10). Su fe genera confianza en lo que Dios ha prometido. Esta fe tiene mucho que ver con la misión de Dios. Las expectativas de proclamar el evangelio a todo el mundo, ser sal y luz, mientras Dios establece su reino frente a una oposición del maligno que requiere fe. Es una comunidad de fe ejerciendo su ministerio con fruto espiritual ahora en medio de las tinieblas y los que rechazan la luz de Cristo (Jn. 1:5; I Jn. 1:5-7). Sería imposible captar la grandeza de la misión y mucho menos servir eficazmente en ella sin ser una comunidad de creyentes que están creciendo en su fe. Es una comunidad que ama, sacrifica y sufre; marcas indelebles de su Señor Jesucristo.

La iglesia debe orar y confiar sin reserva en Cristo, triunfando humildemente pero no triunfalistamente, dotada de poder por el Espíritu Santo y abrazando lo milagroso de Dios. Es la iglesia en misión.

La iglesia y el modelo de Jesucristo y sus discípulos

Las bases teológicas para la iglesia en misión se encuentran en el ejemplo y modelo de Jesucristo y sus seguidores, los discípulos y los apóstoles. Quiere decir que la vida encarnada y sacrificial de Cristo es más importante que un tipo de metodología humana contemporánea aunque nuevas u otras metodologías tienen su importancia. Su modelo equilibrado es el valor en proclamar el evangelio, el sacrificio, la santidad, el servicio, la compasión y la verdad. Además, el modelo de Jesús nos llama a reconocer y actuar en pro de la pobreza por lo menos adoptando un estilo de vida sencilla.[38]

Jesucristo le dio a la iglesia la llamada Gran Comisión (Mt. 28:18-20), e incluye a los pobres (Lc. 4:18, 19). Implica una práctica misionera. Jesús como el Mesías esperado desempeña su ministerio como el Siervo Sufriente (Is. 61:1, 2) "cargando el peso mayor de los pobres, marginados,... El reino conquistó las calles, superó las tradiciones, despidió vacíos a los ricos y convidó a la fiesta de la vida a quienes padecían condenados a no salir del círculo implacable de la muerte". Jesús nos da como su iglesia estos aspectos entre otros como modelo para ejercer de su misión. La práctica es un vínculo indispensable del modelo de Jesús para la iglesia.[39]

La iglesia: dependiente, interdependiente, e independiente

La Reforma entre varios objetivos buscó volver a la naturaleza bíblica de la iglesia. Los Reformadores Radicales insistieron en una iglesia de convertidos (lo más pura posible) bautizados después de su conversión, cada iglesia local responsable en cumplir con los mandamientos de Dios e independiente del estado o gobierno como una institución.

Cada iglesia en todo lugar primero depende de Dios. Es creada por Dios, salvada por Dios, con poder y sustento espiritual de Dios y la intercesión continua de Cristo (Co. 1:13-18). No nos decepcionamos con una percepción de la iglesia mayormente como una identidad institucional en la sociedad con su autoridad y potencia otorgada por el estado. Es justo que sea reconocida legalmente por la sociedad con una identidad social, pero la iglesia deriva su naturaleza, su autoridad y su dependencia de Dios. Hay sociedades donde Dios usó un gobierno para facilitar su misión y muchos otros que se oponen a Dios y su iglesia ni otorgan una identidad visible, institucional, ni legal. Sobre todo, la iglesia depende de Dios en todo sentido incluyendo su misión.

El Nuevo Testamento pone de relieve la interdependencia de las iglesias de cumplir con la misión de Dios. En algunas áreas geográficas Pablo mencionaba grupos de iglesias como recipientes de sus cartas y apelaba a iglesias por varias regiones como unidas en ofrendas, oración y apoyo para otra iglesia, como en Jerusalén (2 Co. 8–9). De una manera u otra cada iglesia local necesita de otras iglesias para hacer una mayor contribución hacia el cumplimiento de la misión de Dios. Reconocemos una variedad de metodologías en realizar esta interdependencia pero insistimos en su validez teológica.[40]

Finalmente, cada iglesia es independiente en su responsabilidad de servir en la misión de Dios. Cada iglesia debe cumplir con ella y no esperar que una institución o agencia asuma su responsabilidad como cuerpo de Cristo. Cada iglesia verdadera es un organismo espiritual bajo el señorío de Cristo con y en su misión. Algunas agencias o instituciones misioneras o eclesiásticas pueden apoyar a la iglesia, ¡pero la misión pertenece a la iglesia![41]

La unidad bíblica es mayormente espiritual y cristocéntrica en vez de institucional o social. Hace posible la cooperación en el evangelismo y el servicio a Cristo que cruza las líneas de denominaciones, instituciones cristianas, agencias misioneras y otras organizaciones eclesiásticas. Sería erróneo creer que la unidad institucional de la iglesia es mandada. El Pacto de Lausana declara la necesidad de no ser limitados por nuestras instituciones eclesiásticas porque: "La evangelización del mundo requiere la iglesia entera para llevar el evangelio entero al mundo entero". Reconoce una variedad organizacional de las iglesias, pero busca una manera tal vez regional o funcional para la cooperación de las iglesias por lo menos en el evangelismo. La iglesia es una comunidad del pueblo de Dios y debe cruzar barreras humanas para cooperar. En las palabras del pacto: "nos comprometemos a buscar una unidad más profunda en la verdad, la adoración, la santidad y la misión".[42]

Conclusión

Esperamos y nos gloriamos en Dios. La misión se determina por él y se realiza en él. La misión de Dios vive en el Señor soberano, Jesucristo. Él es el evangelio. La misión se sostiene, se aplica en todo lugar y tiempo por la obra sobresaliente de Dios, el Espíritu Santo. La grandeza de Dios capta la imaginación del creyente y la iglesia y produce no solo un compromiso de sacrificio sino un gozo de servir en la misión gloriosa. Sobre todo, un conocimiento y una visión crecientes de Dios y su Gloria es lo más importante (Fil. 3:10). "Mañana" es un nuevo día, un nuevo momento para la iglesia latinoamericana dondequiera que esté, como un instrumento en la misión de Dios. Dios el Espíritu Santo la lanza hacia el mundo con el evangelio y la confianza en Jesucristo.

Los primeros cristianos penetraron ciudades enteras y no por reclamar lugares solo para edificar. Entraron en el lugar y la vida de todo lugar. La voz de Tertuliano, teólogo y líder en la iglesia del tercer siglo, nos desafía hoy. "Somos solo de ayer, y hemos llenado todo lugar –las ciudades, las islas, los pueblos, los mercados, los campos, las tribus, las compañías (de las tropas), el palacio, el senado, el tribunal– les hemos dejado solo los templos de sus dioses".[43]

Para la reflexión y la investigación:

1. ¿Por qué es necesario explicar una teología de misión y no simplemente desarrollar unas sanas prácticas misioneras?
2. ¿No es cierto que el Espíritu Santo nos guía?
3. Elabora las dimensiones más importantes de una teología de misión.
4. ¿Qué impacto sobre el ministerio de su iglesia puede tener una convicción sobre una teología de misión?
5. ¿Es posible tener la presencia de las ideas del pluralismo religioso, el universalismo, o el inclusivismo en los miembros de su iglesia? ¿Qué tipo de declaración puede surgir de tales ideas o creencias? ¿Cómo puede afectar las actitudes de los miembros de su iglesia?
6. ¿Cuáles aspectos del capítulo lo anima en su ministerio? ¿Cuáles aspectos se presentan como desafíos? ¿Cómo puede impactar cambios en sus ministerios en la iglesia?

7. ¿Cuáles son algunas cosas que ha aprendido de Dios por medio de este capítulo?

8. ¿Cómo podemos decir que el Dios trino es misionero?

9. ¿Cómo puede una comprensión del reino de Dios dirigir la naturaleza de su ministerio?

10. ¿Cuál es el contenido esencial del evangelio?

11. ¿Qué papel juega la Palabra de Dios en la misión de Dios?

12. ¿Si la iglesia refleja la naturaleza misionera de Dios, cuáles afirmaciones y cambios debe de hacer en el ministerio de su iglesia?

13. ¿Cuáles son algunas implicaciones del capítulo sobre la predicación, la persuasión, y el evangelismo?

14. ¿Cuál considera que es la mayor motivación teológica para la misión de Dios?

15. ¿Cuáles son los tres temas del capítulo que quiere enseñar a su iglesia?

16. Presente las dos declaraciones del Pacto de Lausana que considera más importante para ayudar a la iglesia a cumplir con la gran misión de Dios.

17. ¿Qué criterio se puede establecer para colaborar con otras iglesias para cumplir con la misión de Dios con una base en esta teología de misión?

18. ¿Lo impulsa este capítulo a profundizar su estudio de teología sistemática? Por favor, explique.

19. Elaboren las diferencias entre el pluralismo religioso, el universalismo y el inclusivismo.

20. ¿Qué significa la exclusividad del evangelio?

21. Elaboren cómo se pueden predicar o enseñar en su congregación los elementos de la teología de misión.

Notas

[1]Reconocemos y damos gracias por el ministerio de varios grupos y ministerios cristianos "para-iglesia" y como Dios los usa, sin embargo, consideramos la iglesia más que todo en su manifestación como iglesias locales de creyentes en Cristo como el enfoque de la Biblia para el ministerio cristiano.

[2]Emilio Núñez, *La Teología de la Liberación: Una Perspectiva Evangélica* (Miami, FL: Editorial Caribe, 1986), 257. Emilio Núñez y otros teólogos y eruditos de la Fraternidad. Teológica Latinoamericana (FTL) han hecho una enorme contribución teológica y misionera global. Vea C. René Padilla, ed., *Hacia una Teología Evangélica Latinoamericana* (Miami, FL: Editorial Caribe, 1984).

[3]Christopher J. H. Wright, *The Mission of God: Unlocking the Bible's Grand Narrative* (Downers Grove, IL: InterVarsity Press, 2006), 29.

[4]David Bosch, *Transforming Mission: Paradigm Shifts in Theology of Mission* (Maryknoll, NY: Orbis Books, 1991), 1-6.

[5]David Bosch, *Believing in the Future: Toward a Missiology of Western Culture* (Harrisburg, PA: Trinity Press International, 1995), 32.

[6]Para un análisis más completo contemporáneo vea a: Christopher J. H. Wright, *The Mission of God*.

[7]Respeto al uso de las ciencias sociales por la Teología de la Liberación, vea el análisis de Emilio A. Núñez, *Teología de la Liberación*, ix-xiii.

[8]No es el lugar de presentar una doctrina de la inspiración y autoridad divina de la Biblia, aunque la afirmamos, y su confiabilidad completa (2 Ti. 3:15-18; 1 P. 1:24; 2 P. 2:16-21; 3:16).

[9]Para un análisis excelente de la doctrina de la Palabra de Dios y el Canon de las Escrituras, vea a Wayne Grudem, *Teologia Sistemática* (Miami, FL: Editorial Vida, 2007), 47-142.

[10]Craig Ott and Harold A. Netland, eds., *Globalizing Theology: Belief and Practice in an Era of World Christianity* (Grand Rapids, MI: Baker Academic, 2006), 295; Michael Green, *But Don't All Religions Lead to God?* (Grand Rapids, MI: Baker Books, 2002), 23-5.

[11]Samuel Escobar, *La Palabra: Vida de la Iglesia* (El Paso, TX: Editorial Mundo Hispano, 2006), 11.

[12]Escobar, *La Palabra*, 21-22.

[13]Leslie Newbigin, *The Open Secret: An Introduction to the Theology of Mission*, 2nd ed. (Grand Rapids, MI: Eerdmans, 1995), 20.

[14]Ajith Fernando, "Grounding our Reflections in Scripture: biblical trinitarianism and mission" in *Global Missiology for the 21st Century*, William D. Taylor, ed., (Grand Rapids, MI: Baker Academic, 2000), 197-8, también ha dado la base para la misión del Dios trino.

[15]Newbigin, *The Open Secret*, 14, 15.

[16]Entendemos que a veces la confesión se entiende decir que Cristo es divino, su deidad.

[17]Roland Allen, "Pentecostés y el Mundo" (OUP, 1917), 36, en John R. W. Stott, *El Cristiano Contemporáneo* (Grand Rapids, MI: Libros Desafío, 1995), 329.

[18]John R. W. Stott, *El Cristiano Contemporáneo* (Grand Rapids, MI: Libros Desafío, 1995), 317.

[19]Stott, *El Cristiano Contemporáneo*, 318.

[20]Stott, *El Cristiano Contemporáneo*, 324.

[21]Stott, *El Cristiano Contemporáneo*, 325.

[22]Wright, *The Mission of God*, 191-21.

[23]Grudem, *Teológia Sistemática*, 1212-6.

[24]Michael Popock, Gailyn Van Rheenen, Douglas McConnell, *The Changing Face of World Missions* (Grand Rapids, MI: Baker Academia, 2005), 171-5.

[25]John Piper, *Let the Nations Be Glad: The supremacy of God* (Grand Rapids, MI: Baker Academic, 2003), 29.

[26]Popock, Van Rheenen, McConnell, *The Changing Face of World Missions*, 163-4.

[27]Nuñez, *Teología de la Liberación*, 255ff.

[28]Ott and Netland, *Globalizing Theology*, 95.

[29]John R. W. Sott, ed., *Making Christ Known: Historic Mission Documents from the Lausanne Movement, 1974-1989* (Grand Rapids, MI: Eerdmans Publishing Company, 1996), 93-5.

[30]Stott, *Making Christ Known*, 86.

[31]Michael Green, *But Don't All Religiones Lead to God?* (Grand Rapids, MI: Baker Books, 2002), 10-5.

[32]Stott, *Making Christ Known*, 16.

[33]Stott, *El Cristiano Contemporáneo*, 303.

[34]Samuel Escobar, "Evangelical Missiology" en *Global Missiology for the 21st Century*, Taylor, 101-3.

[35]Orlando Costas, *Theology of the Crossroads in Contemporary Latin America* (Amsterdam, Netherlands: Rodopi, 1976), 7.

[36]Orlando Costas, *Christ Outside the Gate: Mission Beyond Christendom* (Maryknoll, NY: Orbis, 1982), 188-93.

[37]James Leo Garrett, h., *Teología Sistemática, Tomo 2* (El Paso, TX: Mundo Hispano, 2000), 457-70.

[38]Stott, *Making Christ Known*, 37.

[39]Valdir R. Steuernagel, ed., "La Gran Comisión: Leámosla de Nuevo", en *La Misión de la Iglesia: Una Visión Panorámica*, (San José, Costa Rica: Visión Mundial Internacional, 1992), 95-7.

[40]Una metodología es el Programa Cooperativo de los Bautistas del sur y sus iglesias afiliadas globalmente que unifica tanto eficaz los recursos económicos como agencias misioneras de todas sus iglesias sin embargo la

participación de cada iglesia es completamente voluntaria; COMIBAM es una organización Latinoamericana muy importante para la obra misionera global por la iglesia Evangélica Latinoamericana.

[41]Edison Queiroz, *La Iglesia Local y Las Misiones* (Miami, FL: Editorial Unilit, 1994), 53.

[42]Stott, *Making Christ Known*, 28.

[43]Tertulian, "Apology," 7, citada por Ray Bakke en *A Theology as Big as the City* (Downers Grove, IL: InterVarsity Press, 1997), 193.

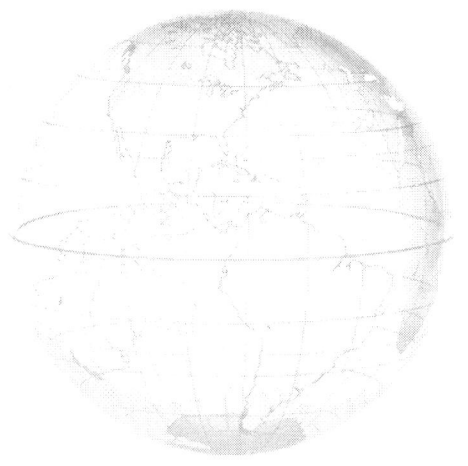

4

Bases Históricas de las Misiones

En este capítulo, queremos trazar el crecimiento de la iglesia de la edad apostólica hasta el siglo XXI, especialmente considerando las contribuciones de algunos misioneros y algunos factores contribuyentes al crecimiento.

Misiones hasta el siglo V

En realidad, la mayoría de los historiadores concuerdan en que mucho de lo que se puede decir en cuanto a la historia de las misiones es especulación, basada en datos insuficientes, [1] aunque muchos han tratado de reconstruir la historia para darnos una aproximación de la realidad, y lo han hecho llenando docenas de tomos. De tales tomos resumimos brevemente lo que es una historia larga y rica.

Primer siglo

Por el testimonio del Nuevo Testamento, sabemos que durante el primer siglo la iglesia se expandía a Asia y más allá. Pablo fue el primero en llevar el mensaje de Cristo por lo menos a varios lugares en Asia Menor, a Macedonia y a Chipre. Se encuentra a Tito trabajando en una iglesia en Creta aunque su fundador es desconocido. También había iglesias en Roma y Puteoli, fundadas por desconocidos pero atendidas por Pablo y su equipo.

La tradición nos cuenta que el apóstol Tadeo fue a Edesa (la actual Irak o Irán), Marcos a Alejandría (Egipto), y Pedro a Bitinia y Capadocia (la actual Turquía). Y siempre están los que piensan que Tomás fue a la India y que Pablo logró hacer su viaje a España.

Con todos ellos, suponiendo la veracidad de algunas de las tradiciones, se estima que para fines del primer siglo había más o menos 100 congregaciones, casi todas en centros urbanos y principalmente de habla griega.[2]

Terry sugiere cuatro factores que contribuyeron al crecimiento de la iglesia durante estos primeros años:

- El sistema de carreteras romano.
- La paz romana que reinaba por todo el mundo mediterráneo.
- La filosofía y el idioma griegos. Las clases educadas tenían un amor por la verdad y estaban insatisfechas con las supersticiones tan corrientes de la época.
- Judíos vivían por todo el imperio y su monoteísmo dio lugar al cristianismo.[3]

Segundo siglo

Durante el segundo siglo la iglesia se expandió hacia el sur a Bostra, Petra y Arabia, y hacia el norte a Antioquía, Armenia, Ponto y Bitinia. Hacia el oriente encontramos obra en Damasco, Edesa y Mesopotamia. Hacia el occidente, la iglesia estuvo fuerte para finales del siglo en Alejandría y Cartago, en África del Norte. A lo mejor, las primeras congregaciones de habla latina estuvieron en África del Norte entre las clases altas,[4] aunque es probable que la mayoría de los creyentes hayan sido personas simples y humildes.[5]

Para finales del siglo dos, la iglesia había penetrado todo el imperio Romano y toda la Mesopotamia, por lo menos en general.[6] El modelo misionero de la época fue paulino, según los escritos de varios patriarcas de la iglesia, y es cierto que la iglesia fue más fuerte en los lugares donde Pablo había invertido su vida.

Tercer siglo

Las primeras estadísticas que tenemos son del año 251 en el tiempo de la controversia de Novaciano. En aquel año, la iglesia en Roma apoyaba aproximadamente 100 clérigos y 1.500 viudas y necesitados, con una membresía calculada entre 30.000 y 50.000 miembros, con algunas estimaciones hasta de 100.000.[7]

El crecimiento hasta mediados del tercer siglo había sido consistente, entonces por el 260 empezó a crecer rápidamente durante 40 años. A diferencia del crecimiento hasta entonces que fue mayormente urbano, el nuevo crecimiento se concentró en lugares rurales. Una influencia primaria para el crecimiento fue la inquietud civil en el imperio, con ataques por las tribus germanas del norte y el caos en Roma, y por la inestabilidad económica que resultó. Los pueblos rurales estuvieron siempre abiertos a un mensaje sencillo de esperanza y poder sobre las fuerzas demoníacas.[8]

La iglesia crecía libremente durante este tiempo sin repercusiones de Roma. La población de varias ciudades grandes fue mayormente cristiana. La iglesia se extendió más allá de las fronteras del imperio, y llegó hasta Persia, Armenia, el Mar Negro y Arabia.[9] Harnack estima que durante este siglo los cristianos llegaron a ser más numerosos que los judíos y que la iglesia alcanzó 3 a 4 millones de adherentes.[10]

Cuarto siglo

La libertad para seguir creciendo terminó en el 303 con el Edicto de Persecución, bajo el emperador Diocleciano, que dio ímpetu a un periodo intenso de persecución de la iglesia. Hubo por lo menos 1.500 mártires durante los ocho años siguientes y muchos más sufrieron la tortura.

En el 311, el emperador Constantino firmó el Edicto de Toleración, que terminó con la persecución, y lo siguió el Edicto de Milán en el 313 que le dio al cristianismo el estatus de una religión reconocida por el imperio. Eso dio ímpetu a un crecimiento, por lo menos numérico, durante todos los años del reino de Constantino, quien apoyara la iglesia con la construcción de catedrales. El mismo emperador se convirtió al cristianismo cerca del final de su vida. En el 380, bajo el emperador Teodosio, el cristianismo pasó a ser la religión oficial del estado, y en el 391 las demás religiones pasaron a ser ilegales.

Entonces, hasta el año 500, vemos que la conversión a Cristo fue la norma en el mundo, aunque fuera un acto de conveniencia más que de fe. De manera que la mayoría de la población era cristiana. [11] La iglesia se esparcía dentro y fuera del imperio, y llegó a ser una religión mundial. Llegó por lo menos a Etiopía, Arabia, Mesopotamia, Persia, India, Alemania, Europa e Irlanda.

Durante estos primeros cinco siglos, muchas personas predicaban el evangelio. Las contribuciones de Ireneo de Lyon, Gregorio Taumaturgo, Ulfilas, Martin de Tours, Filastro el Obispo de Brescia, Juan Crisóstomo, Hilarion de Gaza, y Patricio de Irlanda fueron muy significativas en cuanto a la obra misionera. Terry nos provee un resumen de 10 razones para el crecimiento de la iglesia durante los primeros 500 años; seis de ellas son razones internas y cuatro son externas.

1. La bendición divina: fue la voluntad de Dios.
2. El celo de los creyentes: dieron sacrificialmente; sus convicciones se expresaron en actividad misionera.
3. El valor del mensaje: era lo que la gente necesitaba escuchar; que Jesús fue único; que Dios es Dios de amor, perdón, vida eterna y esperanza durante tiempos de angustia.
4. La organización y disciplina de la iglesia: la fidelidad de los obispos, la organización influida por el imperio Romano; la disciplina en contraste con el paganismo.
5. La inclusividad de todas las clases y razas; la universalidad del cristianismo en contraste con el judaísmo.
6. Las normas éticas; las vidas de los creyentes atrajeron atención en contraste con las vidas de sus vecinos paganos.
7. El favor oficial del imperio: el clima político era bueno después del año 300.
8. El monasticismo: al pueblo le gustó la obra benéfica de los monjes.

9. El éxito rinde más éxito; el momento del éxito de la iglesia fue un estímulo para mayor crecimiento.
10. La migración tribal, especialmente de las tribus germánicas –no fueron creyentes hasta la llegada del imperio–.[12]

Misiones durante los tiempos medievales y el renacimiento: 500 – 1792

Después de los primeros 500 años, la iglesia empezó a fragmentarse. Roma se estaba deshaciendo, dejando a la iglesia sin un apoyo natural. Justo Anderson lo describe así:

Por más de 1000 años (500 – 1650), el destino del cristianismo no fue cierto. Mucho de lo que había sido ganado durante los primeros siglos fue negado. La iglesia ganó los pueblos del norte de Europa, pero perdió prácticamente todo el norte de África, mucho del valle del Nilo, parte del sudeste de Europa, casi todo Asia Menor, Siria, y Palestina, lo poco que había ganado en Arabia, y casi todo Persia y Asia Central –áreas todas donde el cristianismo se encontraba en confrontación directa con el islam y el budismo. Estaba identificado con pueblos sujetos y subculturas disidentes. En este vaivén, las corrientes mayores de la civilización parecían pasarlo por alto.[13]

Afortunadamente, este periodo largo de incertidumbre de la iglesia y su misión por fin terminó con la fe intacta y con la iglesia lista para el movimiento misionero moderno. Pero el camino hacia allí fue largo. Los eventos que influyeron en la expansión de la iglesia en este periodo incluían al menos el envío de misioneros a Bretaña, la formación del imperio Católico Romano, el avance del islam, las cruzadas contra los musulmanes, la expansión del comercio, y el establecimiento de órdenes misioneras dentro de la

Iglesia Católica.[14] Un estudio de la historia del cristianismo propiamente ampliaría este tema muchísimo, pero pensemos a menos en algunos puntos significativos del periodo.

Afortunadamente, este periodo largo de incertidumbre de la iglesia y su misión por fin terminó con la fe intacta y con la iglesia lista para el movimiento misionero moderno.

Había iglesias en Bretaña antes del 300, pero fueron destruidas por los anglosajones (tribus germánicas que dominaron allí unos 600 años). En el siglo VI, nuevas iglesias fueron fundadas por los celtas de Irlanda y los benedictinos de Roma. El centro de la actividad misionera fue la isla de Iona en la costa oriental de Escocia, a veces llamada la isla de San Columba, nombrada por el monje que es acreditado por evangelizar Escocia. El centro misionero que él estableció envió misioneros por más de 200 años a Gran Bretaña y mas allá.[15] Sigue hasta hoy una organización con base en la isla dedicada a las obras de caridad en la vida cristiana.

Desde Bretaña, mas no de Roma, la obra misionera llevó el evangelio a Europa continental. Columba fue a Suiza y Galia (Francia) mientras Bonifacio sirvió de misionero a los indígenas en Galia durante cuarenta años. Hacia el norte en Escandinavia, la obra en Dinamarca, Suecia y Noruega creció poco hasta el 1100, y aun hasta ahora nunca ha sido fuerte.

Hacia el oriente, vemos el comienzo de las iglesias ortodoxas después de la división de la iglesia en 1054 en dos: la Iglesia Católica Romana y la Iglesia Oriental u Ortodoxa, que eventualmente se convirtió en la Iglesia Ortodoxa Rusa y la Iglesia Ortodoxa Griega. No había mucha actividad misionera hacia el oriente, aunque la iglesia oriental estuvo fuerte y resistió el islam por mucho tiempo. Al contraste, la Iglesia Católica Romana estuvo en sus mejores tiempos a comienzos del siglo 13 –no muy espiritual pero penetrante en toda la vida europea. Dos misioneros que sobresalen de este tiempo son los santos Cirilo y

Metodio, hermanos de Moravia, quienes tradujeron las Escrituras al lenguaje vernáculo.

Durante los siglos VII, VIII y XV, el islam fue la barrera más formidable al avance del cristianismo. Durante de 25 años después de la muerte de Mahoma, ya estaba esparciéndose a Afganistán y Túnez. A mediados del siglo VIII, ya tenía fuerza en España, Moroco y Francia. Algunos musulmanes fueron militantes, mientras otros respetaban a los cristianos y judíos. Una buena pregunta aquí sería ¿por qué tantas fortalezas cristianas cayeron ante el islam? No se sabe la respuesta, aunque uno podría especular que en esos lugares la iglesia cristiana fue superficial desde el principio.

El avance del islam dio lugar a las siete cruzadas de infamia. Según Kane, hubo tres razones primordiales para las cruzadas: retomar la Tierra Santa de los turcos; ayudarle al imperio Bizantino (imperio Romano con capital en Constantinopla) contra los turcos; y restaurar buenas relaciones con la iglesia oriental y reunir las dos ramas de la iglesia. Falló en las tres.[16] Su impacto en las misiones fue negativo en gran manera. Anderson nos da un buen resumen:

> [Fue]. . . un desastre casi irreparable para las misiones cristianas. . . La estrategia de un misionero de cruzada con su reputación para la crueldad y la venganza ha sido y es el albatros en el cuello del misionero cristiano en el Medio Oriente". Las cruzadas crearon odio en el nombre de la religión. Atrocidades fueron cometidas en el nombre de Cristo. Las normas para la cristiandad fueron rebajadas.[17]

Así que, por el año 1215, la Iglesia Católica Romana estaba en su clímax, pero la iglesia en el oriente no marchaba bien. Un par de misioneros sobresalen: Francisco Asís (o Francisco de Asís) y Raimundo Lulio, ambos del siglo XIII. Francisco, hijo de un mercader italiano rico, tomó un voto de pobreza y dedicó su vida a la evangelización de los musulmanes por medio del diálogo y la persuasión, pero con pobres resultados. Lulio fue, quizá, el primer misiólogo, porque tuvo el primer plan detallado para alcanzar y convertir a los perdidos. Su documento describía como uno debía responder a preguntas musulmanas y paganas. Lulio, quien había sido un colaborador del rey de España, también empezó una escuela misionera para los franciscanos e hizo tres viajes misioneros al África.[18]

Hubo otros esfuerzos, como la obra en la China, resultado de la obra de los nestorianos, de teología errante. Durante 1294 al 1330 había más de 100.000 convertidos, pero la iglesia allí no duró, quizá por no considerar la cultura local y hacer las adaptaciones adecuadas.

La mayoría de los esfuerzos fueron parte de todo el paquete de los exploradores, empezando en el siglo XV. En 1454 el papa Alejandro V le dio a Portugal los derechos para evangelizar África y las Indias Orientales; en 1491 su sucesor Alejandro VI dividió el mundo entre Portugal y España. Portugal recibió África, las Indias Orientales, y Brasil. España recibió el resto del mundo nuevo. Así que, las misiones llegaron a ser una función de los gobiernos en la que la tarea de los exploradores fue conquistar y convertir.

Los conquistadores españoles intentaron conquistar para el Rey y la iglesia al estilo español, es decir, con la espada. Hacía poco, España había salido del dominio musulmán y no sabía otra manera que conquistar y convertir o matar. Esa es la herencia de lo que es ahora América Latina. Las misiones portuguesas normalmente se desarrollaban a través de las costas. Según Anderson: "aplastaban las religiones étnicas, forzaban fuera las clases altas resistentes, y creaban comunidades cristianas compuestas de sus descendientes de sangre mixta y los convertidos de los estratos bajos de la sociedad".[19] En esta forma empezaron la obra en el Congo, Angola, Mozambique, y Madagascar, pero no resultó en mucho. Muchos de los misioneros murieron por enfermedades, no había buen liderazgo, y la metodología fue inferior.

Había algo también de patrocinio francés, en lo que es ahora Canadá, donde la metodología fue distinta. Los misioneros allí predicaron, enseñaron, convirtieron, pero dejaban que los indios fueran indios.

En 1622, la Iglesia Católica Romana formó la "Congregación Sagrada para la Propagación de la Fe" para centralizar la obra misionera. Llamada la Propaganda, nunca funcionó bien, pero su programa escrito sirvió como un reflejo de la filosofía de las misiones indígenas, un rechazo al colonialismo, y un apoyo a los misioneros para entrenar a los nacionales y quedarse al margen de la política.[20]

Entre los misioneros católicos representativos del periodo se debe incluir a Francisco Xavier, quizá el misionero Católico más fructífero en la historia; Mateo Ricci, el Jesuita que reabrió la obra en la China; Padre Legaspi, el responsable para la conversión de las Filipinas; el Jesuita italiano Roberto de Nobili; y los franciscanos y dominicanos, quienes establecieron obra en Brasil, Haití, México, Cuba, Colombia, Perú, y eventualmente en casi toda América Latina. El resultado de su trabajo es la dominación católica en América Latina hoy. En verdad la iglesia católica allí es la Iglesia Latina más que la Iglesia Romana. La Iglesia Latina realmente no sintió el impacto de la Reforma Protestante del siglo XVI hasta la llegada de los misioneros protestantes en el siglo XIX.

Al llegar al final de este periodo los reformistas ya estaban activos en Europa y el cristianismo estaba al borde de cambios inmensos. Sin embargo, los reformistas iníciales no figuran mucho en nuestra historia. La "Omisión Grande" es un término usado para indicar que los reformistas no tenían perspectiva misio-nera, quizá por estar ocupados con otros asuntos. Anderson sugiere cinco razones

> *Los reformistas iníciales no figuran mucho en nuestra historia. La "Omisión Grande" es un término usado para indicar que los reformistas no tenían perspectiva misionera, quizá por estar ocupados con otros asuntos.*

para esta falta. Primero, tuvieron una hermenéutica equivocada, pues pensaron que la Gran Comisión se había cumplido por medio de los apóstoles. Segundo, estaban inmersos en sus propias luchas para la reforma. Tercero, su contacto con no cristianos fue limitado. Cuarto, practicaban una eclesiología provincial. Quinto, su escatología fue equivocada, pues pensaban que estaban viviendo en los últimos tiempos; de manera que los proyectos misioneros a largo plazo habrían sido fútiles.[21]

Hubo, sin embargo, algunos intentos hacia la obra misionera. Las contribuciones de Felipe Spener, el pionero del movimiento pietista; Ludwig von Zinzindorf, el moraviano responsable para la oración de 100 años; y David Brainerd, misionero a los indios en el nuevo mundo, fueron sumamente significativas.

Misiones durante el gran siglo y el colonialismo, 1792-1910

El historiador Latourette denomina estos años el Gran Siglo porque marcan un "progresivo repudio acompañado por abundante vitalidad y una expansión sin precedente" de la iglesia.[22] A fines del siglo XVIII, la iglesia ya existía en cinco de los seis continentes. En parte el crecimiento se debía a la exploración, como hemos visto, y las empresas comerciales que extendían la cultura occidental y creencias y prácticas religiosas relacionadas. En parte también se debía a los grandes movimientos espirituales que normalmente llamamos los despertares espirituales, el poder de los cuales fue algo extraordinario en toda la historia de la iglesia.

Paralela a esta historia de misiones está la historia de estos grandes despertares. Algunos de los personajes que mencionamos en esta reseña son también los mismos de estos grandes movimientos. Misiones y despertares van de la mano, porque el evangelismo y las misiones son las expresiones prácticas de la iglesia de Cristo cuando la iglesia hace lo que Cristo demanda.

Debido a que los despertares fueron mayormente entre o disidentes católicos o protestantes, nuestro enfoque ahora cambia de misiones católicas a misiones protestantes. Además del ímpetu de las misiones que fue el resultado directo o indirecto de la Reforma, las misiones católicas también sufrieron debido a la decadencia política de España y Portugal de donde habían nacido.

Es imposible cubrir toda esta historia, de manera que vamos a ver algunos puntos sobresalientes. Este periodo está fechado 1792 porque fue en aquel año que el llamado y la visión de Guillermo Carey resultaron en la formación de La Sociedad Misionera Bautista en Inglaterra. "Lo que era Lutero a la Reforma, lo fue Carey al movimiento misionero cristiano".[23] La filosofía de Carey, reconocido como el padre de las misiones modernas, fue predicar, distribuir Biblias, sembrar iglesias, estudiar las demás religiones, y entrenar líderes, todos los cuales el hizo con efectividad en la India.

El legado de Carey fue las sociedades de misiones. Cuando los bautistas en Inglaterra no querían formar una organización para apoyar sus esfuerzos, formó su propia sociedad de apoyo. En los años siguientes, muchos otros misioneros hicieron lo mismo. Llegó a ser la norma de la época, y sigue siendo la norma para muchos grupos, especialmente los que no pertenecen a una denominación.

Además de Carey, hay otros nombres significativos en el Gran Siglo antes de 1832, como Henry Martyn, Robert Morrison, John Vanderkemp, Robert Moffat, y Alexander Duff en Europa. Y en los Estados Unidos de América, estamos especialmente endeudados a las contribuciones de Adoniram Judson y su esposa Ann, Luther Rice, George Lisle, Hiram Bingham, Lott Cary, y Collin Teague.

Las contribuciones de ellos y otros nos llevan tres o cuatro décadas en el periodo, hasta que se ve el comienzo de algunos cambios en estrategia y dirección. Anderson lo explica así:

Sobre todo, la expansión asombrosa de la fe cristiana, por medio de las sociedades europeas y americanas, fue caracterizada por una misiología paternalista, dirigida por misioneros, y financiada por subsidios. Las sociedades y sus misioneros fueron asombrosamente renuentes para desarrollar un liderazgo indígena. Después de 1832, empezaron a evaluar su trabajo y algunos misiólogos sobresalientes emergieron para cambiar la dirección del movimiento.[24]

Los misiólogos más involucrados en el desarrollo inicial de estos cambios fueron Rufus Anderson, Henry Venn, y Francis Wayland, responsables de la estrategia conocida como "Los Tres Auto", que afirmaba que las iglesias que nacieran del esfuerzo misionero tenían que llegar a ser autosostenibles, autogobernadas y autoreproducibles.

Algunos eventos mayores durante este periodo que influyeron mucho incluyen el nacimiento de la Convención de los Bautistas del Sur en 1845, con el propósito de cooperar en misiones foráneas y domésticas (para tomar su lugar entre los esfuerzos ya fuertes de los presbiterianos, congregacionalistas, y metodistas). Con el tiempo esta organización llegaría a ser una de las organizaciones más grandes del mundo para el envío de misioneros. Mientras su comienzo tomaba auge, el fin de otra organización, el East India Company (Compañía Británica de los Indios Orientales), cerrada en 1858, también fue muy influyente. Fundada en 1600, durante casi 300 años esta compañía había llegado a gobernar la India para Gran Bretaña. Cuando fue cerrada, hubo gran impacto positivo y negativo. En lo positivo, liberó a las misiones cristianas del estigma de su asociación con los británicos. Por el lado negativo, la confianza de los hindúes y los musulmanes fue restaurada. Los tratados chinos en 1842, 1858, y 1860 dieron derecho a los extranjeros para vivir en las ciudades litorales con permiso para viajar al interior del país sin temor. Esto abrió las posibilidades para una penetración mayor del evangelio.

Aunque estos tratados fueron seculares, tenían implicaciones religiosas.

Hubo muchos misioneros sobresalientes en el periodo. Quizá el de más influencia fue David Livingstone, quien fue al África en 1841, abriendo el camino para muchos otros.

Al llegar a la segunda mitad del siglo XIX, especialmente a partir de 1865, vemos una nueva dimensión del esfuerzo misionero. La obra misionera dejaba de estar tan atada a las iglesias y más relacionada a la política y a la colonización. Las misiones de la época reflejaban un imperialismo benéfico, casi como un paternalismo espiritual según el patrón paternalista del comercio mundial. Las iglesias formadas fueron más bien colonias de las iglesias madres o de la denominación que enviaba a los misioneros.

> *La obra misionera dejaba de estar tan atada a las iglesias y más relacionada a la política y a la colonización.*

Mientras tanto, los misioneros fueron ambivalentes. Por un lado el colonialismo daba acceso a nuevos campos, pero por el otro lado, el colonialismo fue malvado. Se caracterizaba por las armas, la explotación, el comercio, y el resentimiento hacia el occidente, incluyendo a los misioneros occidentales. Los misioneros se encontraron en un círculo vicioso. El colonialismo les dio acceso a los pueblos y su enseñanza sirvió de balance contra la maldad. Al otro lado, sus enseñanzas fueran ignoradas porque ellos fueron culpables de asociarse con el occidente.

Mientras la mayoría de los misioneros en la primera parte del siglo fueron apoyados por sociedades misioneras interdenominacionales, en la segunda mitad emergió el fenómeno de las misiones de fe, un movimiento de misioneros que fueron al campo sin ese tipo de apoyo financiero. La más conocida "misión de fe" de la época fue La Misión Interior de China (China Inland Mission), que proveyó estímulo y patrón para muchos otros esfuerzos similares, como la Alianza Cristiana y Misionera, la Misión General de Ceilán e India, la Misión de la Alianza

Evangélica, y otras.[25] Mucho del trabajo de todos, a pesar de su sistema de apoyo financiero, tenía su enfoque en la transformación social por medio del evangelismo, la educación, y la medicina, con el intento de ministrar a todas las necesidades del hombre, de su cuerpo, su mente y su alma.[26] En muchos casos civilizar la cultura cobraba más prioridad que evangelizar a la gente. Un hecho durante estos años, que tendría mucha influencia para las generaciones por venir, fue la comisión de solteras como misioneras, lo cual tuvo muchas implicaciones no solamente para el evangelismo, sino para la educación y la liberación de mujeres en muchas partes del mundo de la opresión y la dominación.[27]

Algunos misioneros sobresalientes del periodo fueron James Hudson Taylor, John Nevius, Mary Slessor, Lottie Moon, William Buck Bagby, Pablo Besson, Amy Carmichael, y Samuel Zwemer.

Latourette sugiere que en general los misioneros del periodo se pueden caracterizar como intolerantes y limitados, a veces supersticiosos, a veces dominantes y convencidos de la superioridad de la cultura occidental y de su forma particular de cristianismo. Después de todo, sin embargo, con gran sacrificio trabajaban entre pueblos ajenos quienes no los querían. A pesar del juicio final sobre sus metodologías y los resultados de su obra misionera en sí, no podemos negar que por su altruismo pleno y su fe heroica este periodo fue uno de los mejores en la historia de la raza humana.[28]

Expansión del siglo 20

Es importante apreciar la grandeza y la variedad del desarrollo y la expansión de las misiones internacionales del siglo XX y poder reflexionar sobre asuntos mayores que hayan tenido influencia en el crecimiento del movimiento misionero global. A la vez, es totalmente imposible narrar cada influencia y evento relacionados con desarrollo de las misiones globales durante el siglo XX. Fue un gran tiempo de desafíos y oportunidades, avances y retiros, estrategias creativas y retornos a lo básico, desviándose del evangelismo en favor de asuntos humanitarios y regresando al evangelismo y la siembra de iglesias. Lo que les compartimos ahora es solamente la punta del iceberg.

Históricamente, el mundo occidental cambió de industrial a informacional, de moderno a posmoderno, de las locomotoras a las naves espaciales, del telégrafo al correo electrónico y el Internet, de lápices a computadoras portátiles, de la modernidad emergente a la sofisticación, del provincialismo a la globalización. Veamos algo de las influencias de todo esto en el movimiento misionero mundial.

La Primera y Segunda Guerras Mundiales, mientras extremadamente negativas y devastadoras, abrieron el mundo a los estadounidenses. Además de las dos guerras mundiales, también hubo 24 guerras internacionales o civiles entre 1900 y 1941, y 100 más entre 1941 y 1969.[29] Muchas de ellas causaron el desmembramiento de monarquías antiguas y abrieron el camino para nuevos gobiernos con nuevas ideas, algunas de ellas buenas y otras no tan buenas. Los 25 años después de la Segunda Guerra Mundial, los que el misiólogo Ralph Winter llama "los 25 años increíbles"[30], fueron particularmente productivos en términos de la apertura y el crecimiento, y la respuesta de la iglesia a las necesidades del mundo.

Según James, el impacto más grande de las dos guerras mundiales para el movimiento misionero fue que la base del movimiento cambió definitivamente de Europa a los Estados Unidos de América. Por el año 1945, los EE.UU. de A. ya eran la base de las misiones protestantes en términos de finanzas y personal, debido en parte a la visión mundial que sus soldados habían traído a casa al final de la guerra.[31]

Si ese fue el impacto más positivo, el desafío más grande fue el cierre de algunos países como China, la Unión Soviética, Cuba, y otros debido a filosofías políticas que no concordaban con el cristianismo. El comunismo entró inicialmente en la Rusia en 1917, pero después de la Segunda Guerra Mundial, su influencia se esparcía a China, Vietnam, Corea del Norte, Camboya, Laos, Angola, Mozambique, Etiopía, Cuba, y Nicaragua. Al entrar el comunismo, los misioneros cristianos fueron obligados a salir. "Los comunistas intentaron destruir la iglesia por intimidación directa e indirecta. En la Unión Soviética, 12 millones de cristianos, entre ellos ortodoxos, católicos y protestantes, murieron por su fe. Aun así, sobrevivieron las iglesias y en muchos lugares prosperaban clandestinamente bajo la dominación comunista".[32] Cuando la Cortina de Hierro cayó casi a finales del siglo, se crearon muchas oportunidades y desafíos para la iglesia mientras millones buscaban alternativas al marxismo, incluyendo el islam y otras religiones así como el cristianismo.

De escala igual con el comunismo en cuanto a influencia ha sido el nacionalismo. Al final de la guerra en 1945, había 51 miembros de las Naciones Unidas. Casi se había cuadruplicado a finales del siglo. En los primeros años del siglo XXI hay aproximadamente 240 naciones (no todas son miembros de ONU). Entre los países del llamado Tercer Mundo, el nacionalismo, resultado directo de la caída del imperialismo político, fue la fuerza mayor del siglo XX. Casi no hay colonialismo ahora. La dominación ha cedido a la independencia, a veces pacíficamente, y a veces con sangre.

Entre los países del llamado Tercer Mundo, el nacionalismo, resultado directo de la caída del imperialismo político, fue la fuerza mayor del siglo XX.

El impacto mayor del nacionalismo ha sido la introducción de la educación occidental al mundo. Los misioneros influyeron mucho en eso con su énfasis en la enseñanza y el alfabetismo Irónicamente, influimos en el nacionalismo porque la educación y la independencia normalmente van de la mano. El desafío mayor fue la falta de desarrollo y estabilidad financiera en muchos de los nuevos países. Las denominaciones mayores intentaron cumplir algunas de las necesidades humanitarias resultantes, pero no con muy buenos resultados. Ahora las misiones evangélicas tratan de suplir necesidades humanitarias, pero casi siempre como una segunda prioridad, después de la evangelización y/o la siembra de iglesias.

Otra gran influencia ha sido lo que James denomina la turbulencia religiosa, incluyendo el movimiento ecuménico, la teología de la liberación, y la explosión pentecostal.[33] Como resultado de la Conferencia de Edimburgo de 1910, seguida por otras conferencias hasta la década de los cincuenta, nació el Concilio Misionero Internacional. Lamentablemente fue influenciado por el liberalismo, y una creencia creciente de que los no cristianos no están perdidos ni necesitados de la salvación en Cristo. Algunos eruditos abogaron para la redención social y la eliminación del evangelismo en la obra misionera. En 1938, la mitad de las organizaciones miembros del Concilio estuvieron a favor de esta postura, y la otra mitad no. Esta tendencia antievangelística iba creciendo entre las denominaciones protestantes mayores. Posteriormente, en 1948, se formó el Concilio Mundial de Iglesias, con poca atención a misiones y evangelismo. Resultaba en menos participación en el esfuerzo misionero de parte de las denominaciones protestantes mientras las misiones conservadoras y evangélicas empezaban a experimentar un tremendo crecimiento en obra y personal.[34]

Algunas misiones de fe con perspectivas similares formaron la Asociación Interdenominacional de Misiones Foráneas en 1917. En 1945, en respuesta al liberalismo creciente, algunas denominaciones conservadoras formaron la Asociación Evangélica de Misiones Foráneas.[35] Estas dos organizaciones ahora se reúnen juntas cada año, y los evangélicos están trabajando juntos más que nunca, por movimientos tales como la Consulta Global sobre la Evangelización Mundial, el Movimiento 2000, y otros.

El inicio de la teología de la liberación es acreditado al peruano católico Gustavo Gutiérrez cuyo interés en los problemas de los pobres en América Latina estalló en un movimiento de reforma social que llegara a ser una combinación de comunismo y verdad bíblica. El movimiento llegó a extremos pero por lo menos se enfocaba en la situación y las necesidades de los pobres.

Quizá ninguna otra cosa demuestra la turbulencia religiosa más que el avance del pentecostalismo. Es obvio al observador casual de la obra misionera que los pentecostales crecen más rápido que los evangélicos. Representan el mayor número de cristianos no católicos en varios países como Brasil, Chile, Filipinas, Kenia, y Guatemala. Se ha sugerido que su gran éxito se debe a una buena combinación de un retorno al Nuevo Testamento y el pragmatismo.[36] Una cuestión muy importante para el misionero evangélico de hoy es saber cuándo confrontar a los pentecostales con sus doctrinas aparentemente equivocadas y cuando dejarlos que trabajen a su manera, en lugar de parecer divididos a los musulmanes y budistas y los demás no evangelizados.

Con tantos cambios en el escenario mundial, vemos transición también en la empresa misionera. Mencionamos, en la continuación de esta punta del iceberg, algunos cambios o tendencias elaborados por James.[37]

Las misiones de fe cambiaron su aspecto de misioneros aislados que iban al campo sin respaldo económico a aquellas que se juntaban bajo el auspicio de agencias no denominacionales o interdenominacionales, recaudando fondos para su propio sostén, pero bajo el cuidado y el compañerismo de una entidad misionera. Por ejemplo, en 1914 la Misión Interior de China (CIM) fue la agencia misionera más grande en el mundo; en 1934 había 1.400 misioneros de fe relacionados con la CIM. Cuando China fue cerrada a la obra misionera en 1949, la organización se dispersó a muchos lugares, especialmente donde había personas de habla china. El nombre se cambió a Overseas Missionary Fellowship (compañerismo de misioneros extranjeros).[38] Existe todavía en los primeros años del siglo XXI con más de 1.200 misioneros que sirven en más de 30 naciones.[39] La mayoría de los misioneros de fe vienen de escuelas bíblicas, mientras la mayoría de misioneros denominacionales vienen de seminarios.

Desde el principio del movimiento misionero moderno con Guillermo Carey, la traducción de las escrituras ha sido importante. Ese esfuerzo se intensificó durante el siglo XX.

Algunas agencias, como el Instituto Lingüístico de Verano se dedicaban exclusivamente a esta tarea. Cameron Townsend, misionero a Guatemala, fue fundador del Instituto Lingüístico de Verano, que al inicio del siglo XXI es parte de una de las agencias misioneras más grandes que hay (Wycliffe), con más de 7.000 misioneros en 78 países.[40] De los 6.909 idiomas hablados en el mundo hoy, más de 4.500 ya tienen porciones de las Escrituras, aunque 200 millones de personas aún no tienen la Palabra en su idioma. Wycliffe y otras agencias que también se especializan en la traducción de las Escrituras, como la Sociedad Bíblica Unida, La Liga de la Biblia, y otras, tienen como su misión bajar esa cifra.

De acuerdo con el avance de la tecnología, vemos el uso creciente, casi dependiente, de los medios de comunicación. En el mundo hispano, por ejemplo, el siglo XX casi no había empezado sin el nuevo enfoque en la literatura impresa. La Casa Bautista de Publicaciones fue fundada en 1905 y más de cien años después sigue marchando, ahora compartiendo un mercado creciente con varias casas editoriales cristianas. La radio ha tenido inmedible influencia, como HCJB en Quito desde 1931 y Radio Transmundial por todo el globo. La película *JESUS*, producida por Cruzada Estudiantil para Cristo, ilustra el papel enorme de las herramientas tecnológicas en el esfuerzo misionero. La película está en más de 1.000 idiomas; varios miles de millones la han visto desde 1979; y más de 230 millones han hecho decisiones de fe por Cristo como resultado.

El entrenamiento de nacionales en seminarios, institutos, y cursos por correspondencia, ha sido prioritario. La Educación Teológica por Extensión, iniciada por Winter y Emery en Guatemala en 1963, ganó prominencia mundialmente y ha sido la manera más usada para la preparación de nacionales. Se ha dicho que el 75% de los graduados de un seminario van a una iglesia ya establecida y 25% siembran iglesias nuevas, mientras el 25% de los egresados de un programa de ETE van a pastorear una iglesia ya establecida y el 75% siembran iglesias nuevas.

Las misiones estudiantiles también han influido. Desde 1888 hay programas que ayudan a los estudiantes, especialmente los universitarios, a servir por un tiempo de corto plazo. Varias organizaciones, incluyendo los Navegantes, Juventud con una Misión, Juventud para Cristo, la Junta de Misiones Internacionales de los Bautistas del Sur, y otras auspician excelentes programas.

Con todos estos cambios, el misionero de ayer que hacía todo, ahora tiene otras maneras de trabajar. Se ve más, quizá, en el uso más refinado que antes de la investigación.

Las grandes agencias misioneras tienen departamentos o secciones dedicados exclusivamente a estudios etnográficos, análisis estadístico, perfiles de grupos etnográficos, y evaluación de tendencias y metodologías. La influencia enorme de este enfoque se esclarecerá más en el capítulo sobre la estrategia y metodología donde veremos que la estrategia incluye lo que podemos aprender de la antropología, sociología, y psicología para evaluar y formar la mejor metodología para alcanzar un grupo. Las agencias misioneras están compartiendo los resultados de investigación con las demás organizaciones, cruzando líneas denominacionales, para que todos no tengan que reinventar la rueda.

Todo esto ha tenido una influencia tremenda, porque nos ayuda a saber dónde está la gente, dónde están los pueblos, y si tienen o no tienen acceso al evangelio. Nos ayudó a identificar, por ejemplo, la ahora bien conocida Ventana 10/40 donde vive la gran mayoría de las personas que no conocen a Cristo.

Con todo esto, el papel del misionero ha cambiado. Hay múltiples opciones para servir, entre cientos de agencias. Algunos van por su cuenta, otros son profesionales que van para hacer su oficio, pero llevando consigo una pasión por los perdidos; otros van con agencias pero con una plataforma profesional, y otros van como misioneros tradicionales. Además, hay agencias en el mismo Tercer Mundo, que ahora en lugar de recibir misioneros los envían. Por ejemplo, una coalición de iglesias en Nigeria sostiene 3.800 misioneros en 38 países. En el ámbito latinoamericano, COMIBAM se relaciona de alguna forma con cientos de agencias misioneras basadas en América Latina, apoyando cientos de misioneros latinos por todo el globo.

Mirando hacia atrás, es fácil ver que la expansión del reino de Cristo durante más de 20 siglos se debe en gran parte a la labor de miles de misioneros que han vivido en cientos de movimientos y circunstancias dentro del desarrollo más general del cristianismo. Lo que puedan hacer los misioneros de hoy se debe en gran parte a los sacrificios hechos por ellos.

Para la reflexión y la investigación:

1. Investigue la información biográfica y las contribuciones específicas de las personas o grupos siguientes a las misiones:

   ➢ Ireneo de Lyon
   ➢ Gregorio Taumaturgo
   ➢ Ulfilas
   ➢ Martín de Tours
   ➢ Filastro el Obispo de Brescia
   ➢ Juan Crisóstomo
   ➢ Hilarión de Gaza
   ➢ Patricio de Irlanda
   ➢ Cirilo y Metodio
   ➢ Francisco Xavier
   ➢ Mateo Ricci
   ➢ Padre Legaspi
   ➢ Roberto de Nobil
   ➢ Franciscanos y Dominicos

- Felipe Spener
- Ludwig von Zinzindorf
- David Brainerd
- Henry Martyn
- Robert Morrison
- Juan Vanderkemp
- Roberto Moffat
- Alejandro Duff
- Adoniram Judson
- Ana Judson
- Lutero Rice
- Jorge Lisle
- Hiram Bingham
- Lott Cary
- Collin Teague
- Rufus Anderson
- Henry Venn
- Francis Wayland
- James Hudson Taylor
- Juan Nevius
- Mary Slessor
- Lottie Moon
- William Buck Bagby
- Pablo Besson
- Amy Carmichael
- Samuel Zwemer
- Cameron Townsend
- Diego Thompson

2. Investigue a fondo las contribuciones de uno o más de los elementos siguientes a las misiones:

 ➤ La educación
 ➤ La educación teológica
 ➤ La tecnología
 ➤ La medicina
 ➤ Las misioneras solteras

Notas

---

[1] Kenneth Scott Latourette, A History of Christianity: Beginnings to 1500, edición revisada (Peabody, Massachusetts: Prince Press), 65.

[2] John Mark Terry, "The History of Missions in the Early Church," en John Mark Terry, Ebbie Smith, y Justo Anderson, editores, *Missiology: An Introduction to the Foundations, History, and Strategies of World Missions* (Nashville: Broadman and Holman, 1998), 167.

[3] Ibídem , 167, 168.

[4] J. Herbert Kane, *A Concise History of the Christian World Mission: A Panoramic View of Missions from Pentecost to the Present.* (Grand Rapids: Baker Book House, 1978), 10.

[5] Stephen Neill, *A History of Christian Missions* (Middlesex, England: Penguin Books, 1964), 44.

[6] Latourette, 76.

[7] Kane, 17.

[8] Terry, 169.

[9] Latourette, 81.

[10] Adolf Harnack, *The Mission and Expansion of Christianity in the First Three Centuries, Vol. II* (New York: G. P. Putnam's Sons, 1908), 325.

[11] Latourette, 99.

[12] Terry, 174 y 181.

[13] Justo Anderson, "Medieval and Renaissance Missions (500-1792)" en John Mark Terry, Ebbie Smith, y Justo Anderson, editors, *Missiology: An Introduction to the Foundations, History, and Strategies of World Missions* (Nashville: Broadman and Holman, 1998), 184.

[14] Francisco Patterson, *Breve historia de la obra misionera cristiana* (El Paso: Casa Bautista de Publicaciones, 1992), 9.

[15] Anderson, 185. Kane da un resumen un poco más amplio de las contribuciones de Columba en las páginas 38 a 40.

[16] Kane, 53.

[17] Anderson, 188.

[18] Ibídem, 189.

[19] Ibídem, 190.

[20] Ibídem, 191.

[21] Ibídem, 194-195.

[22] Kenneth Scott Latourette, *Historia del Cristianismo, Tomo II.* Traducción por Jaime Quarles y Lemuel Quarles. (El Paso: Casa Bautista de Publicaciones, 1983), 449.

[23] Justice Anderson, "The Great Century and Beyond (1792-1910)" en John Mark Terry, Ebbie Smith, y Justo Anderson, editores, *Missiology: An Introduction to the Foundations, History, and Strategies of World Missions* (Nashville: Broadman and Holman, 1998), 200.

[24] Ibídem, 208.

[25] Patterson, 42.

[26] Kane, 95.

[27] Anderson, "The Great Century", 214.

[28] Parafraseado de Latourette, A History of Christian Missions in China (New York: Macmillan Publishing Company, 1929), 824, 825. Citado en Anderson, "The Great Century", 218.

[29] Al James, "Turbulent and Transitional: The Story of Missions in the Twentieth Century", en John Mark Terry, Ebbie Smith, y Justo Anderson, editors, *Missiology: An Introduction to the Foundations, History, and Strategies of World Missions* (Nashville: Broadman and Holman, 1998), 246.

[30] Ralph Winter, *The Twenty-Five Unbelievable Years 1945-1969* (Pasadena: William Carey Library, 1970).

[31] James, 246.

[32] Ibídem, 247

[33] Ibídem, 248-252.

[34] Scott Moreau, Gary Corwin, y Gary McGee, *Introducing World Missions: A Biblical, Historical, and Practical survey* (Grand Rapids: Baker Academic, 2004), 144.

[35] Harold Cook, *Highlights of Christian Missions: A History and survey* (Chicago: Moody Press, 1967), 86, 87.

[36] Moreau, Corwin, y McGee, 148.

[37] James, 253-256.

[38] Ibídem, 252.

[39] Patrick Johnstone y Jason Mardryk, *Operation World, 21st Century Edition* (Operation Mobilization, 2001).

[40] Ibídem.

5

El Llamado y la Preparación Del Misionero

La confusión acerca del llamado misionero es la razón principal por la cual la gran mayoría de cristianos no van al campo misionero ni consideran la posibilidad de servir al Señor en tal ministerio.[1] Relacionado con esta verdad, la falta de preparación misionera es la razón por la cual muchos se dan por vencidos y regresan al país de su origen. En esta sección se considera si el llamado misionero es algo especial que uno recibe para servirle al Señor en circunstancias transculturales, o simplemente es una manera más de obedecer el mandato de Jesús de discipular a las naciones, aceptando una asignación especial o única. Después de resolver el asunto de su llamado hay muchos aspectos más que

> *La confusión acerca del llamado misionero es la razón principal por la cual la gran mayoría de cristianos no van al campo misionero ni consideran la posibilidad de servir al Señor en tal ministerio.*

giran alrededor de un ministerio misionero. Algunos de estos aspectos incluyen las discusiones sobre las agencias misioneras, el apoyo económico para el misionero, la adquisición de la cultura adoptada, y el aprendizaje del idioma local.

Introducción

Es importante considerar el llamado misionero porque mucha gente ni considera la posibilidad de ser misioneros porque no han recibido el llamado que su imaginación ha inventado. Se piensa muchas veces que el llamado es algo tan sobrenatural que necesita recibirlo en una visión o por medio de un ángel hablándole en voz alto. Por desgracia, a veces personas que me han descrito su amor por distintas culturas, idiomas, y la gente que los habla, explican cuánto quieren compartir el evangelio con todos, y después de describir todos los deseos de su corazón con tantos detalles me dicen que están esperando un llamado del Señor, sin entender que él ya se lo había dado.

Otros cristianos se confunden por no entender que la necesidad de las naciones no es el llamado. A veces se puede ver una necesidad y el Señor la usa para iniciar el proceso de llamar a una persona al campo misionero. Pero si basamos el llamado solo en la necesidad, ¿qué haremos cuando sepamos que otras agencias misioneras están ministrando para aliviarla, o al cumplir lo que queríamos hacer? El llamado nos anima en momentos difíciles cuando queremos darnos por vencidos en la obra. No es por nada que todas las agencias misioneras quieren afirmar su llamado antes de enviarlo a otro país como misionero. Las iglesias también deben reconocer los dones en los candidatos que envían al mundo o a la agencia misionera.

Entender el llamado misionero

Es obvio que el llamado misionero es una parte de la voluntad del Señor para las personas que lo reciben. Con toda razón mucha gente quiere conocer la voluntad del Señor porque es sumamente importante para los cristianos estar en la voluntad del Señor. Cuando yo era pastor la pregunta más común de los miembros era: "¿Cómo puedo conocer la voluntad del Señor?". La respuesta no tiene que ser misteriosa. Dios quiere que le sirvamos con alegría y en paz. No podemos hacerlo si vivimos en ansiedad sufriendo preocupaciones y preguntándonos cada día si estamos en su voluntad o no. Entonces, ¿cómo puede usted conocer la voluntad de Dios para su vida?

Cómo conocer la voluntad del Señor

El primer paso para conocer la voluntad de Dios en su vida es conocer a Dios. Muchos tienen más interés en conocer su voluntad que en conocerlo a él mismo. Pero es esencial estar en una relación correcta con él para entender lo que Él quiere que haga. Una pregunta relacionada con este punto es: "¿Cómo podemos conocerlo, siendo que él está en los cielos?". Por supuesto, nadie puede ir a los cielos para conocerlo y después regresar para vivir su vida. Por eso, Dios se ha revelado a sí mismo en la Biblia. El segundo paso entonces es conocer la Biblia. Podemos estudiar la Biblia para conocerlo y aprender cómo es Dios, cuánto nos ama, cómo se llama su Hijo y nuestro Salvador. En cierto sentido, él nos habla a través de su Palabra. Al conocerlo podemos comunicarnos con él por la oración. El tercer paso es pasar mucho tiempo en esta conversación divina que consiste en leer su Biblia y orar. En esta conversación divina crece el conocimiento del creyente con su Dios.

> *El primer paso para conocer la voluntad de Dios en su vida es conocer a Dios. Muchos tienen más interés en conocer su voluntad que en conocerlo a él mismo.*

El cuarto paso para conocer la voluntad de Dios es pedir y seguir el consejo de los santos sabios en su vida. Me refiero a los que lo conocen muy bien y que han tomado decisiones sabias en su propia vida. cristiana. El quinto paso es examinar las experiencias de su vida. Mirando hacia atrás a toda su vida puede discernir cómo el Señor lo ha preparado con experiencias que lo han formado para un ministerio exacto. El sexto paso es el análisis de sus circunstancias. Algunas personas han tomado decisiones o han caminado por sendas que las limitan en ciertas posibilidades mientras proveen otras. Sugiero que el séptimo paso es tomar en cuenta el tiempo apropiado, es decir, a veces todos los pasos le dan una luz verde para seguir adelante, pero el momento no es correcto por alguna razón.

Al pensar en la harmonía de todos los pasos hay un paso más para considerar: ¿Qué quiere hacer? Parece extraño, ¿no? El Salmo 37:4 dice: "Deléitate asimismo en Jehová, y él te concederá las peticiones de tu corazón". El Señor lo creó y por eso lo conoce profundamente –todos sus deseos y temores–. Él lo ha preparado para glorificarlo por amarlo a él y servirle en una manera precisamente diseñada para usted. Muchos jóvenes me han dicho que no quieren entregarse 100% a Dios por miedo a que él los llame al campo misionero, y no quieren ser misioneros. ¡Tranquilo! Cuando el Señor llama a una persona como misionero él le da también un deseo fuerte para hacerlo, a fin de que no sea feliz en nada más.

La base bíblica del llamado misionero

A través de toda la Biblia Dios ha manifestado el latido de su corazón por las naciones. Cuando Adán y Eva cayeron en pecado toda la raza humana cayó también y hasta el punto de que Dios destruyó a todos los seres humanos –con excepción de Noé y su familia–. Pero el pecado continuó aun después del diluvio y los habitantes del mundo construyeron una torre en vez de obedecer el mandamiento de Dios para llenar el mundo y ejercer dominio sobre toda la creación. En Génesis 10 y 11 podemos ver la división de las familias del mundo según los idiomas. En Génesis 12 Dios llamó a Abram y le dijo que por él todas estas familias del mundo serían benditas. Por todo el Antiguo Testamento se puede ver la compasión de Dios para con las familias, o grupos étnicos, del mundo. La Biblia incluye las instrucciones para incluir en la familia de Dios a todas las personas que querían unirse con ellas aunque no fueran judíos por naturaleza. En el linaje de Jesús mismo se puede ver a personas no judías como Rut. Si no tuviéramos otro libro del Antiguo Testamento, tenemos el libro Jonás donde leemos que el Señor lo envió a predicar a Nínive. Hay muchos ejemplos del llamado de Dios a sus profetas y siervos para que sirvieran y predicaran entre las naciones del mundo.

Por lo general cuando pensamos de la base bíblica del llamado misionero la parte de la Biblia más mencionada es el Nuevo Testamento. Por supuesto tenemos el ejemplo de nuestro Señor Jesucristo en su ministerio a todos y su comisión a nosotros para que hagamos lo mismo. No hay duda de que el Señor nos ha dado un ministerio de reconciliación (2 Co. 5). Tenemos en el Nuevo Testamento una gran comisión, los grandes mandamientos, y la gran compasión.

La gran comisión se ve en Mateo 28:18-20. "Y Jesús se acercó y les habló diciendo: Toda potestad me es dada en el cielo y en la tierra. Por tanto, id, y haced discípulos a todas las naciones, bautizándolos en el nombre del Padre, y del Hijo, y del Espíritu Santo; enseñándoles que guarden todas las cosas que os he mandado; y he aquí yo estoy con vosotros todos los días, hasta el fin del mundo. Amén". En este pasaje es claro que el mandamiento no fue solamente para los discípulos que lo escucharon en ese día sino para todo cristiano, porque él dijo que está con nosotros hasta el fin del mundo (o del tiempo) y no solo durante la vida de ellos. Se ve en el griego, la versión original, que en este pasaje el verbo imperativo es "hacer discípulos", y los demás verbos son participios (traducidos al español en forma de gerundios) –yendo por todo el mundo, bautizándolos, y enseñándoles–.

Los mandamientos grandes son amar al Señor con todo su ser y a su prójimo como a sí mismo. Si amamos al Señor con todo el corazón queremos que el mundo lo conozca y lo glorifique. Si amamos al prójimo como a nosotros mismos queremos que conozca y acepte a Cristo como Señor y Salvador. El llamado misionero es combustible al fuego de un corazón ardiendo para la gloria de Dios.

La gran compasión se ve en Cristo cuando la Biblia dice que él tenía compasión para con la gente que estaba angustiada como ovejas que no tienen pastor. La verdad es que hay mucha gente en el mundo de hoy sin esperanza en esta vida. Sienten su necesidad de perdón pero no saben alcanzarla. Si tenemos la compasión de

Cristo los llevamos al perdón de Dios y a la esperanza que hay en él.

Entendimientos históricos del llamado misionero

En la historia de la iglesia hemos visto tres perspectivas principales del llamado misionero, una de las cuales dice que no existe un llamado misionero porque no se pueden encontrar los términos *misionero* ni *llamado misionero* en la Biblia. Por eso, uno puede escoger la vida misionera como una opción entre muchas para dedicarse a ella como si fuera una carrera de banquero, profesor; o un oficio como carpintero, o albañil.

La segunda perspectiva es semejante porque algunos dicen que sí existe el llamado misionero y todos ya lo tienen, ¡se llama La Gran Comisión! Esta línea de pensamiento dice que todos los cristianos deben ser misioneros. El problema con esta perspectiva es que si todos son misioneros, nadie es misionero. Hay que aclarar que es un misionero.

La tercera perspectiva histórica enseña que sí hay un llamado misionero específico pero el mundo es un lugar peligroso. Por eso, si no tiene llamado misionero, no debe ir como misionero, pero si ha recibido tal llamado no debe quedarse en casa (no se olvide de Jonás). A veces los cristianos pensando en el llamado misionero han oído sermones de todas estas perspectivas en la misma iglesia.

El enfoque del llamado misionero de nuestros héroes misioneros a través de los años puede ayudarnos a entender las maneras cómo el Señor llama. El padre de las misiones modernas, Guillermo Carey, pensaba mucho en el *ir* del llamado misionero. Él sintió una carga por llevar el evangelio a la India. Él había estudiado los libros del Capitán Cook y al saber de aquellos que vivían en la oscuridad espiritual él persuadió a sus hermanos pastores en Inglaterra sobre la necesidad de ir con el evangelio. Antes de su insistencia ellos no consideraron la posibilidad de enviar a misioneros porque Dios es soberano y puede salvar a cualquier persona sin nuestra ayuda. Carey los persuadió de que

Dios salva pero él utiliza medios –y somos nosotros los medios que él emplea–.

Otro héroe de las misiones era Hudson Taylor y él se enfocó más en el *dónde* del llamado misionero. Él había servido en China pero vio la necesidad de ir a la parte interior del país. Taylor inició un esfuerzo para facilitar las misiones a las partes olvidadas. Otros misioneros han pensado más en lo *para que* e iniciaron agencias para ministrar a través de traducir la Biblia a otros idiomas, pilotear avionetas por las selvas, construir orfanatos, proveer comida y agua potable a los hambrientos, y alivio a los refugiados y a los damnificados. En estos ejemplos podemos ver que el llamado misionero puede incluir muchas maneras para ministrar y no solamente las funciones más tradicionales.

Identificando su llamado misionero personal

Para discernir su llamado personal es importante tomar en cuenta la diferencia entre el llamado y la dirección divina para cumplirlo. Por ejemplo, cuando un ministro joven acepta el puesto en una iglesia para pastorear a los jóvenes por un par de años antes de cambiarse a una iglesia como pastor asociado, y aún después una vez más cambia para ser el pastor principal en otra iglesia, no decimos que él abandonó el ministerio, solo que ha cambiado dónde está ministrando. De igual forma los misioneros pueden cumplir con su llamado misionero en varias maneras en ministerios diferentes. Algunos jóvenes dudan de su llamado misionero porque no pueden identificar todos los detalles. A veces el camino de la carrera de un misionero cambia de ser misionero en cierto país a ser pastor de misiones en su país natal o a ser profesor de misiones en un seminario y al final regresará a un campo misionero.

El Señor le dio a Pablo su llamado misionero en el camino a Damasco pero en Hechos 13 le dio más información en cuanto a cómo cumplirlo, y aún más dirección en su visión del hombre de Macedonia. Pablo pasó menos de tres años en su ministerio más largo en el campo misionero. Siempre viajaba y regresó a

Antioquía para informarles qué había ocurrió en sus viajes, prepararse y esperar más dirección del Espíritu Santo. Él sabía que Dios es soberano y todopoderoso. Es Dios quien nos llama y él es quien nos dirige a cumplir su voluntad. La única manera para conocer los detalles acerca de cómo cumplir con nuestro llamado es mantener una relación con el Señor y escuchar cuidadosamente lo que él nos dice cada día.

El llamado misionero incluye un entendimiento de las necesidades de un mundo que muere sin Cristo, una carga por ellos, un compromiso radical con el Señor, el reconocimiento de su iglesia, de sus dones y deseos evangelísticos apasionados junto con la bendición eclesiástica en su llamado, mezclado con la armonía que viene cuando los pasos para conocer la voluntad de Dios se dan correctamente.

> *El llamado misionero incluye un entendimiento de las necesidades de un mundo que muere sin Cristo, una carga por ellos, un compromiso radical con el Señor, el reconocimiento de su iglesia, de sus dones y deseos evangelísticos apasionados junto con la bendición eclesiástica en su llamado, mezclado con la armonía que viene cuando los pasos para conocer la voluntad de Dios se dan correctamente.*

Cómo esperar en una demora del cumplimiento de su llamado

Cuando usted ha hecho todo lo posible para ir al campo misionero pero por ciertas razones no puede irse inmediatamente la demora puede ser una prueba de la santificación. Debe tomar en cuenta que el Señor que lo llamó es soberano sobre los detalles también. A veces él quiere que aprendamos algo esencial en la espera. En la Biblia podemos ver las promesas de Dios a Abraham, a José, a David, y a muchos más que el libro de Hebreos dice que no recibieron su cumplimiento sino que esperaban en fe. En nuestra época también hay personas que recibieron un llamado del Señor pero por causa de salud, matrimonio, educación, falta de los fondos necesarios, o la edad de hijos tienen que esperar. La espera después de haber hecho todo para recibir el permiso de la iglesia y la agencia misionera puede ser la prueba más difícil.

Muchos misioneros me han dicho que recibieron su llamado misionero cuando eran niños pero después pasaron años antes de que el Señor en su tiempo perfecto abriera las puertas para cumplirlo. Una razón muy común por la cual algunos misioneros han tenido que esperar ha sido el llamado de su esposa(o). Tal vez al recibir su llamado como niño se le olvidó y vivió según las pautas y expectativas mundanas que nos presionan en la vida diaria. Al enamorarse se casan y después de años el Señor les recuerda de su compromiso y llamado misionero. Al mencionarlo a su esposa(o) se encuentra una barrera. Solo en este momento chocante se dan cuenta de la verdad. El momento adecuado para tratar el tema del llamado misionero es antes de casarse y no después. En algunos casos el Señor llama a la otra persona de la pareja y disfrutan de una carrera fructífera en el campo misionero. Por desgracia, en otras ocasiones la persona con el llamado misionero vive en su país natal sin la posibilidad de ir como misionero porque su esposa(o) no siente el mismo llamado.

Si esta es su situación, ¿cómo debe responder y qué puede hacer mientras espera? Más que todo quiero aclarar que lo peor sería forzar la situación o generar vergüenza o echar la culpa. Aún peor es cuando los maridos exigen que sus esposas se sometan a su autoridad. No encontrarán la paz, la felicidad, la harmonía, ni un ministerio exitoso en esta línea de comportamiento. Hay que tomar en cuenta que debemos mostrar gracia a nuestras esposas en la misma manera que la recibimos del Señor. Con amor y afirmación debemos esperar con paciencia para con la persona que Dios mismo nos dio. Por supuesto, él conocía los deseos de su corazón cuando nos la dio como esposa(o). Mientras espera, la pareja puede aprender un idioma nuevo juntos, participar en viajes misioneros de corto plazo, ministrar a inmigrantes de otros países en su comunidad, o leer biografías misioneras juntos. Con dejar pasar el tiempo, y esperar, muchos resuelven el problema. A veces unas personas con un "llamado misionero" se dan cuenta de que tienen tal llamado pero la dirección divina para cumplirlo no requiere que se vayan a vivir a otro país. Otros han visto el día finalmente cuando su esposa(o) anuncia que el Señor le había llamado también.

La historia de las misiones nos da ejemplos de parejas divididas en sus llamados y otras sirviendo en armonía. Guillermo Carey sintió el llamado misionero a la India pero su esposa no. En aquel día no era tan raro irse al campo misionero sin su familia porque consideraban el llamado como un mandamiento para obedecer con o sin los demás en la familia. Al principio, la señora Carey negó la posibilidad de ir a la India con él, pero al fin fue. Por desgracia ella nunca se acostumbró a la cultura y al sufrir la muerte de un hijo sufrió mental y emocionalmente. Murió en la India sin haberse reconciliado con la vida misionera.

La historia nos da muchas parejas más que han servido al Señor con alegría en el campo misionero. Aunque en algunos casos murieron en su juventud, tanto el marido como la esposa vivieron la vida misionera en el campo que el Señor les había dado. En la historia de Jaime y Betty Elliot se puede ver la historia de una pareja comprometida al Señor. En el martirio famoso que ocurrió en la selva ecuatoriana en enero de 1956 los indígenas aucas (o huaoranis) mataron a cinco jóvenes misioneros con sus lanzas por haber invadido su territorio. Aún después de la matanza, Betty continuó sirviendo en Ecuador con su hija. El Señor le dio su bendición en la fidelidad de esta viuda cuando los indígenas que mataron a su marido y amigos la invitaron a ella y la hermana de otro mártir a vivir entre ellos.[2] El resultado fue la salvación de muchos de ellos y hasta el punto en que unos de los asesinos aceptaron a Cristo y uno de ellos bautizó a los hijos de sus víctimas. Si ella no hubiera tenido el mismo llamado, de ninguna manera hubiera podido permanecer en el país después del martirio de su marido, ni tampoco hubiera podido entrar a la comunidad de los asesinos para vivir entre ellos y evangelizarlos.

La preparación misionera

Antes de pensar en la preparación en sí hay que considerar las opciones para servir. Hay cualquier cantidad de agencias misioneras. Algunas de ellas requieren licenciatura, otras requieren que se levante el sostén económico, y otras solo ministran en ciertos países. ¿Con cuál agencia debe ir usted al campo misionero? Esta pregunta es tan importante para su carrera misionera como la pregunta "¿con quién debe casarse?" lo es para su vida. Si se casa con una persona equivocada o no adecuada por alguna razón, la vida puede ser muy difícil para ambas personas en la pareja, y es posible que el matrimonio no dure para toda la vida. De manera similar si se va al campo misionero con una agencia que tiene doctrina, estrategias, metodologías, o expectaciones con las cuales no está de acuerdo, es probable que usted no esté en ese ministerio durante toda su carrera. Es sumamente importante que el candidato misionero se comunique con la agencia y la investigue para conocerla.

La gran mayoría de las agencias requieren preparación académica o una orientación misionera. Hay varias maneras para cumplir con este requisito, depende de las circunstancias del candidato. Si es posible la mejor manera es matricularse y asistir a un seminario teológico o universidad cristiana. En programas académicos así el estudiante puede aprender en aulas con los profesores, por medio de los libros de texto, y en comunidad con los demás estudiantes. Otra ventaja de este sistema es el equilibrio que se provee en los temas estudiados.

El candidato debe recibir una preparación cultural también. En el capítulo que se enfoca en la antropología cultural y la cosmovisión se pueden ver las razones por las cuales los misioneros estudian las culturas de la región del mundo donde sirven. Una capacitación cultural es esencial para tener éxito en el ministerio y vale la pena obtenerla por medio de profesores en vez de a través de la dificultad de una experiencia llena de fracasos.

Hay escuelas de misión transcultural que existen para preparar a candidatos misioneros y asegurar que tengan las herramientas culturales necesarias en su ministerio.

Otro aspecto de la preparación misionera es una orientación en las estrategias y metodologías misioneras en el campo. Estas ideas fluyen de la filosofía de la agencia. Por ejemplo, si la agencia se enfoca en proveer comida para los hambrientos, no va a permitir que el misionero se dedique todo el tiempo a la evangelización; o lo contrario. El misionero debe investigar cuáles son las posibilidades más comunes de estos aspectos para identificar lo que la agencia hace y lo que él mismo siente que el Señor quiere que haga.

Barreras y dificultades

Las agencias tienen reglas y requisitos para la salud y condición física de sus candidatos, no para ser exigentes sino porque se preocupan acerca del bienestar de sus misioneros. Si uno siente el llamado a una ciudad en las montañas muy altas y tiene una enfermedad del corazón o los pulmones, tal condición puede prohibir el cumplimiento de su llamado. Pero según lo que hemos visto, esta condición física es una de las circunstancias de su vida que debe tomar en cuenta en la consideración de la voluntad de Dios. A las agencias les importa su salud emocional también. La crisis del choque cultural o el estrés de hacerle falta a su familia puede precipitar un regreso a su país antes de tiempo. Por supuesto la agencia tiene interés en su salud espiritual también. Los misioneros no son súper santos sino cristianos que son a la vez seres humanos como todos y deben practicar las disciplinas espirituales personales. Entonces se puede ver que una condición débil es una de las causas que impide ir y servir al Señor como misionero si la debilidad es física, emocional, o espiritual.

Otra barrera tiene que ver con las finanzas. Por lo general las agencias misioneras no proveen un sueldo mensual, sino que los misioneros tienen que levantar su sostén económico. El desafío de hacerlo es una razón por la cual muchos no consideran una carrera misionera. Para levantar los fondos necesarios, por supuesto hay que preparar un presupuesto anual en coordinación con los misioneros que ya viven en el campo de servicio y por ende tienen los detalles del costo de vida. Al saber cuánto se necesita hay que comunicarles la necesidad a sus familiares, iglesia, y amigos. Muchos misioneros predican en iglesias presentando su visión y llamado antes de pedir una ofrenda. Este proceso puede tardar mucho tiempo. Aún más, el pedir dinero nos hace sentirnos como mendigos rogando por la comida. Pero se debe tomar en cuenta que en realidad es dinero para el Señor y no para nosotros. Estamos dando a personas (que quizá no pueden ir personalmente) la oportunidad para participar en alcanzar al mundo con el evangelio. De la misma manera que el gozo de su corazón es ir como misionero, el don de ofrendar y donar que Dios les dio a estas personas hace que experimenten el gozo y el cumplimiento cuando le ayudan a usted con sus fondos.

Otro aspecto de las finanzas que puede causar un problema es lo personal. Si la primera razón por la cual las personas no consideran el campo misionero es la confusión acerca del llamado misionero, la segunda razón tiene que ver con problemas económicos como préstamos y tarjetas de crédito. Los misioneros no ganan mucho y por eso no pueden contar con mucho dinero en el banco mensualmente. Cuando hay una deuda que requiere una cantidad de los ingresos del misionero que no puede pagar, el candidato no puede ir.

A veces la situación de la familia puede causar una barrera para ir al campo misionero. El padre (o la madre) de la familia misionera no es la única persona que se va, sino toda la familia. Por eso, aunque no queremos decir que todos deben sentir el mismo llamado misionero articulado en las mismas palabras, en cierto sentido todos deben ser llamados. Las agencias han visto que algunos adolescentes sufren el choque cultural más que los demás en la familia porque experimentan cambios físicos y están pasando por una crisis de identidad o autoestima como jóvenes, y el cambio de culturas es un paso demasiado fuerte. Otro aspecto de la familia puede ser la edad avanzada de los padres de los misioneros. El amor y la responsabilidad que nuestros padres merecen –especialmente en su tercera edad– requiere que vivamos con o cerca de ellos para cuidarlos. Tal vez se siente el llamado a un lugar muy difícil donde no hay hospitales, ni escuelas, ni médicos, ni civilización y usted tiene un tierno bebé. Hay que considerar todas las circunstancias de la familia antes de cumplir con el llamado misionero.

Para cada desafío que podamos imaginar, hay soluciones. Por ejemplo, si tiene una condición física débil muchas veces se puede mejorar –bajar el peso, hacer ejercicios, o cambiar la dieta–. Si no es posible cambiar nuestra condición física, muchas veces podemos considerar otro campo misionero; por ejemplo en vez de ir a una selva podemos considerar una ciudad moderna donde hay hospitales y médicos y necesitan misioneros con el evangelio. Cualquier tipo de debilidad puede ser mejorada ya sea emocional o espiritual. No debe darse por vencido porque existe una debilidad que le impide servir en el campo misionero. "Todo lo puedo en Cristo que me fortalece."

Desafíos al llegar al campo misionero

Como ya hemos visto, las primeras pruebas en la vida misionera son escoger una agencia y levantar los fondos. Otra es cuando se va al campo y la despedida. El saber que no verá a la familia o amigos por años es difícil de aceptar. Aún más, la verdad es que es probable que usted no vea a algunos de ellos otra vez hasta que llegue al cielo, cuando muera, porque algunos de ellos ya son de edad avanzada. Cuando hay amigos o parientes que no han aceptado a Cristo es difícil obedecer el llamado misionero e ir a otro país para predicar allá. Muchos misioneros en esta situación se sienten culpables y hasta hipócritas por hacerlo.

Al llegar al campo, el choque cultural les afecta porque todo lo que era normal ya no se encuentra. Las reglas de la vida que han utilizado toda la vida ya no funcionan. Para complicarlo, no pueden comunicarse. Los niños en el jardín infantil pueden comunicarse mejor que usted y se destruye la autoestima. El desafío y la dificultad que muchos experimentan al aprender otro idioma es un argumento para aprender todo lo posible antes de salir de su hogar. Nadie puede aprender el idioma sin practicarlo con los que lo hablan, pero la memorización del vocabulario, números, días de la semana, colores, saludos, frases, etc., le ayudarán muchísimo cuando esté luchando para sobrevivir en los primeros días. Si no es posible estudiar el idioma de la cultura a donde va porque es una tribu aislada y nadie lo ha estudiado, vale la pena estudiar el idioma de la cultura dominante. Por ejemplo, si el gobierno y hombres de negocios emplean francés mientras la cultura blanca tiene su propio idioma, es una buena idea estudiar el francés para poder comunicarse en los trámites, en el banco, etc. Verá que el conocimiento del segundo idioma le ayudará a aprender el tercero.

Cuando un misionero se va de Quito a Buenos Aires va a sufrir choque cultural por muchas razones, pero habrá mucho en común también. Si el mismo misionero se va a una cultura completamente opuesta en cuanto a las diferencias de culturas de comunicación directa o indirecta, tiempo o evento, orientación del grupo o individuo, etc., estos cambios le causarán un choque mucho más fuerte. Los choques muy fuertes son la experiencia de la gran mayoría de los misioneros. En momentos así dudan de su sanidad, santificación, o hasta su salvación. Algunos regresan a sus hogares en esta etapa de su carrera misionera. Por eso es vital a entender, identificar, y recordar mucho su llamado misionero.

La preparación personal bíblica

La preparación misionera para conquistar la batalla espiritual parece más importante en el campo misionero donde no hay amigos, pastores, padres, ni consejeros cristianos para ayudarle. Es importante que el misionero desarrolle una relación intima y estrecha con Jesús para estar tan cerca como le sea posible, y que se quede allí. Las instrucciones bíblicas de Pablo a Timoteo son

> *La preparación misionera para conquistar la batalla espiritual parece más importante en el campo misionero donde no hay amigos, pastores, padres, ni consejeros cristianos para ayudarle.*

esenciales: "Ejercítate para la piedad". (1Tim. 4.7) y "Ten cuidado de ti mismo y de la doctrina; persiste en ello, pues haciendo esto, te salvarás a ti mismo y a los que te oyeren". (1Tim. 4:16)

En cuanto al cuidado de la doctrina es necesario que el misionero sepa la doctrina bíblica y la única manera para hacer esto es estudiarla. Con esta base bíblica el misionero puede evangelizar, discipular, y capacitar a líderes en la cultura donde trabaja. Sin esta base el misionero tiene que imaginar la doctrina o permitir que los nuevos cristianos desarrollen la forma de cristianismo que tiene sentido para ellos. Hay misioneros que quieren evangelizar e iniciar nuevas iglesias. Por eso, se debe estudiar la Biblia para poder explicar "que es una iglesia". En el mundo existen muchas iglesias que son heréticas y están llenas de prácticas aberrantes. Hay otros estudios bíblicos que llevan el nombre *iglesia* porque el misionero que los formó en el grupo necesitaba aumentar el número de "iglesias iniciadas" en su informe mensual. Las epístolas del Nuevo Testamento son claras en cuanto a qué es una iglesia, quiénes son los líderes de una iglesia, los requisitos para ser pastor, y lo que las iglesias deben ser y hacer.

La tarea de la gran mayoría de misioneros es evangelizar y se ha visto que la evangelización se realiza mejor en el contexto de una relación personal. Por eso los misioneros deben entender las reglas de la cultura para desarrollar amistades apropiadas con las cuales pueden compartir el evangelio. Pero también el misionero necesita entender cómo se salva una persona. No es por repetir una fórmula ni caminar al frente del templo al final del culto, sino por nacer de nuevo por la regeneración del Espíritu Santo. Por eso no debe diseñar métodos para evangelizar que involucran trucos ni trampas sino solamente una presentación bíblica del evangelio.

Por supuesto, para hacer esto hay que entender qué es el evangelio.

Conclusión

Aunque la Biblia no usa el término *llamado misionero* se puede ver el concepto por todas sus páginas. Dios llama por medio de la entrega de dones, destrezas, y deseos para vivir en otros países, comer nueva comida, aprender otros idiomas, y compartir el evangelio con los perdidos del mundo. El llamado misionero también es muy personal y por eso no hay dos misioneros con un llamado precisamente igual en todos sus detalles. El describirle su llamado a una persona que no tiene tal llamado es semejante a explicarle a un niño de cinco años la diferencia entre 1. Ser amigos de otros, 2. Amar a su mamá, y 3. Estar enamorado de su novia. Hay palabras para utilizar pero la otra persona no tiene la experiencia para entender la diferencia.

Aunque todos los llamados son distintos, existen aspectos en común que nos permiten incluirlos en la definición: *El llamado misionero incluye un entendimiento de las necesidades de un mundo que muere sin Cristo, una carga por ellos, un compromiso radical al Señor, el reconocimiento de sus dones y deseos evangelísticos apasionados por los demás junto con la bendición eclesiástica en su llamado, mezclado con la armonía que viene cuando los pasos para conocer la voluntad de Dios se dan correctamente.*

Los candidatos a ser misioneros pueden familiarizarse con los relatos de llamados en las vidas de nuestros héroes misioneros y lo que la Biblia enseña del corazón de Dios para las naciones. Esta información le ayuda al candidato a discernir la voluntad de Dios y su llamado. Sin embargo, nadie debe ir al campo misionero forzado por otra persona, solo por la necesidad,

> *No se olvide de que el mejor uso más exaltado de su vida es hacer la voluntad del Señor en el lugar donde él quiere que viva.*

ni por la culpa. No se olvide de que el mejor uso más exaltado de su vida es hacer la voluntad del Señor en el lugar donde él quiere que viva. Este capítulo es una herramienta para ayudarle hacerlo.

Para la reflexión y la investigación:

1. ¿Existe un llamado misionero?
2. ¿Cuál es la base bíblica para el llamado misionero?
3. ¿Cuáles son los pasos para conocer la voluntad de Dios para su vida?
4. ¿Qué quiere decir la gran comisión, los grandes mandamientos, y la gran compasión?
5. ¿Cuáles son las tres perspectivas históricas del llamado misionero?
6. ¿Qué puede hacer mientras espera la apertura de las puertas para cumplir con el llamado misionero en su vida?
7. ¿Cómo debe responder cuando su esposa(o) no siente el llamado misionero como usted lo siente?
8. ¿Cómo se debe preparar al candidato misionero?
9. ¿Cuáles son algunas barreras al campo misionero y las soluciones a cada una?
10. ¿Cómo explicaría Ud. el llamado misionero?

Notas

[1] Sills, M. David. *The Missionary Call: Find Your Place in God's Plan for the World.* Chicago: Moody Publishers, 2008. (Este capítulo se basa en este libro y será publicado en el 2010 en español por Editorial Unilit)

[2] Elliot, Elisabeth. *Portales de Esplendor.* Grand Rapids: Editorial Portavoz, 1957.

6
La Vida del Misionero

En el año 2001, una agencia misionera elaboró una estrategia de entrenamiento de su personal transcultural que incluía siete dimensiones de la vida de cada misionero: el misionero es un discípulo; es un líder que sirve; es uno que trabaja en equipo; es testigo transcultural; es uno que facilita la obra de la siembra de iglesias; es un movilizador; y, finalmente, es parte de una familia.[1] Tomamos las siete dimensiones como punto de partida para explorar algunos elementos importantes en la vida de él o ella que responde al llamado y va al campo como misionero de carrera.

El misionero es un discípulo

Como cualquier creyente que aspira a ser como Cristo, el desarrollo discipular del misionero es básico y su maduración como discípulo es de suma importancia si ha de ser un siervo útil y un canal de bendición para aquellos a quienes esté llamado a servir. Después de haber observado muchos misioneros en el campo a través de los años, nos damos cuenta de que uno de los problemas más serios entre los que están viviendo y sirviendo en un lugar extraño es su sequedad espiritual. Un obrero en el Uruguay lo expresó así: "Hemos estado aquí doce años. Damos y damos y damos, pero casi nunca recibimos. Necesitamos algo para llenar el vacío que sentimos". Lamentablemente, algunos obreros en el campo nunca encuentran ese algo que les dé vitalidad espiritual y continúan en el ministerio sin efectividad o se desaniman y regresan a sus países de origen, decepcionados y frustrados.

El que sirve en un lugar transcultural no es un superhéroe que ya haya llegado a ser el más maduro que puede ser y entonces el Señor lo envía a un lugar distante. A lo mejor posee cierto nivel de madurez que influye en su llamado y su respuesta positiva a la dirección de Dios en su vida y ministerio. Sin embargo, no hay ningún llamado al campo que no pueda y deba seguir creciendo hacia la semejanza de Cristo, un proceso de por vida, a pesar de las circunstancias, la época en la vida, el lugar y el tipo de servicio, y el trasfondo espiritual. Aunque el Señor puede utilizar a cual quiera y bendecir los esfuerzos de quien quiere, creemos que normalmente él usará con más efectividad a los que están en las mejores condiciones para ser usados. Esto significa que el siervo del Señor en el campo misionero debe ser un discípulo en desarrollo constante, por medio de las disciplinas espirituales. Resumimos algunas de ellas.[2]

> *El siervo del Señor en el campo misionero debe ser un discípulo en desarrollo constante, por medio de las disciplinas espirituales.*

Admisión bíblica. Ciertamente el misionero usará la Biblia en su trabajo, ya sea en la preparación de sermones y enseñanzas, como en la evangelización. Es casi inconcebible que él o ella no estén en contacto constante con la Palabra. Sin embargo, estar en contacto constante no quiere decir que esté recibiendo alimentación para su propia alma. El uso devocional de la Palabra es esencial para el obrero transcultural. El valor de tener un lugar, tiempo, y plan rutinario para leer, escuchar y estudiar la Palabra – que debe ser no solamente el libro de texto y la guía de instrucción para su trabajo sino también el sostén de su alma– es inestimable. La disciplina de la *memorización de las escrituras* es un aspecto normal y esperado de la admisión bíblica.

La oración. Increíble pero cierto es que algunos misioneros olvidan que sus ministerios, y de hecho su bienestar integral en un lugar extraño, dependen primordialmente de su comunicación continua con Dios, quien les provee el poder y los puede sostener a lo largo de su vida. Es muy fácil dejar que los muchos quehaceres de la tarea misionera absorban el tiempo y la energía necesarios para mantener una rutina diaria de oración. Para hacerlo se requiere intencionalidad y disciplina. El obrero debe seguir el ejemplo del reformador Lutero cuando él dijo: "Trabajar, trabajar, trabajar, de temprano a tarde. El hecho es que tengo tanto que hacer que pasaré las primeras tres horas en oración".[3]

El servicio. Quizá le parezca extraño que mencionamos el servicio como una disciplina espiritual para los obreros transculturales, porque, después de todo, ¿no son enviados precisamente para servir? Así es, y por eso insistimos en que un llamado al servicio misionero no es un llamado a la flojera. Pero, aun aparte de sus múltiples quehaceres diarios, el buen discípulo debe estar atento intencionalmente a servir a los necesitados, sean ricos o pobres, ancianos o jóvenes, limpios o sucios.

La sencillez. La disciplina de la sencillez tiene que ver con la búsqueda del reino de Dios en lugar de construir un reino propio de uno. Se practica la sencillez cuando la toma de decisiones diarias se basa en lo que realmente sería mejor para los propósitos de Dios a pesar de cualquier gusto o inclinación personal. Practicarla incluye la disciplina de vivir dentro de los medios económicos de uno, y de vivir una vida balanceada en cuanto a tiempo y energía. Si el misionero va de un país relativamente influyente a un país relativamente pobre, esta disciplina es aun más importante y más difícil. El obrero discipulado no querrá vivir de una manera que distraiga de su mensaje.

El silencio y la soledad. Este dúo de disciplinas, que siempre van de la mano, simplemente no describe quiénes somos y cómo vivimos, pero es importante. Jesús nos dio el ejemplo de la disciplina del silencio y soledad como un hábito para nuestra renovación espiritual. Lo que fue útil para Jesús obviamente debe ser útil para nosotros. Jesús buscó la soledad cuando estaba haciendo preparativos para su liderazgo y su ministerio público, al pasar cuarenta días a solas en el desierto (Mat. 4:1-11). Antes de escoger a los doce discípulos, pasó toda la noche a solas en las montañas. Cuando él escuchó de la muerte de su primo Juan, se retiró a una barca, afligido. Después de gastar su energía espiritual alimentando a cinco mil hombres más mujeres y niños, se retiró a la montaña para recuperarse. El siervo transcultural que se disciplina a tomar un retiro personal cuando menos una o dos veces al año, para leer la Palabra, orar, ayunar, y enriquecer su relación con el Maestro, saldrá de tales encuentros con órdenes nuevas o confirmadas y una confianza renovada para enfrentar la tarea formidable que es la obra misionera.

El evangelismo. El pastor Baxter del siglo XVI dijo: "Yo sé que predicar públicamente el evangelio es la manera más excelente, porque hablamos a muchos a la vez. Pero normalmente es más eficaz predicarlo a un pecador en particular, como a uno mismo. . .".[4] Aún para los "profesionales" en el ministerio, disciplinarse a tomar cada oportunidad para compartir el mensaje de Cristo es a veces difícil. El obrero debe recordarse constantemente esta responsabilidad importante y disciplinarse en su práctica.

Adoración. La adoración puede practicarse en privado, por ejemplo, durante un tiempo diario de admisión bíblica y oración, y debe incluir otras disciplinas como la *confesión* y la *sumisión*. Pero, también es importante juntarse con otros creyentes para la adoración congregacional. Puede ser que se le presenten dificultades al obrero transcultural para cumplir esta disciplina. Quizá no haya otros creyentes. A lo mejor tendrá que suspender esta disciplina hasta que los frutos de sus labores produzcan nuevos creyentes, o quizá lo puede hacer como *adoración familiar* (que debe hacerse de toda maneras), mientras tanto. Lo que no debe hacer es dejar de congregarse y dejar de participar con una iglesia local de sana doctrina, con la excusa de que tiene otras cosas mejores o más importantes que hacer. Un dilema que podría encarar es qué hacer con el día del Señor, si el día domingo no está reconocido como un día de descanso y adoración en el contexto cultural donde se encuentra.

El aprendizaje. El obrero transcultural disciplinado sabrá la importancia de comprometerse al aprendizaje de por vida, y tendrá un plan para disciplinarse hacia el aprendizaje. Debe sacar provecho de leer lo más que pueda, de tomar cursos y asistir a conferencias cuando estas no lo distraigan de su labor principal, y buscar otras maneras de mantener agudo y ágil su cerebro para que el Señor tenga un siervo preparado en él o ella.

La celebración. Una disciplina a veces descuidada es la de la celebración de la vida. Incluimos la celebración como una disciplina espiritual personal porque pensamos que es importante que el creyente no deje al azar la celebración de la vida que el Señor da. Habrá, sin duda, tiempos espontáneos en los cuales por el puro gozo del momento el obrero transcultural no pueda dejar de celebrar. Pero, además de esos tiempos alegres, es importante que practique intencionalmente una vida de gozo interno, aun cuando las circunstancias externas no indiquen tal respuesta, lo cual es el caso muchas veces cuando uno vive en lugares lejos de lo que le es familiar.

Tales disciplinas en la vida del discípulo son aún más pragmáticas y alcanzables si el obrero mantiene un diario en el cual registra todo lo que está aprendiendo y experimentando, y si tiene a alguien en su vida a quien puede rendir cuentas en cuanto a su progreso como discípulo.

⚹ El misionero es un líder que sirve ⚹

De los varios pasajes que nos ayudan a entender el liderazgo de Jesús, él que más describe lo ideal para un líder cristiano es Lucas 22:24-27. Los discípulos acababan de tener una experiencia muy linda con el Señor —la institución de lo que ahora llamamos la cena del Señor–. Según el pasaje paralelo en Juan, después de la cena, Jesús lavó los pies de los discípulos, en un acto de servicio. Fue un tiempo lleno de significado, un tiempo de adoración, un tiempo que a pesar de la pesadumbre de la ocasión fue de gozo. El Dios de Abraham, de Isaac, de Jacob, el Creador, el Hijo de Dios, el Hijo del Hombre, estaba con ellos en la carne. Y

> *Un misionero que actúa guiado por un corazón servicial podrá hacer cosas increíbles en el nombre de Cristo.*

¿qué pasó? Hubo una disputa entre ellos, un argumento, una competencia, una rivalidad. Jesús les hizo entender que el liderazgo no se trata de la posición que uno gane o que uno tenga, una posición admirable ganada por esfuerzo propio o dado por buenas aptitudes, sino que el liderazgo está vinculado estrechamente con el servicio.

Tal entendimiento de liderazgo como servicio debe ser el ancla para el obrero transcultural en su trato con las demás personas a quienes tiene el gozo y la responsabilidad de guiar. Un misionero que actúa guiado por un corazón servicial podrá hacer cosas increíbles en el nombre de Cristo. Y, ¿cómo logra tener ese corazón servicial? Igual a Jesús, en el momento de su llamado público al momento de su bautismo, el misionero debe tener muy en claro quién es y de quién es. Debe saber sin lugar a dudas que lo que él es y lo que hace está basado completamente en los propósitos de Dios para su reino y no para algo propio y personal. Debe además estar seguro, aunque le cueste, de que su vida refleja la presencia de Cristo en él o ella, que la mente de Cristo en él o ella controla sus acciones. Tal entendimiento resultará en varias características de liderazgo en su vida. Debido a que son muchas, nos limitamos a mencionar seis.

Integridad. Como esclavo de Cristo, la vida del líder transcultural se evidenciará por la integridad, la aplicación consistente de principios bíblicos en su carácter y sus acciones.[5] La integridad marca quiénes somos en lugar de qué hacemos y nos da credibilidad. En lugares lejos de casa, donde uno es escudriñado como extranjero, como si viviera en una casa de vidrio, la importancia de exhibir quién es uno es inestimable. Su transparencia, su apertura, la congruencia de su propia vida con lo que enseña, una reputación sólida y sin mancha, darán credibilidad a su mensaje.

Humildad. La actitud del misionero debe ser igual a la de Jesús quien se humilló a sí mismo, aún siendo igual a Dios (Fil. 2). En las actividades diarias del misionero, esto se traduce a por lo menos tres evidencias. Primero, debe ser enseñable. A pesar de los años que viva en su lugar adoptado y el nivel a que se adapte, en algún sentido, el misionero siempre será un visitante, un extranjero. Como tal, a pesar de sus credenciales y su experiencia en su país o lugar de origen, siempre habrá más que aprender de sus colegas nacionales o de la gente de su pueblo blanco. La mejor postura que puede adoptar es una de un aprendiz de por vida. Segundo, deber aprender y practicar dar crédito donde se debe dar. La humildad se practica cuando uno no trata de tomar el crédito por todos los logros, incluyendo el número de profesiones de fe, de bautismos, y de iglesias plantadas. A final de cuentas, todo el crédito para tales logros pertenece al Espíritu Santo, y a veces él lo comparte con nuestros colegas al igual que con nosotros. Tercero, la humildad nos ayuda a recordar que somos esclavos de Cristo. Lo que hacemos en el campo no es para traernos ninguna atención ni gloria, sino para que nuestro Señor sea glorificado.

Orientación hacia el reino de Dios. El que es esclavo de Cristo es esclavo de su reino. Cada decisión que toma, cada dirección a la cual apunta su estrategia, y cada dimensión de su vida debe apuntar hacia lo que es mejor para el engrandecimiento del reino de Dios.

Resistencia. El líder que pone su mira en el reino podrá resistir las dificultades y los retrasos, y enfrentar cada nuevo desafío como una oportunidad nueva. Cuando las circunstancias de la vida lo derriban, no se da por vencido. Cuando le sea difícil seguir luchando, sea contra la oscuridad espiritual o simplemente contra el choque cultural, no se rendirá.

Confianza. "No hay tarea más importante en los primeros años de ministerio en una nueva cultura que la construcción de relaciones de confianza con la gente".[6] ¡Tantas veces hemos visto retrasos en la obra por la falta de confianza entre colegas misioneros o entre misioneros y los hermanos nacionales! Construir confianza demanda tiempo e intencionalidad. Una vez rota la confianza, toma aún más tiempo reconstruirla, si es que se logra hacerlo.

Transformación de visión a la acción. El siervo-líder sabe crear planes claros que tengan correlación con los planes de otros, que juntos apuntan hacia el crecimiento del reino. Sabrá, además, como ajustar sus planes para tomar en cuenta su cultura adoptada, nuevas oportunidades que se presenten, y situaciones cambiantes. Y, tomando en consideración las características mencionadas y otras, ejecuta sus planes, lanzados hacia el cumplimiento de su visión para la gloria de Cristo.[7]

El misionero es uno que trabaja en equipo

Muchas agencias misioneras han encontrado el valor de exigir o animar a sus obreros que colaboren con otros en equipos ministeriales. Aun en los casos donde no hay tal insistencia o en los casos de misioneros que van por su cuenta sin relacionarse con una agencia, el valor de cooperación con otros en el esfuerzo de cumplir la tarea de la Gran Comisión es inestimable.

Aunque no sea estrictamente necesario que el misionero trabaje en equipo formalmente, creemos que su labor será más eficaz si colabora de cerca con otros.

Podemos aprender mucho del primer equipo misionero, que podríamos llamar "Pablo y sus compañeros". Primero, fue un equipo variado. Bernabé, Marcos, Apolo, Timoteo, Tito, Lucas, Ananías, Safira, Epafrodito, y Silas tenían sus propios dones y propósitos para ser miembros del equipo y cada uno hacía su parte. Segundo, fue un equipo centrado alrededor de un líder carismático. Fueron colaboradores de Pablo, pero también fueron sus "hijos". A veces Pablo tomaba las decisiones difíciles, otras veces todo el equipo tomaba las decisiones. Tercero, la consistencia del equipo fue fluida, es decir, sus miembros se involucraron con el equipo según las necesidades y circunstancias. Cuarto, el equipo fue ambulante. No se quedó en un lugar por mucho tiempo, pero sí se quedó el tiempo necesario para cumplir su tarea allí. Quinto, el equipo no hizo distinciones entre misioneros "foráneos" y "nacionales". Por ejemplo, Timoteo se unió al grupo en Listra y Lucas en Troas. Aparentemente no hubo barreras para que miembros de las iglesias locales fundadas por Pablo se hicieran miembros de su equipo. Sexto, su equipo tuvo un buen sistema de comunicación. En su caso, el sistema de carreteras romanas fue una herramienta tremenda para hacer su trabajo manteniendo contacto entre ellos y con las nuevas obras establecidas. En el siglo XXI, casi no hay excusa para que los miembros de un equipo no se comuniquen entre sí. [8]

Aunque no sea estrictamente necesario que el misionero trabaje en equipo formalmente, creemos que su labor será más eficaz si colabora de cerca con los demás de su agencia, con otros creyentes cumpliendo la Gran Comisión, con voluntarios que lo visiten para prestar ayuda temporal de vez en cuando, y con las iglesias ya plantadas entre el pueblo.

El obrero transcultural que decide (o es obligado a) trabajar en equipo de manera más formal o estructurada, encontrará varios principios en el modelo del equipo apostólico que harán más efectiva su labor. Por ejemplo, trabajar en equipo da la oportunidad para apoyo mutuo; a pesar del llamado y de la pasión de uno para la tarea, compartir la labor demuestra el cuerpo de Cristo en acción y da la oportunidad para la aplicación de los dones espirituales de varios a la tarea; el trabajo del equipo debe ser enfocado y específico; su estancia en un lugar debe ser relativamente limitada, dando el tiempo necesario para que sea efectiva, pero siempre mirando hacia los campos todavía no tocados; se debe incluir nacionales; debe tener liderazgo, buenas relaciones internas, y continuidad; y debe tener una base de apoyo de oración.[9]

El misionero es un testigo transcultural

Para tener éxito en el campo, el obrero transcultural tendrá que aprender a balancear los valores de su propia cultura con los de su cultura adoptada logrando así un sentido de pertenencia en su nuevo hogar. Querrá, lo más pronto posible, superar los choques culturales que exploramos en el capítulo anterior, para empezar a ser efectivo en la labor a la cual el Señor lo ha llamado. Una de las maneras más efectivas de lograrlo es dominar el idioma y/o el dialecto local, alcanzando niveles apropiados de competencia para poder comunicarse claramente con sus nuevos vecinos.

Una de las maneras más efectivas de lograrlo es dominar el idioma y/o el dialecto local.

Algunas agencias emplean una escala de 1 al 5 de competencia lingüística para medir el progreso del misionero en su aprendizaje del idioma (e indirectamente de la cultura). La escala se puede resumir así:

0 = ninguna competencia en el idioma

1 = adquisición introductoria del idioma (100 palabras o más). A este nivel uno puede iniciar conversaciones simples, presentarse, hacer compras, y contestar preguntas sencillas acerca de su familia, su ocupación, su país, etc.

2 = adquisición intermedia (500 palabras o más). A este nivel, uno puede dar información acerca del tiempo, su familia, y su hogar. Puede hacer llamadas telefónicas y recibir mensajes, describir su trabajo con detalles sencillos, y entrar en discusiones superficiales de las noticias cotidianas. Su fonética es inteligible y sus nuevos vecinos le entienden, mayormente.

3 = adquisición avanzada (1500 palabras o más). A este nivel, uno no trata de evitar componentes del idioma por temor a equivocarse y puede completar todas sus oraciones en una conversación que se desarrolla en un ritmo normal. Tiene la capacidad de conversar acerca de temas de interés común y tomar

notas sobre temas profesionales. Puede entender conversaciones que escucha entre otras personas y hablar por teléfono sin mayores problemas. Puede funcionar como profesional.

4 = adquisición maestra (2500 palabras o más). A este alto nivel, uno casi nunca se equivoca gramaticalmente y siempre entiende cualquier conversación. Puede entender temas humorísticos y contar chistes. Tiene un vocabulario profesional extenso y exacto. A este nivel, uno podría aceptar cualquier tarea que se le asigne en su nuevo idioma.

5 = adquisición fluida (un vocabulario completamente funcional). A este nivel superior, uno tiene la facilidad de usar su nuevo idioma con una habilidad equivalente a su destreza en su idioma nativo.

Algunos misioneros asisten a institutos o escuelas de idiomas, que normalmente ofrecen una combinación de estudios formales en un aula de clase con aprendizaje práctico en la calle. Otros tendrán que aprender informalmente, involucrándose en la cultura, aprendiendo al azar, preferiblemente con la ayuda de un tutor. De cualquier forma que el misionero aprenda su idioma nuevo, y por ende adquiera también algo de entendimiento de su nueva cultura, recomendamos que normalmente debe aspirar por lo menos al nivel 3. Así con confianza podrá usar su competencia en el idioma para alcanzar sus nuevos conocidos para Cristo. A la vez, ofrecemos una palabra de esperanza a los que tienen dificultad con el aprendizaje del idioma, afirmando que el amor puede ser más poderoso que las palabras y que la efectividad lingüística puede ser mejor que la eficiencia lingüística.

El misionero es uno que facilita la obra

Ser un misionero pasivo no es una opción. Para cada faceta o dimensión de la vida del misionero, hay cosas que debe saber, ser, y hacer. Ciertamente al Señor le interesa quiénes somos mucho más que lo que hacemos. Entenderlo así es parte de la comprensión nuestra de la relación íntima que debemos tener con él y el descanso que nos ofrece del trajín de la vida. Sin embargo, el misionero es enviado a las líneas de batalla con la expectativa de que haga algo. No es suficiente que esté en un lugar donde el Señor lo haya puesto, a pesar de la importancia de estar allí. Unido al estar tiene que también contribuir activamente a la obra de alcanzar al mundo para Cristo en aquel lugar.

Ser un misionero pasivo no es una opción.

. . . tiene que también contribuir activamente a la obra de alcanzar al mundo para Cristo en aquel lugar.

El obrero transcultural puede estar involucrado en el evangelismo, la siembra de iglesias nuevas, la traducción de las escrituras, la educación, el desarrollo comunitario, el trabajo médico, los medios de comunicación, o cualquier otro ministerio que le parezca importante a su agencia auspiciadora. En el próximo capítulo, exploramos algunas de las estrategias y el involucramiento del misionero en ellas, especialmente en cuanto al entendimiento de la cosmovisión de un pueblo y la resultante contextualización del evangelio. Aquí queremos afirmar que a pesar de la asignación de uno y su metodología, una teología y filosofía de misiones apropiadas y un entendimiento apropiado de las demandas de Dios a través de las Escrituras, obligan al obrero transcultural a hacer sus actividades tomando en consideración la prioridad del evangelismo. Y damos un paso más para afirmar la estrategia de nuestra propia denominación de trabajar diligentemente para que los evangelizados formen nuevas congregaciones.

El misionero es un movilizador

Mantener contacto con su iglesia de origen y las demás iglesias y/o personas que le dan apoyo financiero, moral y espiritual, es de suma importancia para el misionero. Se da cuenta de que los que lo apoyan son como su cuerda de salvamento. Hace pocos años, el uso del teléfono era aún difícil en muchas partes del mundo, y la comunicación postal era problemática e ineficiente. Aún es así en algunas partes del mundo, pero en general el mundo ha cambiado por completo en este aspecto. El correo electrónico facilita la comunicación diaria e instantánea con familiares e iglesias en el país de origen. Por medio del sistema de Internet los obreros en un lado del mundo pueden mantener al día a los que lo apoyan en otro lado del mundo.

> *Mantener contacto con su iglesia de origen y las demás iglesias y/o personas que le dan apoyo financiero, moral y espiritual, es de suma importancia para el misionero.*

En contraste con la segunda mitad del siglo XX, la vida del misionero del siglo XXI se caracteriza más por este acceso al mundo electrónicamente. Se comunica con la familia, hace estudios a distancia, recibe noticias y fotos de sus amigos. Pero aún más importante para el reino, es el hecho de que aprovecha los medios para desarrollar redes de oración, para abogar por los perdidos, para involucrar a las iglesias de su denominación en la obra misionera, y para nutrir a posibles nuevos misioneros.

Su responsabilidad de movilizarse no reside solamente en su campo de trabajo. Como Pablo y Bernabé regresaron del primer viaje misionero en la historia de la iglesia para rendir un informe, también se espera del misionero del siglo XXI que haga lo mismo. Tan importante es esta tarea de responsabilidad para la iglesia de informar, educar, e inspirar, que una agencia misionera ha cambiado el nombre que describe el tiempo que el misionero esta fuera de su campo. En lugar de que sea "año de licencia", que lleva connotaciones de descanso, ahora se le llama "asignación en los Estados",[10] dando a entender que la obra de informar y movilizar es el otro lado de la misma moneda para el cumplimiento de la tarea de la Gran Comisión.

El misionero es parte de una familia

Cuando recordamos los años que pasamos en el campo misionero, no pensamos tanto en individuos sino en familias. Recordamos las familias, *como familias*, con quienes pasamos por la orientación que nos dio nuestra agencia misionera, con quienes luchamos juntos para aprender el español, y con quienes pasamos momentos difíciles y de alegría en los países donde el Señor nos llevó. Nuestras memorias y nuestra experiencia se centran en las unidades familiares porque estar en el campo misionero es un asunto, no individual, sino familiar. Aún ahora, después de haber pasado varios años desde que nuestros hijos dejaron el nido, las personas todavía nos preguntan si llevamos a nuestros hijos con nosotros al campo misionero y cómo les ha ido. Es importante, pues, concluir este capítulo pensando en algunos aspectos y factores relacionados con la familia misionera.

Matrimonios saludables. Los matrimonios misioneros no son inmunes a las dificultades normales del vivir juntos ni tampoco al comportamiento destructivo por el cual pasan algunas parejas. A pesar de un llamado a servir en la obra del Señor, son personas normales, santos en el sentido de estar en el proceso de santificación como creyentes, mas no tan santos en el sentido de ser superhéroes en la fe que implica una vida perfecta. Lamentablemente, hemos visto a parejas misioneras practicar y ser víctimas del abuso físico y verbal, cometer adulterio, separarse, y divorciarse. Cuando aconsejamos a nuevos candidatos para el campo misionero, siempre les decimos que si tienen problemas en su matrimonio en su contexto normal, pueden esperar que dichos problemas se magnifiquen bajo el estrés de una nueva cultura. Para guardar el testimonio de la iglesia y no calumniar el nombre de Cristo, la pareja que pretenda servir en una cultura nueva debe examinar, exponer, y corregir los conflictos que tenga.

Los esposos deben estar comprometidos a amarse completamente, según las normas bíblicas. Deben modelar un matrimonio santo, tomando en consideración las normas culturales, que dictan, no la relación entre los dos en Cristo, sino el comportamiento público aceptado por la cultura. El esposo debe amar a su esposa como Cristo amó a la iglesia (Ef. 5:25). Debe proveer para las necesidades de su esposa, como su protección, su salud emocional e intelectual, sus deseos sexuales, su afirmación como esposa, madre, y sierva en la obra de Cristo. Su lealtad a su esposa debe ser más importante que cualquier otra cosa excepto su relación con Cristo, incluyendo su

> *Cuando aconsejamos a nuevos candidatos para el campo misionero, siempre les decimos que si tienen problemas en su matrimonio en su contexto normal, pueden esperar que dichos problemas se magnifiquen bajo el estrés de una nueva cultura.*

ministerio. Lo mejor que un padre puede hacer para sus hijos es amar a la madre de ellos.

La esposa tiene las responsabilidades de amar a su esposo, mantener el hogar, y proveer las necesidades físicas de su marido. Debe cumplir con su esposo en todo sentido, incluyendo el ministerio, y su relación primaria después de su relación con Cristo debe ser su relación con su esposo (no su relación con sus hijos). La pareja que mejor funciona en el campo misionero es la pareja que se considera un equipo, donde cada miembro ejerce sus papeles apropiados con amor, pasión, confianza, y lealtad física, mental y emocional.

Hijos nutridos en dos o más culturas. Debe ser un gozo criar a los hijos en el campo misionero. La cercanía que provee como familia y las experiencias que ofrece de aprendizaje el estar en una cultura distinta a la nativa ofrecen a los niños un trasfondo que moldea su carácter e influye en quiénes llegan a ser. A pesar de la importancia de la tarea misionera específica a la cual uno es llamado, el amar, proteger, instruir y ser modelo para sus hijos es aún más importante. La responsabilidad mayor que tienen los padres es evangelizar a sus hijos.

La educación de los hijos es una faceta de la vida del misionero que no debe ser subestimada. En algunos casos los niños asistirán a una escuela internacional o nacional y en otros casos los padres cumplirán esta responsabilidad en casa. En este fenómeno creciente de educarlos en el hogar, hay a la vez un número creciente de instituciones y programas disponibles para ayudarles a ser buenos maestros. El candidato para el campo misionero hará bien en explorar estas posibilidades y recursos antes de partir para el campo.

Los niños no solamente son "hijos de misioneros", si entendemos que el llamado al campo es un llamado familiar. Por su facilidad con el idioma y la rapidez con la cual hacen amistades, los niños muchas veces abren puertas para los padres en la obra de evangelismo. Los hijos deben ser animados a adoptar la cultura local, cuando no compromete los principios bíblicos, y de participar en el ministerio, desarrollando sus propios dones y usando sus destrezas para complementar lo que hacen sus padres.

Relaciones familiares en casas de vidrio. La familia misionera es vulnerable a cualquier inspección y crítica en su nuevo hogar. Habla graciosamente. Parece ser inteligente pero su pronunciación apenas se entiende. Su forma de vestir es extraña. Su piel y su pelo no parecen normales. Trajo comidas no conocidas en latas. No se cubre apropiadamente o a lo mejor se cubre demasiado. Tiene carro. Es obvio que tiene dinero. Cualquier cosa que haga está sujeta a la evaluación de los locales y a la crítica de los que quisieran que no hubieran venido.

Es de suma importancia que la estancia de la familia misionera en su cultura adoptada esté anclada en su llamado y sostenida por una relación constante con el Señor que la ha llevado a ese sitio.

La familia extendida. Una de las cosas más difíciles en la vida del misionero es dejar a sus padres en su país de origen, a veces consciente de la probabilidad de que no se verán otra vez aquí en la tierra. De igual dificultad es saber qué hacer cuando uno de sus padres que uno dejó en su país de origen está enfermo o es incapaz de cuidarse y no hay otra solución que regresar a casa para proveer su cuidado. El misionero siempre está dividido entre sí para tomar estas decisiones apropiadamente porque siente por un lado la importancia de sus labores y la certeza de su llamado, pero también sabe que tiene una responsabilidad dada por Dios para honrar a sus padres. No ofrecemos aquí un consejo específico porque cada caso es distinto. Pero sí afirmamos que esto no se debe tomar a la ligera, sino en búsqueda de la solución que tendrá más valor para el reino.

Solteros y Solteras. Hablar tanto de las familias no disminuye de ninguna manera el hecho y la importancia del servicio de los solteros y las solteras. Como vimos en la reseña histórica de las misiones, el servicio de los no casados, especialmente las mujeres, ha sido formidable. Puede haber algunas dificultades en el servicio de uno que no es casado. Por ejemplo, en muchas culturas, no estar casado se considera no aceptable y los que no tienen esposo o esposa siempre están bajo el escrutinio de la sociedad. La soledad también puede ser un factor negativo. Pero, sin duda alguna, hay lugar en el servicio misionero para los que todavía no han encontrado a la persona que el Señor tiene escogida para él o ella, y también hay un lugar para los que tienen el llamado y el don de mantenerse soltero.

La investigación revela que hay varios mitos acerca de los que no son casados. Por ejemplo, se cree que una de las áreas mayores de lucha para el soltero es la pureza sexual y que todos los solteros tienen el deseo de casarse. Ninguno de los dos es una prioridad para la mayoría de los solteros. En cambio, les gusta participar en grupos familiares, y prefieren que sus colegas casados no se preocupen por su vida social y su pureza moral.[11]

La responsabilidad de los casados para los solteros es aceptarlos tal como están y ofrecerles oportunidades para involucrarse como parte de un núcleo familiar (puede ser que esto se encuentre con una familia nacional). La responsabilidad del soltero es comparar las reglas culturales para solteros en su nueva cultura con las suyas propias, para comportarse apropiadamente como soltero y modelar un estilo de vida como soltero dentro de su contexto cultural.

Para la reflexión y la investigación:

1. ¿Cuáles son algunos beneficios prácticos en el ministerio que pueden evidenciarse como resultado de practicar las disciplinas espirituales?
2. Además de las presentadas en este capítulo, ¿cuáles serían otras características de liderazgo que puedan influir en el servicio misionero?
3. Estudie el libro de Nehemías desde la perspectiva de un equipo misional. Haga un listado de todas aquellas cosas que describen a un buen equipo.
4. Evalúe la importancia de ser competente en el idioma del pueblo que es el campo de trabajo del misionero. En una escala de 1 al 10 (de poca importancia a muy importante) ¿dónde lo pondría? Defienda su evaluación.
5. Junto con un grupo de compañeros, intercambien ideas para explorar las posibles opciones para involucrar las iglesias de apoyo en la obra del misionero.
6. Investigue las opciones de ayuda para los padres que educan a sus hijos en casa en el campo misionero.
7. ¿Cuáles son los pros y los contras de dejar el campo misionero para cuidar a un padre anciano o enfermo, o ayudar a un hijo descarriado que ha regresado a su país de origen?

Notas

[1] Junta de Misiones Internacionales de la Convención de los Bautistas del Sur.

[2] Para una elaboración de las disciplinas, ver Armstrong, Hayward. *Más Cerca de Dios: Las Disciplinas Espirituales*. El Paso: Editorial Mundo Hispano, 2009.

[3] Citado en E.M. Bounds *Purpose in Prayer* (Propósito en oración), (Chicago: Moody Press, sin fecha), 18.

[4] Richard Baxter, *The Reformed Pastor* (El pastor reformado), (East Peoria, IL: The Banner of Truth Trust, 1974). 196.

[5] Jeff Iorg, The Character of Leadership (El carácter del liderazgo), (Nashville: Broadman & Holman Publishing Group, 2007), 25.

[6] Paul Hiebert. Citado por Duane Elmer, *Cross-Cultural Servanthood* (Colorado Springs: Intervarsity Press, 2006), 76.

[7] Junta de Misiones Internacionales, The 7 Dimensions & 4 Phases Profile (El perfil de las 7 dimensiones y 4 fases), (Richmond, VA: International Mission Board, 2001), 24.

[8] Ronald Hill, "The Apostolic Team," (El equipo apostólico), en International Centre for Excellence in Leadership, Mission-Driven Teams (Rockville, VA: International Mission Board, SBC), 29-37.

[9] Adaptado de Ronald Hill, "The Apostolic Team".

[10] La Junta de Misiones Extranjeras de la Convención de los Bautistas del Sur.

[11] Virginia McInerney, *Single Not Separate: How to Make the Church a Family* (Lake Mary, FL: Charisma House, 2003) citado en International Centre for Excellence in Leadership, *Serving God Alone* (Sirviendo a Dios solo) (Rockville, VA: ICEL, 2006.

7
Filosofías, Estrategias y Metodologías

En este capítulo se traza una variedad de filosofías que empujan las estrategias misioneras y las metodologías empleadas en el campo, impelidas por varias filosofías tales como el evangelismo, la siembra de iglesias, los movimientos de plantación de iglesias, las obras humanitarias, el desarrollo de líderes, y el involucramiento de la iglesia local en la obra transcultural. Como el título del capítulo sugiere hay varios niveles para considerar. Aunque es difícil dividirlos completamente y a veces se funden en un concepto, es importante tomarlas todas en cuenta. La filosofía misionera influye tanto a la estrategia como a las metodologías empleadas por los misioneros para cumplirla. Podemos ilustrar la idea con una campaña médica. Imagínese que los médicos quieren erradicar una enfermedad en un país y ya tienen la cura para conquistarla. Se puede ver su filosofía en su idea de mejorar la salud de los habitantes por erradicar enfermedades. Su estrategia es distribuir las medicinas necesarias a todas las escuelas, hospitales u otras instituciones para que se las entreguen a la gente. Su metodología es publicar su plan con propaganda en la radio y la televisión, con instrucciones para las maestras en las escuelas, y para los pastores en las iglesias para que la gente pueda utilizar las medicinas.

Cambiando la metáfora, imagínese una guerra. Se puede decir que la filosofía es conquistar el ejército de un enemigo. La estrategia es el plan de la batalla, por ejemplo atacar al enemigo a las 6:00 a.m. con soldados del sur y del oeste, aviones de arriba, y tanques del este. Las metodologías involucran las armas específicas, cuántos soldados, aviones, tanques, y cómo ataquen. Es difícil dividir los tres aspectos de filosofía, estrategia y métodología completamente pero cada uno se basa en uno y fluye al próximo.

Filosofías de misión

En cierto sentido, la filosofía misionera es lo que queremos hacer. En su libro *Las Ideas Tienen Consecuencias*[1] Richard Weaver demuestra su tesis de que lo que pensamos influirá necesaria-mente lo que realmente hacemos. En ningún lugar es más cierta esta verdad que en las misiones. ¿Para qué van los misioneros al campo misionero? Espere, no conteste tan rápido. Lo que usted piense de la obra misionera no es necesariamente lo que otra persona considera. Como determinamos en el primer capítulo, algunas filosofías misioneras se enfocan en medicinas para curar enfermedades, otras en la justicia para aliviar a los oprimidos, otras en las necesidades físicas de los hambrientos o damnificados después de guerras, terremotos, y tsunamis, y aún otras en cumplir con la gran comisión de Cristo por compartir el evangelio con los perdidos en el mundo. Obviamente, su filosofía va a decidir sus estrategias y metodologías misioneras.

> En cierto sentido, la filosofía misionera es lo que queremos hacer.

Su teología influye su filosofía, mientras tal filosofía influye su estrategia. Una ilustración de esta realidad es que su eclesiología decidirá su misiología, es decir, la definición suya de *una iglesia* informa lo que hace en el campo misionero. Si una iglesia debe ser un grupo organizado con su propio edificio de ladrillos rojos, ventanas coloridas, filas de bancas, piano, y un púlpito, su estrategia incluirá bienes raíces y la construcción de edificios. La relación de la filosofía que guía la estrategia, la cual a su vez guía la metodología es claro en toda sociedad y cultura.

Para nosotros que somos exclusivistas pensamos que hay salvación en Cristo y no existe salvación en otra persona, nombre, ni religión. Esta teología informa a nuestra definición del evangelio, y esta definición nos da la estrategia de compartir esta verdad –sin la cual nadie se salva– con toda criatura. Esta estrategia de evangelismo requiere metodologías para compartir las noticias buenas por la radio, la televisión, evangelismo personal, sermones, folletos evangelísticos, u otras maneras. Si tuviéramos otra filosofía o perspectiva (por ejemplo, un enfoque en la salud, los huérfanos, el hambre, etc.) habría una estrategia distinta con metodologías diferentes también.

Estrategias

Como ya hemos visto las estrategias tienen que ver con el plan de batalla. Los misioneros deben pensar en su plan para ser buenos mayordomos de sus recursos y desarrollar ministerios fructíferos. La filosofía se enfoca en lo qué quiere cumplir en la obra misionera y la estrategia piensa en cómo, en qué orden, con cuáles misioneros, etc. Los misiólogos Dayton y Fraser han desarrollado un plan de once pasos para ayudar con la estrategia[2]. Al estudiar estos pasos es obvio que serían buenos para cualquier ministerio. Sin un plan, el misionero estará bien ocupado en miles de actividades pero sin la eficiencia necesaria.

Los autores dicen que los pasos requieren que el misionero se pregunte primero lo que quiere realizar en su ministerio. Es esencial definir este paso para enfocar sus esfuerzos. Es obvio que es sumamente crucial si él es miembro de un equipo misionero. Si todos no han considerado este paso es posible que todos tendrán propósitos distintos y puede que corran en direcciones opuestas. El primer paso es empezar con la definición del propósito de su plan y contestar la pregunta, ¿Qué quiere hacer?

El segundo paso es entender a la gente y su cultura porque solamente al entender la cultura, la religión, y la cosmovisión puede desarrollar un plan para alcanzarla. El tercer paso es decidir quiénes serán los miembros del equipo misionero. Con esta información se puede decidir qué tipo de gente debe reclutar en su equipo. En cuarto lugar, debe pensar en los métodos y medios que se pueden utilizar eficazmente en la región. El quinto paso es empezar con los métodos que prometan más. El sexto paso es pensar en los resultados probables y anticipar el fruto de las metodologías escogidas.

El séptimo paso es dividir los papeles requeridos entre los miembros del equipo. Algunos de los miembros pueden jugar un papel de liderazgo e involucramiento directo mientras otros participan en formas más indirectas (como de apoyo) pero todos tienen igual valor en el éxito del proyecto. En octavo lugar, se deben decidir los papeles y preparar los detalles del plan. El noveno paso es empezar con los detalles del plan y arrancar con el proceso. El décimo paso es hacer una pausa de vez en cuando para evaluar lo que ha hecho hasta el momento y el éxito que ha realizado. En onceavo lugar, debe reajustar su plan si es necesario. El proceso continúa al empezar de nuevo con sus planes y la información que ha aprendido a través de los esfuerzos ya realizados. Es obvio que se pueden aplicar estos pasos para organizar la estrategia de cualquier ministerio, pero es muy importante hacerlo con vigor en los contextos misioneros donde todas las tensiones del choque cultural causan tanta confusión en la vida.

Se anota el valor de la investigación en varios pasos de este sistema. Si usa el sistema mencionado o no, debe utilizar la investigación misiológica para informar la estrategia que escoja. La razón es que cada cultura es distinta con sus propias necesidades, desafíos, aperturas al evangelio, preferencias, o tabúes. No hay ninguna llave de oro que les sirve a todos los misioneros en cada cultura del mundo. Una estrategia puede funcionar muy bien entre la gente de un grupo étnico y ser un fracaso en otro. Los misioneros eficaces toman en cuenta la verdad de que las culturas cambian con el tiempo. Las estrategias sugeridas hace veinte años

> *Una estrategia puede funcionar muy bien entre la gente de un grupo étnico y ser un fracaso en otro.*

probablemente no funcionarán hoy en día. La estrategia misionera se debe cambiar con el lugar, la época, la cultura, y los dones del equipo misionero.

Metodologías

Por lo general se pueden discernir la filosofía y las estrategias en las metodologías de un misionero o su agencia misionera. Utilizando una selección de nuestros héroes misioneros podemos ilustrar cuales fueron sus metodologías y lo que estas nos dicen de su filosofía y estrategia misioneras. Empezamos con el misionero más importante en la expansión del cristianismo, el apóstol Pablo. En el libro de Hechos, Lucas nos cuenta del ministerio misionero de Pablo. En 1912 el misionero erudito Roland Allen escribió acerca de los métodos de Pablo diciendo que él apóstol no tenía una estrategia.[3] Aunque muchos misiólogos e historiadores están de acuerdo con Allen en que Pablo no tenía un plan fijo y rígido en su obra misionera, se ven por lo menos algunos aspectos repetidos en su ministerio.[4] Por ejemplo, en los lugares adonde fue el apóstol Pablo él siempre empezó en las sinagogas. La razón era la cosmovisión judaica que los judíos tenían en común con él; compartieron la misma Biblia, hablaron el mismo idioma, y basaron sus vidas en el fundamento del monoteísmo. Otra razón es que Pablo amó a su pueblo judío tanto que se sintió deudor de ellos y quería compartir el evangelio con ellos.

Se puede ver algo más que era muy importante para Pablo. Él inició iglesias con líderes capacitados en cada lugar o dejó a discípulos como Timoteo o Silas para hacerlo. Aunque Pablo sintió la carga para impulsar el reino de Cristo y predicar el evangelio donde nadie lo había predicado, él vigilaba a las iglesias y nuevos cristianos para cuidarlos también.

En la época misionera moderna nuestro héroe es Guillermo Carey quien salió de Inglaterra para la India en 1792. Carey dejó mucho fruto como legado de su ministerio misionero. Entre otros aspectos se pueden ver más de cuarenta traducciones de la Biblia, la abolición de la práctica de *sati*,[5]tres hijos misioneros, una docena de estaciones misioneras por la India, y traducciones de las obras literarias. La perspectiva de Carey revela algo de su filosofía, estrategia, y metodologías misioneras. Su ministerio misionero demuestra un cordel de cinco hilos. El primero fue el hilo de la predicación del evangelio en toda la sociedad por medio de todo método posible. El segundo fue la distribución de la Biblia en los idiomas de la gente en la India. Por esa razón, estuvo ocupado en la traducción de la Biblia durante toda su carrera misionera. El tercer hilo fue el inicio de iglesias lo más pronto posible en los pueblos donde trabajó. El cuarto aspecto de su enfoque fue el estudio profundo de las religiones que se encontraban en el país. Carey sabía que sin entender las religiones y lo que la gente ya creía no era posible evitar el sincretismo. El quinto énfasis fue la capacitación de líderes indios para servir a las iglesias en la India. De hecho, Carey tenía la perspectiva que para ganar a todos los indios del país los indios mismos tendrían que hacerlo.[6]

La historia de misiones también nos introduce al misionero John Nevius. Él enfatizó una idea desarrollada por Rufus Venn y Henry Anderson de que la iglesia que puede reproducirse, sostenerse, y gobernarse a sí misma es la única que puede sobre-vivir sin la presencia y ayuda del misionero extranjero. Nevius había sido misionero en China antes de trasladarse a Corea donde él disfrutó de un ministerio misionero fructífero cuyos efectos continúan hasta hoy. Su filosofía era que la iglesia más saludable es la iglesia que no depende de jefes extranjeros, ni recursos económicos, ni esfuerzos de misioneros desde afuera. Otros misiólogos han añadido más "autos" a los de autogobernada, autosostenida, y autopropagado como autoteologizando. Esta idea enseña que la iglesia en una cultura debe pensar en cómo entender la Biblia y la teología desde adentro y en el contexto de su cultura en vez de importar su teología de los países de occidente.

En los 60s muchos misiólogos imaginaban que ya se había cumplido la Gran Comisión porque cada país tenía una iglesia. Sin embargo el misiólogo Ralph Winter consideró las experiencias y enseñanzas de los misioneros Cameron Townsend y Donald McGavran y concluyó que ni siquiera habíamos cumplido con la mitad de la Gran Comisión. Cameron Townsend era misionero en México y Guatemala donde él conoció a muchos indígenas que no sabían español. Le dio una pena al misionero Townsend porque era vendedor de Biblias en español y nadie podía aprovecharse de lo que vendía. Dios le dio al joven misionero el deseo y llamado para traducir la Biblia a los idiomas del mundo para proveer la Palabra de Dios para todos. En la misma época había un misionero en la India que se llamaba Donald McGavran. Él se frustraba por las divisiones entre las castas del hinduismo que prohibían la mezcla de personas de distintas castas en su sociedad. Juntando la experiencia de los dos misioneros, Ralph Winter se dio cuenta de que los habitantes de un país "alcanzado" o aún la misma ciudad pueden vivir aislados sin acceso al evangelio por causa de su idioma, casta, o nivel socioeconómico. Winter empezó una campaña para ayudar a toda agencia misionera y a los misiólogos a pensar en la obra misionera según los grupos étnicos del mundo. El éxito de Winter se puede ver en la realidad de que no hay nadie involucrado en misiones hoy que no tenga esta perspectiva.

En el año 1931 un misionero realizó su sueño de iniciar una emisora radial para evangelizar el mundo.[7] Este misionero de la radio se llamaba Clarence Jones y él estableció su emisora misión- era HCJB en Quito, Ecuador. El sabía que desde este punto en los Andes en el Ecuador del mundo sería posible alcanzar más gente del mundo con el mensaje del evangelio. Las letras asignadas a la emisora por el gobierno ecuatoriano también sugieren una representación del lema *Hoy Cristo Jesús Bendice,* y aunque no es lo que el gobierno quiere decir con estas letras, es lo que ocurre. El ministerio de Jones ha crecido al punto de que hoy no es solamente una emisora de radio sino *HCJB Global,* e involucra la radio, ministerio médico y capacitación de líderes por todo el mundo, y se utiliza cada tecnología imaginable.

El misionero Trevor McIlwain de la Misión Nuevas Tribus experimentó el éxito con una metodología de *Contar Historias Bíblicas Cronológicamente* desarrollada específicamente para culturas analfabetas, o lo que se llaman culturas orales. Con esta metodología el misionero empieza con la historia de la creación en el huerto de Edén y cuenta en orden las historias bíblicas más fundamentales hasta la cruz y resurrección de Cristo. De esta manera se provee una cosmovisión o base bíblica con la cual los oyentes pueden entender el mensaje del evangelio. Sin tal cosmovisión cristiana, tales culturas piensan en Juan 3:16 según las perspectivas animistas y se confunden. El *Contar Historias Bíblicas Cronológicamente* ha sido utilizado por muchas agencias y misioneros a centenares desde su inicio. De hecho, algunos predicadores y misioneros en el occidente también han visto mucho fruto con este método porque hay tanta gente oral en el mundo moderno –y cada vez más–.

> *Una filosofía de alcanzar a todo pueblo con el evangelio –no importa donde vivan– y el uso de estrategias para cumplirla a veces tiene que inventar metodologías nuevas para contestar desafíos nuevos.*

Una filosofía de alcanzar a todo pueblo con el evangelio –no importan donde vivan– y el uso de estrategias para cumplirla a veces tiene que inventar metodologías nuevas para contestar desafíos nuevos. Desde la caída del comunismo hemos visto tanto la apertura de muchos países que eran cerrados como también un promedio de tres países más que se cierran a misioneros evangélicos anualmente. Cuando el gobierno de un país prohíbe que misioneros reciban visas para entrar y vivir, los que quieren vivir como misioneros en estos países tienen que ser creativos. Por eso, algo común en las discusiones misioneras en estos días es el acceso creativo.

El acceso creativo muchas veces involucra el trabajo legítimo en un puesto aceptable para obtener acceso al país. No es precisamente *hacedor de carpas* como Pablo en el libro de *Hechos*. Los hacedores de carpas tienen que ganarse la vida por medio de un trabajo para proveer para sus necesidades. Más bien dicho, el acceso creativo es la razón oficial o el permiso legal para estar y vivir en un país. Por ejemplo, un hombre de negocios puede abrir una empresa en el país de servicio para proveer su "cobertura". Esto ocurre cuando una pareja misionera tiene un restaurante en un país para obtener una visa. En el proceso de ser dueños del restaurante están desarrollando amistades y relaciones personales con sus empleados y clientes para compartir el evangelio.

Hay una tensión ética que existe cuando el misionero tiene razón legal para poder vivir en el país pero verdaderamente no cumple con su compromiso. Por ejemplo, cuando el misionero obtiene su visa con la fachada de técnico en programas para computadoras pero ni siquiera tiene una computadora. Algunos candidatos van al campo misionero por medio del acceso creativo pensando que lo más importante es tener acceso para compartir el evangelio. Piensan que simplemente con el hecho de que los hermanos nuevos se den cuenta de que son misioneros no habrá ningún problema debido a que ya son cristianos. Pero, la experiencia de muchos durante las dos décadas de crecimiento de esta metodología demuestra que se sienten engañados y a veces regresan al mundo. Para ilustrar, sería como enamorarse de alguien y al casarse darse cuenta de que casi todo lo que su esposo(a) le dijo de su pasado es mentira. La decepción es fuerte y profunda y se pregunta ¿qué puedo creer?

Esta metodología crece cada año al iniciar o continuar la presencia misionera en muchos países. Por eso, vale la pena estudiar las opciones para ministrar en maneras agradables y adecuadas al Señor. Algunas pautas pueden guiarnos en nuestra consideración de este asunto. Primero, se debe asegurar de que está haciendo lo que ha dicho que va a hacer en la solicitud de su visa. Segundo, hay muchas opciones para entrar a países legalmente que son más adecuadas para permitirle desarrollar amistades y relaciones personales naturales en la vida diaria. Las relaciones son el contexto de un ministerio fructífero y por eso le ayudará su acceso creativo en dos maneras –la entrada y el cumplimiento de su ministerio–. Tercero, cuando sea posible escoja a una cobertura, o trabajo, que provee empleo a la gente en el país. Si el misionero llena un puesto que una persona nativa de aquel lugar podría hacer, el misionero queda como ladrón en cierto sentido. Si el misionero es mentiroso y no hace lo que dice en su solicitud para la visa, a veces queda con un mal testimonio cuando los demás se dan cuenta. Al contrario, cuando el misionero cumple con lo que ha dicho protege su reputación, se desarrollan amistades y relaciones personales, y es una bendición a los que necesitan trabajo.

Muchos misioneros han tenido éxito en muchas ramas de ministerio fuera de la obra misionera tradicional al vivir en otra cultura para predicar, discipular y sembrar iglesias. Después de la Segunda Guerra Mundial, muchos misioneros nuevos entraron el campo misionero en agencias nuevas. Por ejemplo, los pilotos que volaron en las fuerzas aéreas querían emplear sus destrezas con aviones para impeler el reino. Antes de la época de la aviación los misioneros tenían que sufrir aislados en las selvas y montañas lejanas sin rescate en tiempo de guerra, sin medicinas cuando eran necesarias, sin correo postal, y sin la opción de viajar a la "civilización" de vez en cuando. La aviación cambió la situación completamente y los pilotos llegaron a tener su propia y única manera para ser misioneros. La misma realidad ocurrió con el uso de la radio, la televisión, y el Internet, y en cuanto a las visas, los misioneros técnicos frecuentemente tienen acceso a países que están cerrados a misioneros tradicionales.

Algunos misioneros y sus agencias se enfocan en las imprentas y proveen la literatura necesaria para evangelizar, discipular y capacitar a los líderes regionales en los países del mundo. Tal literatura incluye Biblias en los idiomas distintos, folletos evangelísticos, o recursos de referencia para los seminarios teológicos. La historia ha visto también los misioneros que no son autores ni imprimen en una casa editorial sino misioneros que venden o reparten la literatura evangélica puerta por puerta. El fundador de los Traductores de la Biblia Wycliffe, Cameron Townsend, empezó su carrera misionera así. En los pueblos alfabetizados es esencial que esté disponible la literatura cristiana para que puedan crecer en su fe y tener líderes preparados para enseñarles a las siguientes generaciones.

Una de las metodologías misioneras más antiguas es el misionero médico. Se puede ver en la vida y ministerio de Jesucristo mismo. Los médicos tienen acceso inmediato a las preocupaciones y esperanzas de sus pacientes. Muchas veces solo se va al médico extranjero después de hacer todo lo que se puede para curarse. Por estar en tanta necesidad y ansiedad, las personas están abiertas a escuchar sus sugerencias para su salud física y espiritual. Las metodologías médicas se han expandido para incluir hospitales, clínicas, y las caravanas médicas de equipos misioneros de corto plazo.

Con los desafíos de acceso creativo muchos misioneros han obtenido visas para ministrar a los damnificados o refugiados donde hay desastres naturales como terremotos, erupciones de volcanes, huracanes, tsunamis, o guerras. Las agencias pueden proveer agua potable, atención médica, comida, o refugio y así ayudarle al gobierno a cuidar a sus ciudadanos. Por supuesto, los misioneros pueden ministrar en el nombre de Cristo, orar por la gente, y explicar la razón por la que llegaron para hacerlo y así evangelizar. Aún los países más cerrados y hostiles contra el evangelio cristiano están abiertos a la ayuda que se provee por medio de agencias y misioneros en tales momentos de crisis.

En los países donde hay hambres o donde es difícil arar y sembrar, las cosechas son muy pocas en comparación con la necesidad. Hay misioneros que han descubierto sistemas de agricultura para mejorar lo que los granjeros producen. Utilizando su conocimiento técnico pueden entrar al país, desarrollar relaciones con la gente, y ministrar por medio de su destreza agricultora. Por supuesto, un ministerio semejante es proveer agua potable o purificar el agua que ya tienen. Estos ministerios proveen tanta agua potable para sostener la vida como agua viviente para la vida eterna.

En el siglo XXI, el inglés es la lengua franca de negocios, computadoras, la medicina, y muchos aspectos más. Por eso, hay muchas personas en el mundo que quieren aprender el idioma. Los ministerios que enseñan inglés tienen la oportunidad de desarrollar amistades y ver aperturas para compartir el evangelio también. Relacionada con esta idea y la metodología de la alfabetización. Muchos se han dado cuenta de que sus oportunidades en el trabajo se limitan por su falta de educación. Los cristianos que no saben leer no pueden estudiar la Biblia tampoco y muchos quieren aprender.

Ya hemos visto la metodología de *Contar Historias Bíblicas Cronológicamente* que ha crecido mucho a partir de los 70s y hay otras metodologías para evangelizar y discipular sin la palabra impresa. Con estas metodologías se puede ver que una persona puede oír de Cristo y aceptarlo y recibir el discipulado y la capacitación sin saber leer. Sin embargo, entre mucha gente existe el deseo fuerte de leer la Biblia y estudiarla por su propia cuenta.

Hay filosofías, estrategias y metodologías que brotan de un deseo por cumplir con la tarea de la evangelización del mundo. Este es un motivo admirable, pero hay que tener cuidado porque en el proceso de aumentar la velocidad del evangelismo muchos han pasado por alto instrucciones bíblicas fundamentales. Debemos recordar que el Señor quiere que seamos fieles a la tarea más que cumplirla. No estamos sustentando la idea de terminar con la evangelización del mundo ni con el cumplimiento de la tarea misionera, sin embargo creemos que lo más importante es ser fieles a lo que Dios nos ha dicho en su Palabra.

Cuando *la necesidad por la velocidad* nos empuja y define todo lo que hacemos es inevitable que tomemos atajos, cambiemos, y/o reduzcamos las reglas y pautas. Otro peligro es medir todo lo que hacemos por calculadoras y matemática humana. Hay misiólogos y misioneros que no piensan que Cristo puede regresar hasta que hayamos cumplido con nuestra tarea, y por eso, han puesto todos sus esfuerzos en el cumplimiento. En su perspectiva el retorno de Cristo depende de nosotros y lo que hacemos. Si yo estuviera de acuerdo con ellos haría lo mismo. Pero Cristo nos ha dicho que su Padre ya tiene la fecha (Mt. 24:36) escogida y nadie puede ni adelantar ni postergar su mano soberana. Lo que nos toca a nosotros no es adelantar la fecha sino ser fieles para hacer todo de una manera agradable a él. Cuando estamos imaginando estrategias y metodologías que aumentan la velocidad de hacer la obra misionera, la trampa es juzgar a los que no nos ayudan como si fueran enemigos de lo bueno, lo correcto, y lo espiritual. Algunos misiólogos han inventado metodologías en armonía con *la necesidad de la velocidad.*

Una de las estrategias controvertidas es *los movimientos de plantación de iglesias.* En esta estrategia se enfoca en iniciar iglesias que inicien otras iglesias rápidamente, no por la adición, es decir no uno más uno, sino por la multiplicación. El propósito es que todas las etnias del mundo se involucren para alcanzar a su propia gente, porque francamente ellos pueden hacerlo mejor que nosotros. Esta estrategia parece lógica y sabia, pero el peligro es lo que los proponentes de esta idea mencionan como barreras a su éxito. Primero, dicen que los misioneros no deben iniciar las iglesias sino animar a que los nacionales lo hagan porque los extranjeros no entienden las culturas ni saben hablar los idiomas. También, se debe evitar la dependencia que puede ocurrir cuando la iglesia depende del misionero extranjero. Segundo, la velocidad de la multiplicación es impedida por la carencia de pastores y la mentalidad de que cada iglesia necesita su propio pastor. Tercero, los sistemas tradicionales para capacitar a pastores impiden la filosofía del movimiento que insiste en la velocidad. Cuarto, el movimiento prefiere considerar cualquier grupo de simpatizantes o cristianos como una iglesia –ya sea que tenga pastor capacitado o no–.

Esta estrategia no es solamente controvertida. El inicio de iglesias por los hermanos no capacitados es peligroso doctrinalmente y es terreno fértil para la herejía. Se puede ver en la Biblia que a Dios le importa que las iglesias tengan pastores preparados bíblica y doctrinalmente. En 2 Timoteo 2:15 Pablo dice a Timoteo: "Procura con diligencia presentarte a Dios aprobado, como obrero que no tiene de qué avergonzarse, que usa bien la palabra de verdad" y en 1 Timoteo 4:16: "Ten cuidado de ti mismo y de la doctrina; persiste en ello, pues haciendo esto, te salvarás a ti mismo y a los que te oyeren".

Se pueden ver las características de los pastores que Dios aprueba en 1 Timoteo 3:1-7 y Tito 1:5-9. Es claro, al ver estos pasajes, que Dios quiere pastores con ciertas calificaciones en las iglesias. Esta fue la razón por la que Pablo dejó a Tito en Creta: ..."para que corrigieses lo deficiente, y establecieses ancianos en cada ciudad, así como yo te mandé". Unos proponentes del movimiento dicen que las instrucciones en las Epístolas no importan porque la iglesia en los Evangelios es la iglesia que quiere sembrar. Sin embargo, la iglesia no nació sino hasta el día de Pentecostés, ¡cincuenta días después de la crucifixión de Cristo!

Los Evangelios de Mateo, Marcos, Lucas, y Juan nos cuentan de la vida de Cristo como folletos biográficos para evangelizar. El libro de Hechos nos cuenta algo de la historia de la expansión de la iglesia. Es en las Epístolas donde aprendemos qué es una iglesia, lo que las iglesias deben hacer, quiénes deben ser sus líderes, cómo deben ser estos líderes, etc. Es decir, es en las Epístolas donde Dios nos enseña acerca de las iglesias y no en los Evangelios ni en el libro de Hechos. Para iniciar iglesias que Dios aprueba hay que obedecer lo que él mismo ha revelado en su Palabra. Por supuesto queremos hacerlo con eficacia y con toda la rapidez posible, pero no debemos reducir ni cambiar la Novia de Cristo en algo nuevo. Finalmente debemos reconocer que *los movimientos de plantación de iglesias* son el equivalente a un avivamiento espiritual y solo Dios puede proveer esto. Debemos preparar las velas del barco pero solo Dios puede hacer soplar el viento.

Otra estrategia con sus metodologías controvertidas se encuentra en estos días en contextos musulmanes. Algunos misioneros que ministran entre musulmanes han experimentado con el uso del nombre Alá para referirse al Dios de la Biblia. El uso de ese nombre es controvertido entre ciertos cristianos porque en el contexto musulmán la palabra se refiere al dios de Mahoma y no al Dios verdadero. Pero, otros demuestran que los cristianos que hablan árabe han utilizado este nombre para referirse al Dios bíblico por siglos antes del nacimiento de Mahoma. Otro aspecto controvertido en este contexto es utilizar el Corán (el libro sagrado del islamismo) para evangelizar. Los proponentes misioneros explican que es posible hacerlo porque hay versículos del Corán que mencionan a Jesús con mucho respeto.

El uso de Alá para referirse al Dios de cristianismo no es una práctica controvertida solamente entre algunos cristianos, tampoco a los musulmanes les gusta la idea. Ellos insisten en que su Alá es el único dios y que él no tiene hijo. Por eso es muy ofensivo que algunos misioneros evangélicos empleen el nombre de Alá. De hecho, el país musulmán de Malaysia ha aprobado una ley que prohíbe el uso del nombre Alá por los cristianos para referirse al Dios de la Biblia.

En la misma línea controvertida otros misioneros han preparado una versión del Nuevo Testamento que habla de Jesucristo como "el príncipe de Dios" y no "el Hijo de Dios" porque quieren evitar la ofensa a los musulmanes. Aún peor, hay misioneros evangélicos que se presentan a sí mismos como "musulmanes". Dicen que la palabra en sí solo quiere decir "uno que se somete" y ellos razonan que ellos se someten a Dios, y por eso defienden su uso del término.

Hay peligros en el uso de Alá para referirse a Dios, la evangelización usando el Corán, y el presentarse como si fuera musulmán. Primero, muchos piensan en el misionero como un mentiroso cuando se dan cuenta de la verdad completa, y los misioneros deben evitar lo que puede traer vergüenza a la causa de Cristo. Segundo, podemos causar mucha confusión mezclando términos y libros sagrados, y se corre el riesgo de caer en la trampa del sincretismo. Los representantes de Cristo no deben fingir ni jugar un papel falso para evitar la persecución o engañar a sus oyentes. Cuando la gente misma reconoce sus metodologías las consideran mentiras, y no pueden emplearlas para glorificar a Dios.

Algunos misioneros emplean formas de islamismo en su ministerio cristiano para evitar la apariencia de ser tan extraños sin entender que muchas veces las formas llevan el significado en sí. Hay una escala que se ha inventado para describir los distintos niveles de "contextualización" que se ven en los modelos de iglesias en contextos musulmanes que se llama C1-C6. Esta escala indica que hay seis niveles reconocidos. El de C1 es una iglesia exactamente como una iglesia en occidente, incluyendo el idioma y la estructura –100% extranjera–. Los niveles de C2 a C5 se miden por los aspectos que parecen más cristianos o más musulmanes. La escala marca las distinciones de cada uno hasta C6 donde no hay iglesia de ningún tipo –solo cristianos secretos que continúan en el islamismo por causa de la persecución o por miedo–. Todos los niveles se crean en nombre de la contextualización. Por eso el término no tiene una buena reputación en la mente de muchos cristianos conservadores.

Otro aspecto de la contextualización se encuentra en las iglesias del occidente donde hay pastores que utilizan palabras profanas en el púlpito –aún en los cultos de los domingos–. Otros predican de relaciones sexuales con muchos detalles, y todo lo hacen en el nombre de la contextualización. Debemos decir que eso no es contextualización sino mercadeo. Solamente sería contextualización si los oyentes no pudieran entender el mensaje sin el uso de tales palabras. Imagínese una cultura donde la gente no puede entender las noticias por la televisión sin subtítulos que emplean palabras profanas e irreverentes. No existe una cultura así y por eso no debemos referirnos al uso de tal vocabulario como contextualización. El uso de vocabulario o temas así no es contextualización sino más bien revela un deseo de atraer cierto aspecto de la población, o bien de estar muy a la moda. La contextualización es una metodología misionera legítima que ha sufrido mucho por los abusos de personas que no la entienden.

La contextualización verdadera

Hay una filosofía bíblica de misiones que se puede llamar la filosofía "Un Dios Para Todos". La verdad es que hay un solo Dios, un solo Cristo, un solo Espíritu, un solo bautismo y una sola salvación para cada persona en el mundo. Nadie puede ser salvo sin recibir el evangelio y nacer de nuevo por medio de aceptar a Cristo como Señor. Por eso, todos necesitan oír las buenas noticias en una manera que tenga sentido para ellos –en su idioma, su dialecto, en una forma oral si es necesario– y todo lo que sea esencial para que ellos las entiendan. Los misioneros necesitan estudiar las culturas y sus cosmovisiones para poder ministrar en maneras culturalmente apropiadas. Al entender cómo hacerlo los misioneros contextualizan el evangelio y su ministerio en maneras fieles al mensaje de Dios y sensibles a la cultura.

Guillermo Carey salió de Inglaterra a la India en 1792. Esta fue la época del colonialismo. Durante esta época no les importaban mucho a los misioneros las culturas del mundo porque las consideraban primitivas. Los misioneros iniciaron iglesias exactamente como las que dejaron atrás en sus países de origen, cantaron los mismos himnos con los mismos instrumentos musicales y a veces sin traducirlos al idioma del país al que servían. Esta fue la época de no contextualizar en ninguna manera. Lo más importante para ellos era reproducir el cristianismo que conocieron en sus países natales.

Esta época cedió a una época de contextualización. Los misioneros se dieron cuenta del valor de las culturas, los idiomas, y las leyendas para entender a la gente y ministrar entre los indígenas. Por desgracia, se permitió mucho error y violencia hacia la pureza bíblica del evangelio en este período. Los misioneros enamorados de las culturas aceptaron las versiones indígenas del cristianismo y pasaron por alto muchas instrucciones bíblicas en su deseo de contextualizar el cristianismo.

La tercera época es de la contextualización crítica y fue la genialidad de Paul G. Hiebert.[8] Hiebert enfatizó la necesidad de mantenerse fiel a la Biblia y la importancia de entender la cultura para mantener el equilibrio. Él escribió que los misioneros deben considerar cuatro pasos en la contextualización para ser fieles a Palabra de Dios y sensibles a la cultura. Número uno, la exégesis de la cultura. De la misma manera que un pastor tiene que hacer una exégesis del pasaje antes de interpretarlo, el misionero debe hacerla en la cultura, y la hace escudriñando la cultura y sus costumbres. Aunque se ven muchos aspectos pecaminosos en el principio de un ministerio, Hiebert dice que no debe juzgarlos antes de entenderlos. Si los juzga el primer día y los condena, ninguno de ellos va a confiar en usted ni va revelarle más de su cultura. Es importante que primero los entienda.

Por ejemplo, al ver que la gente tiene fiestas con borracheras en las cuales se pelean, debe estudiar para saber por qué actúan así antes de exigir un cambio. Al investigar es posible que se dé cuenta de que así se construyen las casas. El dueño invita a la comunidad para construir una casa nueva y le toca a él proveer el alcohol para los obreros. Si el misionero solamente prohíbe tales fiestas, el cristianismo y él mismo parecerán extraños y Cristo como un Dios para los extranjeros.

El paso número dos es que, al hacer su exégesis de la cultura, la haga con el pasaje bíblico que esté enseñando. Junto con los nuevos cristianos en la comunidad el misionero puede estudiar pasajes que tratan sobre la embriaguez. De esta manera ellos pueden ver que la Biblia dice que es pecado hacer lo que han estado haciendo. Cuando el misionero estudia la Biblia con los hermanos nacionales, él puede explicársela profunda y detalladamente para que reconozcan lo que Dios ha revelado en su Palabra.

El paso número tres es permitir que ellos sugieran una alternativa. Por ejemplo, la costumbre de tomar alcohol en sus fiestas puede ser la única manera para obtener una casa construida. Cuando el misionero la prohíbe se dan cuenta de que todos los que aceptan a Cristo no tienen ninguna manera para construir sus casas.

El paso número cuatro es la solución sugerida por los hermanos, iniciada por la cultura misma en el proceso del discipulado. Esta solución puede ser tan fácil como que la fiesta tradicional continúa pero con comidas, Coca-Cola o Pepsi, y música cristiana con instrumentos y melodías tradicionales en vez de la borrachera.

El punto de este proceso de contextualización crítica es ser fiel a la Palabra de Dios, sensible a la cultura, y evitar el sincretismo – lo cual es una mezcla de dos religiones que resultan en una tercera–. La contextualización crítica también le ayuda al misionero a fundar una forma de cristianismo, ministerio, y un modelo eclesiástico que los hermanos nacionales pueden continuar sin la presencia del misionero. El valor de la presencia del misionero en el proceso es ser un cerco alrededor del proceso. Por eso el misionero debe tener una capacitación bíblica y doctrinal para poder intervenir cuando los hermanos se van más allá de las líneas permitidas o cuando no han involucrado todo el consejo de la Palabra de Dios. Pablo nos dio su perspectiva en la contextualización en 1 Corintios 9:19-23:

> Por lo cual, siendo libre de todos, me he hecho siervo de todos para ganar a mayor número. Me he hecho a los judíos como judío, para ganar a los judíos; a los que están sujetos a la ley (aunque yo no esté sujeto a la ley) como sujeto a la ley, para ganar a los que están sujetos a la ley; a los que están sin ley, como si yo estuviera sin ley (no estando yo sin ley de Dios, sino bajo la ley de Cristo), para

ganar a los que están sin ley. Me he hecho débil a los débiles, para ganar a los débiles; a todos me he hecho de todo, para que de todos modos salve a algunos. Y esto hago por causa del evangelio, para hacerme copartícipe de él.

Para la reflexión y la investigación:

1. ¿Cuál es la diferencia entre una filosofía, una estrategia, y una metodología?
2. ¿Por qué decimos que su eclesiología influirá en su metodología?
3. ¿Cuáles son los once pasos para formar una estrategia?
4. ¿Qué hizo Pablo por lo general en sus metodologías?
5. ¿Cuáles son los aspectos del legado del ministerio misionero de Guillermo Carey?
6. ¿Qué tienen en común los misiólogos Nevius, Venn, y Anderson?
7. ¿Cuáles misioneros nos dieron la idea y perspectiva de ministerio a grupos étnicos?
8. ¿Qué es la metodología *Contar Historias Bíblicas Cronológicamente* y por qué la usamos?
9. ¿Cuáles son las ventajas y los peligros de *los movimientos de plantación de iglesias*?
10. ¿Qué quiere decir contextualización?

Notas

[1] Weaver, Richard. *Ideas have Consequences* Chicago: University of Chicago Press, 1984.

[2] Edward R. Dayton and David A. Fraser. *Planning Strategies for World Evangelization*. Grand Rapids: Eerdmans, 1980.

[3] Allen, Roland. *Missionary Methods: St. Paul's Or Ours?* Grand Rapids: Eerdmans, 1962.

[4] Schnabel, Eckhard. *Paul The Missionary: Realities, Strategies And Methods - Realities, Strategies and Methods*. Downers Grove: InterVarsity Press, 2008.

[5] *Sati* era la práctica de quemar a la viuda viva del difunto en la pira funeraria. Carey batalló más de 25 años contra este aspecto del hinduismo antes de recibir el Edicto de Batinck prohibiéndolo.

[6] Neil, Stephen. *History of Christian Missions,* London: Penguin Books, 1964, 224.

[7] HCJB Global, "History HCJB Radio", Available online http://www.hcjb.org/History/radio-station-hcjb.html.

[8] Paul G. Hiebert, *Anthropological Reflections on Missiological Issues*, Grand Rapids: Baker, 1994, Chapter 4.

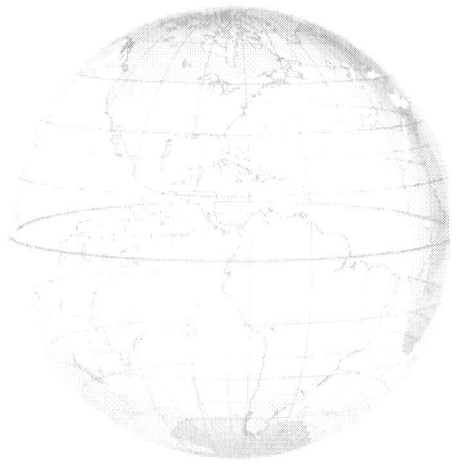

8
La Cultura y la Cosmovisión

Introducción

Los habitantes del mundo son unos seis mil millones y medio y cada uno tiene su propia personalidad, preferencias, estilo de vida, e idiosincrasia. Aunque son distintos individuos, podemos agruparlos según sus características generales. Llamamos a estos grupos "tipos de personalidad". De la misma manera, las culturas del mundo se pueden agrupar según sus tendencias, preferencias y aspectos peculiares. El propósito del estudio de las culturas y la comparación con la nuestra es para identificar su *culturalidad*.[1] No lo hacemos para evitar los lugares difíciles, sino con el fin de reconocer las trampas, los riesgos y peligros en la adaptación cultural para el misionero nuevo. Por ejemplo, si sabemos que una cultura pone énfasis en el tiempo según el reloj y la mía prefiere medir el tiempo por eventos y relaciones, entonces debo tener cuidado en las ocasiones donde podría ser un choque o una incidencia cultural.

El propósito del estudio de las culturas y la comparación con la nuestra es para identificar su culturalidad. No lo hacemos para evitar los lugares difíciles, sino con el fin de reconocer las trampas, los riesgos y peligros en la adaptación cultural para el misionero nuevo.

Este capítulo afirma la importancia de identificar la *culturalidad* y cosmovisión del pueblo en un campo misionero para poder presentar el evangelio de manera que tenga sentido. Aunque sería más fácil ministrar exactamente como lo hicimos en nuestra cultura natal, el misionero exitoso sabe que vale la pena estudiar la cultura para identificar posibles barreras al evangelio, evitar el sincretismo, y compartir las historias bíblicas tomando en cuenta la cosmovisión de los oyentes. El entendimiento de las culturas y sus cosmovisiones ayuda al misionero a desarrollar un paradigma de ministerio que le sirva en su deseo de alcanzar para Cristo a aquellos en el lugar donde esté sirviendo.

Son miles de culturas en el mundo de hoy las que hablan miles de idiomas y dialectos. En las últimas décadas desde la caída de la época del comunismo, un promedio de tres países se cierran anualmente a los misioneros evangélicos. A primera vista parece que será imposible cumplir con la gran comisión. Sin embargo, la verdad de que el Señor que nos la dio es también el Señor de la cosecha y Dios Todopoderoso nos anima. Considere lo que él mismo ha dicho:

> "Porque yo entiendo sus obras y sus pensamientos; tiempo vendrá para juntar todas las naciones y lenguas; y vendrán, y verán mi gloria" Isaías 66:18.
>
> "Porque la tierra será llena de conocimiento de la gloria de Jehová, como las aguas cubren el mar" Habacuc 2:14.
>
> "Después de esto miré, y he aquí una gran multitud, la cual nadie podía contar, de todas naciones y tribus y pueblos y lenguas, que estaban delante del trono y en la presencia del Cordero, vestidos de ropas blancas, y con palmas en las manos" Apocalipsis 7:9.

El Señor tendrá su voluntad perfecta en todo lo que ocurre en el mundo y nadie podrá detener su mano. A él sea la gloria. Algo mucho más interesante para mí es lo que Juan menciona que él vio alrededor del trono de Dios en la última cita. En el relato él describe el escenario celestial con representantes de toda cultura del mundo. Esto nos da la garantía divina de que tendremos éxito en alcanzar a los habitantes del mundo. También podemos ver que un rasgo de distinción cultural continúa aún en los cielos. No debemos ser dogmáticos sobre este punto porque no sabemos precisamente como seremos en los cielos pero me anima saber que Juan podía ver las culturas y no solamente personas.

Asuntos culturales

Base bíblica

Se pueden ver muchas culturas por las páginas de la Biblia pero no se emplea la palabra *culturas* en este sentido sino palabras como *familias, clanes, gentiles, naciones,* etc. Con la caída de Adán y Eva, el pecado entró al mundo. De hecho, uno de sus hijos mató al otro. Al hundirse más y más en pecados la raza humana recibió el juicio de Dios. Todos los seres humanos murieron con excepción de Noé y su familia. Pero inmediatamente después del diluvio el pecado empezó de nuevo. El Señor le había dicho a la primera pareja: "Fructificad y multiplicaos; llenad la tierra, y sojuzgadla, y señoread en los peces del mar, en las aves de los cielos, y en todas las bestias que se mueven sobre la tierra". (Gn. 1:28) Pero en vez de hacerlo los habitantes del mundo se agruparon para construir una torre alta. Parece que ellos querían tener un lugar alto para escaparse en caso de que viniera otro diluvio. El Señor los juzgó una vez más pero en este juicio él los dividió por familias, o clanes, o naciones (depende de cómo su Biblia traduzca la palabra hebrea) con idiomas distintos. Este relato se llama la Torre de Babel con la tabla de las naciones y se encuentra en Génesis 10 y 11. Justo en el capítulo siguiente, se ve el llamado de Abram donde el Señor le dijo que todas estas mismas familias (o clanes o naciones) del mundo serían benditas en él. Por todo el Antiguo Testamento se pueden ver referencias a las naciones y el amor, cuidado, y plan que Dios tiene para ellos. Aunque muchos piensan en el Antiguo Testamento como un libro de Dios y los hebreos, no es así. Dios siempre ha tenido amor e interés en las culturas de su creación. Se puede ver en muchos salmos como el Salmo 67 que Dios quiere adoración de ellos. Encima de la lista de personas no judías que se unieron a la nación de Israel con la bendición y bienvenida de Dios, se puede ver en el linaje de Cristo mismo personas que no eran hebreas (como Rut). Si no tuvieramos otro pasaje en el Antiguo Testamento tenemos el libro de Jonás para demostrar el amor que Dios tiene para las naciones.

Podemos ver el amor divino para con las culturas por todo el Nuevo Testamento pero la idea brilla en la Gran Comisión. En este pasaje Cristo dice: "Y Jesús se acercó y les habló diciendo: Toda potestad me es dada en el cielo y en la tierra. Por tanto, id, y haced discípulos a todas las naciones, bautizándolos en el nombre del Padre, y del Hijo, y del Espíritu Santo; enseñándoles que guarden todas las cosas que os he mandado; y he aquí yo estoy con vosotros todos los días, hasta el fin del mundo. Amén". (Mt. 28:18-20)

En este pasaje Cristo habla de la necesidad de hacer discípulos. Muchos han pensado en el verbo imperativo *Id* como lo más importante del pasaje. Aunque este verbo es una parte de la comisión, la idea principal y el único verbo en forma imperativa es *hacer discípulos*, los demás *ir, bautizar,* y *enseñar* son participios. Por supuesto son parte de la comisión y por eso sabemos que debemos ir por el mundo predicando el evangelio, discipulando, bautizando, y enseñando a las culturas del mundo. Digo *culturas* y no naciones porque Cristo dice en griego *"panta ta etne". Panta* es una palabra griega que quiere decir todo, como la carretera panamericana que va por todas las Américas. *Ta* es el artículo determinado y *etne* se traduce en castellano como naciones pero se puede oír la palabra etnia.

Hace años muchas iglesias pensaban que habíamos terminado con la Gran Comisión porque había una iglesia en cada país del mundo. Pero Cristo no nos envió a los países sino a las etnias, grupos étnicos, o culturas. En el mundo de hoy existen unas 27.000 culturas. Desde la época de Cristo hemos alcanzado a unas 14.000 pero 13.000 culturas no han oído el evangelio, muchos ni siquiera han oído el nombre de Jesús. Al pensar en la dificultad de cruzar las fronteras geopolíticas, aprender los idiomas, sostener la vida económicamente en otro país, los peligros, y mucho más, la esperanza de tener éxito resulta ser débil. Sin embargo, como ya hemos visto, Juan dice en su visión del trono de Dios en los cielos que sí vamos a cumplir con todo.

Cultura

La cultura de un grupo étnico es su forma de vivir en sociedad. La idea incluye todos los aspectos de su vida, familia, hogar, trabajo, idioma, religión, matrimonio, comida, música, leyes, gobierno, y muchos aspectos más. Los misioneros necesitan entender la cultura del pueblo donde van a ministrar. La cultura consiste de todas las reglas, expectaciones, comportamiento culturalmente apropiado, saludos, etc. en un grupo de personas. Una definición del antropólogo británico del siglo XIX Edward B. Tylor dice que cultura es "ese todo complejo que incluye conocimiento, creencia, arte, moral, ley, costumbre y cualesquiera otras capacidades y hábitos adquiridos por el hombre como miembro de una sociedad".[2] De su definición podemos ver que ese todo complejo incluye todo aspecto de vida que comparten todos los habitantes en un grupo. No es natal, es decir, nadie llega al mundo con su cultura determinada por su parentesco. Aprendemos nuestra cultura por un proceso que se llama enculturación. Recibimos la cultura de nuestros padres, hermanos, amigos, maestros, eventos, la radio, el Internet, las películas del cine y todas las experiencias de la vida. Lo difícil es que cuando viajamos a otro país y aprendemos que la gente allí tiene una nueva cultura, tiene su propia manera de vivir que nos parece muy extraña. Sufrimos un choque cuando nuestro sistema de vivir no funciona. Poco a poco entramos en un periodo de rechazo de la nueva cultura y sufrimos por este choque cultural.

Choque cultural

Al llegar a una cultura nueva estamos muy emocionados por haber llegado por fin al campo misionero, lo cual es la culminación de nuestros sueños y oraciones. Nuestra iglesia nos afirmó en el llamado misionero y levantamos el sostén económico para servir en otro país. Pero después de darnos cuenta de que no podemos encontrar nuestra comida preferida, ni pasar tiempo con amigos, ni siquiera adorar como hicimos antes, los momentos de rechazo empiezan. La tendencia en este período es construir una isla de su propia cultura en casa; escuchando música conocida, cocinando la comida preferida, platicando con amigos de su país natal por el Internet, y en cierto sentido cerrando la puerta al mundo afuera de su casa. Algunos misioneros en la etapa de rechazo tienden a emplear pronombres como "ellos" y "nosotros" en sus conversaciones y se burlan de la gente en la nueva cultura adonde han ido a servir. Sin querer, poco a poco, pasan a vivir separados de la cultura y solo entran el mundo nuevo de vez en cuando para hacer un poco de ministerio entre ellos. Hay esperanza y una avenida de escape. Al aprender el idioma, apreciar el humor, la música, la comida, el ritmo de la vida, y el sistema de reglas para comportarse en formas culturalmente apropiadas, los misioneros salen de la trampa del rechazo. Pero obviamente requiere que los misioneros se metan en la cultura para adaptarse a ella.

Una advertencia: Debe tomar en cuenta que hay tres maneras para salir y dos de ellas no son saludables. Tristemente, algunos misioneros tratan de identificarse demasiado con la nueva cultura. Es decir, quieren eliminar todo aspecto de su propia cultura; hablando solo el nuevo idioma, fingiendo ser ciudadano del nuevo país, olvidándose de sus parientes en su país de origen, y suprimiendo toda su vida antes de llegar al nuevo país. No es posible hacerlo y es además una ofensa a Dios. La persona que usted es con todas sus experiencias que Dios le ha dado es un regalo de él y no debe desecharlo. Otros misioneros no salen muy bien librados en el otro extremo. Ellos nunca aceptan a los demás en la nueva cultura como personas iguales a ellos mismos y no quieren continuar en el nuevo país. Por desgracia, muchas veces su esposo(a) (depende del caso) puede ser buen misionero, o una buena misionera, pero su ministerio sufre por causa de la actitud de otros en la familia. La manera adecuada para salir de la etapa de rechazo es una aceptación de la nueva cultura y el proceso de aculturación. Al aprender y apreciar muchos aspectos de la nueva cultura el misionero puede vivir con menos estrés y tensión según las reglas y normas apropiadas.

Una cosa más que es muy importante en este proceso es saber cuál fue la razón por la cual el sufrió tanto. Él no pudo adaptarse y aceptar todo lo nuevo porque era diferente, es decir no normal. Pero con tiempo él misionero cambia. Lo que no era normal en el principio y que le causó un choque por fin se acepta como normal. Por eso, cuando él regresa a su país y su propia cultura sufre un choque cultural, al revés. No será tan fuerte como el primer choque ni tampoco dura tanto tiempo pero por ser inesperado a veces le causa más conflicto interno. El choque cultural al revés es lo que se sufre al regresar a casa y a la iglesia que lo envió al ver los prejuicios, desperdicios, preferencias, prioridades no bíblicas que no vio antes de salir como misionero. Posiblemente se han operado muchos cambios en su ausencia también y por eso no se siente cómoda ni "en casa" al regresar. Muchos han dicho que los misioneros, y especialmente sus hijos, se sienten más cómodos en el avión entre los dos países que en cualquiera de ellos.

Sistemas culturales

Misioneros y antropólogos han diseñado sistemas para ayudarnos a entender la culturalidad.[3] La ventaja de tener sistemas así es que tenemos un método para categorizar las etnias, su cultura y sus tendencias, preferencias, estilos de comunicación, y muchos aspectos más. Por ejemplo, los antropólogos hablan de la tendencia de una cultura de ser más colectivista y estar orientada por el grupo o a ser más individualista. El misionero puede ver las implicaciones de ser miembro de una cultura colectivista ministrando en una que es más individualista (o al revés).

Los antropólogos hablan también de grupos que ponen énfasis en la jerarquía o distancia del poder que las culturas tienen. En un grupo que no está distante del poder, el presidente de la empresa es una persona conocida por su primer nombre y nadie lo considera superior a nadie. Por otro lado, las culturas jerárquicas de una distancia larga siempre usan su título y lo consideran como persona más valorizada.

Existe también la idea de culturas que se consideran más femeninas o masculinas. Las femeninas son aquellas donde a ellos les importa mucho el confort y la salud de los demás mientras las masculinas son las que ponen énfasis en la competencia y ambición personal. Hay culturas que valoran su privacidad y otros que quieren incluir a todos en cada actividad. Este aspecto se extiende a la hospitalidad y hasta lo que pertenece a una persona. A una persona de las culturas de inclusión no le importa a quién pertenece una bicicleta. Si la bicicleta está disponible otra persona puede utilizarla sin pedir permiso.

Otra división entre tipos de culturas es la orientación por el deber o por las relaciones. Los que sienten la responsabilidad de cumplir con deberes lo hacen mientras las personas del otro tipo prefieren pasar tiempo con amigos hayan cumplido con sus deberes o no. Para ellos las relaciones son más importantes y reciben más tiempo, consideración, y énfasis.

Podemos dividir las culturas del mundo también según sus idiomas y su estilo de comunicarse, es decir, si son directas o indirectas. Cada cultura usa su idioma por dos razones principales: 1. Para comunicar verdades, hechos, e información. 2. Para mantener buenas relaciones. En las culturas directas se usan estas dos razones en este orden. Para ellos es muy importante decir la verdad y comunicar información correcta. Es importante mantener buenas relaciones también, pero lo más valorizado es la verdad. Culturas de comunicación indirecta emplean su idioma con énfasis en el orden opuesto. Debido al énfasis en mantener buenas relaciones a veces la verdad sufre. Pero esta "mentira blanca" está bien en esa cultura porque han amado a la otra persona con su uso del lenguaje y se han comunicado en una forma culturalmente apropiada.

Ajustarse al cambio de hora y estar a tiempo en los eventos de la vida es algo que genera mucha discusión porque este aspecto causa tensión y choque cultural desde el primer día. El misionero de una cultura relacional que sirve en un país donde se pone énfasis en el reloj para medir las divisiones de su día sufre un choque si el culto debe empezar a las 11:00 a.m. y no empieza sino hasta las 11:30 a.m.. Algunos se quejan porque el culto empezó atrasado y los hicieron malgastar su tiempo. El misionero se defiende diciendo: "Es tiempo para empezar cuando todos los que vienen han llegado. Si hubiéramos empezado antes de su llegada eso los ofendería". El uno necesita entender al otro. Algunas culturas en el África han dicho a los misioneros de occidente que los misioneros tienen relojes pero los africanos tienen tiempo.

Es importante estudiar las culturas de donde somos para entender nuestras preferencias culturales y las culturas donde trabajamos para entender la razón por la cual las personas hacen lo que hacen. De esta manera podemos anticipar choques, evitar los malentendidos y evitar ofender o ser ofendidos. Es fácil imaginarse cuántos problemas pueden resultar cuando personas de un tipo de cultura ministran en otro contexto sin reconocer ni entender las diferencias y sin tomarlas en cuenta en su ministerio. El estudio de la antropología cultural ha sido una bendición para miles de misioneros y se puede ver que muchos problemas del pasado, incluso guerras, pudieron haber sido evitados con un estudio de culturas y cosmovisiones.

Cosmovisión

La cosmovisión disfruta de una relación simbiótica con la cultura, es decir la cosmovisión de un grupo étnico está relacionada con, brota de, e influencia la cultura. La cosmovisión de un grupo es cómo piensan en el universo, es decir ¿qué es real?, y contesta preguntas como: "¿De dónde somos?", "¿a dónde vamos cuando morimos?", "¿de dónde viene la enfermedad?" y todas las preguntas más grandes del ser humano. Es importante identificar la cosmovisión de un grupo étnico porque sus miembros interpretan todas sus experiencias en armonía con su perspectiva. Si el misionero no ha estudiado la cosmovisión no va a comunicarse eficazmente. Por ejemplo, los hindúes creen en la reencarnación, el karma y la división de personas por casta. El vivir bien en la casta en que nació permite que una persona renazca y avance a un nivel más alto. La meta es cumplir con todas las reencarnaciones y reunirse con el brahmán llegando al nirvana para terminar con el ciclo repetido. El misionero que no ha estudiado la cosmovisión hindú pero quiere compartir el evangelio va a preguntar: "¿Quiere nacer de nuevo?" y el hindú dirá: "No gracias, ya lo he hecho muchas veces, quiero parar de hacerlo". Entonces el misionero confundido le preguntará: "¿Quiere tener la vida eterna?" y el hindú le responderá: "No gracias, desafortunadamente ya la tengo". Ninguno de los dos puede entender al otro sin entender su cosmovisión.

> *Lo que se puede decir de la cultura y la cosmovisión es que son ideas esenciales para estudiar y entender en el ministerio eficaz. Las implicaciones misiológicas se encuentran en una lista sin fin.*

Lo que se puede decir de la cultura y la cosmovisión es que son ideas esenciales para estudiar y entender en el ministerio eficaz. Las implicaciones misiológicas se encuentran en una lista sin fin. Cuando el misionero llega a otro lugar, con otra cultura, le cuesta vivir allí porque lo que hacen es nuevo, distinto y no tiene sentido para él. De la misma manera, lo que él hace no tiene sentido para las personas en la nueva cultura si el misionero no entiende la cultura y cosmovisión para contextualizar su ministerio. Las personas interpretan sus experiencias por su cosmovisión. A veces se encuentran personas que viven en la selva y que explican el origen de la raza humana utilizando leyendas que involucran un animal mítico. Para ellos no tiene sentido el mensaje del misionero cuando él predica del Creador en Génesis 1, pero el misionero no lo sabe. Sus oyentes tienen que interpretar su mensaje por medio del contexto que su cosmovisión les provee y entonces el resultado es el sincretismo. El sincretismo se da cuando dos religiones se mezclan en una que ni es la primera ni tampoco la segunda. La única manera para evitar esta tragedia herética es estudiar y entender lo que ya se cree.

Comunicación no verbal

Cada cultura usa su idioma a su propia manera. La comunicación es mucho más que el lenguaje o idioma propio, es también un sistema para comunicarse que incluye muchos componentes más y no solamente los verbos, los sustantivos, los adjetivos, y la gramática. El sistema de comunicación en una cultura consiste de la forma específica de comunicarse utilizando su idioma o dialecto. No es suficiente decir que la gente de la cultura a quienes servimos o vamos a servir habla cierto idioma. Hay muchos dialectos de los idiomas del mundo. Por ejemplo, hay más de 6.900 idiomas principales en el mundo de hoy pero tomando en cuenta los dialectos el número aumenta a más de 12.000.

El profesor de misiones Donald K. Smith ha escrito acerca de los doce sistemas que las culturas del mundo utilizan para comunicarse.[4] Él dice que las culturas emplean un sistema para comunicarse en su forma peculiar así como también hablan distintos idiomas. Los doce sistemas son: verbal (palabras), escrito (símbolos que representan el lenguaje), números (numerología), ilustraciones (representaciones de dos dimensiones), artefactos (radio, pistola, e insignia de un policía), audio (el uso de sonidos no verbales y el silencio), quinésica (movimientos del cuerpo, expresiones de la cara, y la postura), óptico (el uso de la luz y los colores), táctil (el uso de los sentidos de tocar y sentir), espacial (utilización del espacio), temporal (utilización del tiempo), y olfato (el uso de olor y sabor). El Dr. Smith mantiene sabiamente que las culturas utilizan cada uno de estos aspectos a su propia manera precisamente como tienen su propio lenguaje o dialecto. El estudio para entender la manera cultural para emplear cada aspecto ayuda al misionero en su esfuerzo para entender, comunicarse y ministrar entre aquellos a quienes sirve.

Un aspecto de la comunicación no verbal que se debe estudiar desde el principio es el lenguaje corporal. Esto tiene que ver con la distancia entre dos personas en una conversación y lo que hacemos con los ojos y las manos. Por ejemplo, en los Estados Unidos de América, dos personas que platican se ponen de pie a una distancia de un metro más o menos en conversaciones informales. Una distancia menor invade el espacio personal. Cada vez más en el ambiente legal estadounidense, la concientización de derechos personales, y el deseo de evitar acoso sexual las personas prefieren no tocar. Otro asunto es que en sus conversaciones ellos prefieren que el que habla mire a los ojos del oyente. El no hacerlo puede comunicar deshonestidad o falta de sinceridad. En América Latina y otras partes del mundo la distancia es menor, el uso de sus ojos puede variar, y está bien poner la mano en el brazo o el hombro de otra persona en una conversación.

> *El comunicarse bien es la esencia de un ministerio misionero eficaz. Por supuesto, hay que estudiar el idioma, pero también es muy importante estudiar cómo la cultura lo emplea si es que quiere comunicarse bien.*

El comunicarse bien es la esencia de un ministerio misionero eficaz. Por supuesto, hay que estudiar el idioma, pero también es muy importante estudiar cómo la cultura lo emplea si es que quiere comunicarse bien. Aún en la cultura misma del misionero se pueden ver conferencias sobre el mejoramiento de la comunicación entre gerentes y empleados, maridos y esposas, o padres y adolescentes. Por supuesto entonces es lógico que personas de culturas distintas estén en riesgo de tener mala comunicación si no va precedida de estudio y esfuerzo.

Alfabetismo y oralidad

Los eruditos dicen que cuando Cristo caminaba por las orillas del mar de Galilea sus oyentes eran más de 90% analfabetos. En aquellos días solamente las personas como gobernadores, fariseos, escribas, y sacerdotes eran alfabetos. Por eso Cristo les predicó a los analfabetos utilizando parábolas e historias para enseñar. Aunque nos parece extraño, todo el mundo continuó así por siglos. De hecho, cuando nació la Reforma en 1517, 90% de Europa era analfabeta y solo los sacerdotes y escribas sabían leer. Pero el invento de Johann Gutenberg en 1455 empezó a cambiar todo el mundo de entonces, casi como el Internet ha cambiado el nuestro. Ese invento fue una imprenta que le permitió copiar Biblias rápidamente en vez de demorarse años como antes sucedía con los monjes que las copiaban a mano. Los cristianos aprendían a leer para aprovechar la disponibilidad de las Biblias, sermones, liturgias, y misas que Gutenberg les proveía. El investigador eclesiástico Jim Slack ha dicho que después de la imprenta de Gutenberg el cristianismo ha caminado con pies alfabetos.

Desde entonces los misioneros cristianos han iniciado iglesias por todo el mundo, y al lado de la iglesia muchos han establecido escuelas. Para nosotros el alfabetismo tiene un valor muy alto e importante. Aunque no debemos hacerlo, muchas veces consideramos a los analfabetos como inferiores, así como pensamos de los drogadictos o los alcohólicos. La verdad es que una persona puede escuchar el evangelio, aceptar a Cristo, ser discipulado, crecer como cristiano, pastorear una iglesia, servir como misionero e ir a los cielos cuando muera sin saber leer ni escribir. Aceptamos esta verdad al considerarla pero es una idea nueva para muchos.

La iglesia cristiana se ha expandido por el mundo utilizando el alfabetismo porque somos alfabetos. Un 80% de las iglesias evangélicas se encuentra en el 20-25% del mundo que tiene alfabetismo alto. Alfabetismo alto se refiere a una persona que sabe leer, y al leer un libro de un tema no conocido, puede pensar en lo que ha leído y escribir una reacción del libro. Solo una persona de cada cinco en el mundo puede hacerlo. Sin embargo, nuestras metodologías para evangelizar, discipular y capacitar a líderes requieren esta habilidad. Menos del 10% de los recursos cristianos son diseñados para la parte del mundo oral, es decir la parte que no sabe leer ni escribir. Necesitamos estudiar las etnias y sus culturas para discernir su porcentaje de alfabetismo u oralidad y utilizar metodologías diseñadas precisamente para ellos.

Una de las metodologías para comunicar el evangelio, discipular y capacitar entre culturas orales es contar historias bíblicas cronológicamente. Este sistema de evangelizar toma en cuenta el hecho de que las culturas orales tienen una lógica y un sistema para comunicarse, enseñar, y procesar información nueva que es muy distinta de la nuestra. Por ejemplo, en culturas alfabetas empleamos silogismos para razonar, o enseñamos con bosquejos, puntos, o pasos en un plan. A las personas de culturas orales este modelo no les sirve. Ellos prefieren que se les comunique por medio de historias, proverbios, cantos, drama, u otra forma narrativa. Al pensar en la verdad de que Cristo utilizó esta forma por la misma razón, no debemos titubear en emplearla. Por ejemplo, Cristo pudo haber predicado un sermón de tres puntos como los nuestros para comunicar el amor de Dios para con todos. Pero en vez de hacerlo Cristo contó tres historias para comunicar un punto principal. En Lucas 15 Cristo contó las historias de la oveja perdida, la moneda perdida, y el hijo perdido (pródigo). Las tres historias tenían la misma enseñanza: lo que se había perdido era precioso para la persona que lo había perdido y había mucho gozo cuando era restaurado. Las culturas orales pueden entender, recordar, y así repetir historias como estas a otros en sus familias y comunidades. Por eso, vale la pena estudiar las mejores maneras para comunicarnos con ellos utilizándolas.

Es importante comunicar el evangelio a los que nunca lo han oído en una forma que se pueda entender y lo más pronto posible. El deseo de todos los misioneros es que las personas en otras culturas del mundo tengan Biblias en su idioma, personas capacitadas que sepan leer, y maestros para continuar la enseñanza hasta que Cristo venga. Pero, hay que empezar donde las culturas están y no donde preferiríamos que estuvieran. Con culturas orales, esta verdad nos dice que los misioneros tienen que aprender cómo se piensa y se comunica entre ellos, a fin de emplear la forma adecuada en su ministerio.

Familia

Los misioneros estudian los sistemas de familias en los países del mundo para ministrar entre ellos. Cada cultura tiene una forma de matrimonio que incluye el entendimiento de las personas aceptables con quien se puede casar. Los hombres en algunas culturas practican formas de obtener sus esposas que son muy diferentes que las nuestras. Por ejemplo en varios países es común atacar y secuestrar a una mujer atractiva y mantenerla prisionera hasta que haya aceptado su circunstancia como la esposa del secuestrador. Otras tienen matrimonios arreglados desde la niñez por sus padres. Aún otras buscan un romance persona por persona hasta aceptar a una persona adecuada. Al basar su matrimonio en el romance frecuentemente se divorcian cuando no sienten la misma emoción que tenían al principio.

La pregunta en muchas culturas es "con quién puedo casarme". En culturas endógamas tiene que casarse con alguien de su propia etnicidad o cultura. Los judíos deben hacerlo así aunque a veces cambian esta práctica. Los chinos siempre han sido endógamos. El otro lado del continuo es una cultura exógama. Ellos insisten en que se case con una persona de afuera. Los antropólogos dicen que las culturas han desarrollado normas y reglas así para cuidar a su etnia. Por ejemplo, los exógamos es probable que quieran aliarse con otras culturas por la protección y recursos que están disponibles en otras comunidades.

La idea de la monogamia que practicamos como cristianos es algo extraño para otras culturas. Culturas que practican la poligamia permiten que una persona tenga varios esposos o varias esposas. La poliginia es la práctica de tener más de una sola mujer y poliginia sororal es tener más de una mujer que son hermanas (como se encuentra en el Antiguo Testamento). Poliandria es tener más de un solo marido y poliandria fraternal es tener más de un marido donde todos son hermanos. Se ve este sistema en las montañas de Himalaya donde varios hermanos comparten una sola esposa. Tenemos la enseñanza bíblica que habla del sistema de familia que agrada al Señor que debemos enseñarles, pero también necesitamos entender lo que practican y cómo lo han hecho por siglos antes de nuestra llegada.

Misioneros necesitan estudiar a la familia para averiguar quién toma las decisiones en ella. Muchos misioneros han tenido ministerios con niños y los padres lo han aceptado. Cuando los misioneros comparten el evangelio con los padres ellos lo rechazan porque ya piensan en el cristianismo como algo para los niños. Si no entendemos las culturas y sus sistemas donde estamos trabajando, no podemos evitar fracasos así.

Las culturas deciden cuales son los papeles esperados de los miembros de la familia. La familia es muy importante en casi todas las culturas y en algunas maneras funciona como una sociedad pequeña con seguridad, gobierno, educación, y todo en la familia misma. En algunas culturas, cuando un hijo se casa con una muchacha, la nueva pareja vive con la familia del marido por un año. En este año sus padres les enseñan a él y a su esposa cómo vivir juntos como esposos. La familia tiene más importancia de lo que el misionero puede imaginar. Si el misionero no entiende este sistema le puede causar choques. Por ejemplo, si por sus enseñanzas los hijos de hindúes o musulmanes sienten el permiso y la necesidad de rebelarse contra las reglas de sus padres, especialmente cuando no sea necesario bíblicamente, él podría ofender a tal grado que se le cierre la apertura que tenía para el ministerio.

Identificación religiosa

La Biblia nos enseña cuales son los papeles apropiados de hombres, mujeres, e hijos en una familia. Para muchos de nosotros, no hubo un cambio radical cuando aceptamos a Cristo. Ya vivíamos en sistemas bíblicos que estaban de acuerdo con la cultura de donde somos. Pero en contextos musulmanes es aceptable tener hasta cuatro esposas. En otras culturas la madre es la cabeza de la familia y no el marido. La doctrina bíblica que nos enseña que el hombre debe ser líder de su familia y de la iglesia es radical. Debemos tomar en cuenta que la familia es muy importante por muchas razones pero más que nada es importante porque la Biblia la utiliza para enseñarnos acerca del orden de la iglesia, de la subordinación funcional de Cristo hacia al Padre, y de nuestra relación con Cristo. Nadie puede enseñar la Biblia en contextos así sin corregir sistemas equivocados en cuanto a la organización de las familias.

En cada programa de antropología cultural de las universidades los estudiantes tienen que estudiar las religiones. No estudian las religiones porque a la universidad le importa el concepto; se estudian las religiones porque cada cultura del mundo tiene este aspecto. Cada cultura tiene una religión porque cada ser humano sabe que hay un Creador (Sal. 19:1-4, Ro. 1:18-20) y que ha pecado contra este Creador (Ro. 2:14, 15). Esta verdad afecta a cada ser humano (Ro. 3:23). Por eso, las culturas del mundo han diseñado sistemas para restaurar la relación con el Creador que su pecado ha destruido. Estos sistemas se llaman religiones. Etimológicamente, la palabra quiere decir atar de nuevo. *Re* es un prefijo que significa hacer algo de nuevo y *ligion* viene del latín que significa ligar o atar. Los sistemas religiosos involucran sacrificios, oraciones, obras buenas, y una búsqueda a Dios por medio de mediadores tales como los sacerdotes. Solo en el cristianismo no tenemos un sistema así. Por eso, el cristianismo no es una religión sino una relación. No fue mi idea sino la idea de Dios, no ofrecí yo el sacrificio sino que Dios ofreció el Sacrificio para salvarme a mí.

> *Cada cultura tiene una religión porque cada ser humano sabe que hay un Creador (Sal. 19:1-4, Ro. 1:18-20) y que ha pecado contra este Creador (Ro. 2:14, 15)*

Pero la verdad de que cada cultura tiene una religión es muy importante. Su religión inventada no los puede salvar pero es algo que aceptan y en lo cual han creído por años. Cuando el misionero llega predicando el cristianismo sin estudiar lo que ya creen es probable que sus oyentes entiendan su mensaje con el trasfondo religioso que ya tienen. Los conceptos de dioses, espíritus, poderes, el mundo de los difuntos, etc. que ya creen se aplican a lo que el misionero predica. Aún más, ellos piensan en el misionero como mediador religioso y le dan el estado o imagen de chaman, curandero, o sacerdote.

La gran mayoría de las culturas de los campos misioneros tradicionales es animista. El animismo es un sistema religioso que cree que cada ser, montaña, nube, animal de la selva, el mar, el sol, la luna, las tormentas, y todo objeto tiene un espíritu o alma. Creen que hay muchos espíritus creados benevolentes en el mundo que les ayudan, otros malignos, y otros neutrales. Los chamanes u otra persona capacitada pueden manipularlos para ayudar o dañar a los demás. Estos espíritus, poderes, magia, hechicería, y miedo de los mismos gobierna toda la vida de personas atrapadas en estos sistemas.

Lamentablemente, muchos misioneros no tienen ni una idea de que la gente vive toda su vida envuelta en esta cosmovisión. Sin saber nada de esta perspectiva, por supuesto no la mencionará en sus sermones y no la toma en cuenta en su ministerio. El resultado es que la gente continúa con estos aspectos de la vida y los mezclan con lo que el misionero les lleva. La única persona que no tiene una idea de lo que pasa es el misionero. En estos casos el sincretismo florece en vez del cristianismo que el misionero piensa que la gente ha aceptado. En Haití se ve el vudú, que es una mezcla de catolicismo romano con las religiones animistas de los esclavos africanos. En Cuba se encuentra la misma mezcla en la santería. Una mezcla en los Andes hizo sinónimas las ideas de Dios con el sol, el dios animista, Jesucristo-la encarnación de Dios con el Inca- la encarnación del sol, y la virgen María con Pachamama la diosa animista de la tierra. Por todo el mundo de hoy existen versiones de sincretismo como las iglesias iniciadas por los africanos y nuevas herejías en formas de pentecostalismo que son sincretismos de animismo y cristianismo.

Conclusión

Hay un solo evangelio que Dios nos dio, sin el cual nadie puede ser salvo, pero son miles de culturas las que necesitan oírlo por primera vez y aceptar a Cristo. No existe una sola manera para comunicar las buenas nuevas de salvación que podemos aplicar a cada cultura. Por eso hay que estudiar cada cultura para entrar, entender, vivir, evangelizar, discipular, capacitar a líderes, y contextualizar iglesias en formas que la gente pueda propagar sin nuestra ayuda. Esta es una tarea tanto exigente como urgente. La única manera para hacerlo es estudiar las culturas y sus cosmovisiones para avanzar el reino de Cristo por el mundo.

> *Hay un solo evangelio que Dios nos dio, sin el cual nadie puede ser salvo, pero son miles de culturas las que necesitan oírlo por primera vez y aceptar a Cristo.*

Para la reflexión y la investigación:

1. ¿Cómo puede la antropología cultural ayudarles a los misioneros en su ministerio?
2. ¿Qué quiere decir el término culturalidad?
3. ¿Cuál es la base bíblica para la división de las culturas del mundo?
4. ¿Cuál es el verbo imperativo en la Gran Comisión?
5. ¿Cuál es su definición de la cultura?
6. ¿Cuáles son las tres etapas del choque cultural?
7. Utilizando los sistemas para entender las culturas, describa la suya.
8. ¿Qué quiere decir cosmovisión, y por qué necesitamos entender la cosmovisión de la cultura con la cual estamos trabajando?

9. ¿Jamás ha sufrido un malentendido debido a la comunicación no verbal en otra cultura?

10. ¿Cómo puede utilizar metodologías diseñadas para culturas orales en su ministerio donde ya está ministrando?

Notas

[1] Culturalidad es una palabra inventada por el Dr. Sills para enseñar el aspecto de la personalidad que se ve en las culturas y grupos étnicos del mundo.

[2] Tylor, Edward B. *Primitive Culture: Researches into the development of mythology, philosophy, religion, language, art and custom, Vol. 1.* New York: Gordon Press, 1871, 1.

[3] Hofstede, Gert Jan and Paul B. Pederson. *Exploring Culture: Exercises, Stories, and Synethetic Cultures.* Yarmouth, ME: Intercultural Press, 2002., Lanier, Sarah, Hagersdown, MD: McDougall Publishing, 2000., Lingenfelter, Sherwood. *Ministering Cross-Culturally.* Grand Rapids: Baker Academic, 2003., and Lewis, Richard. *Cultural Imperative.* Yarmouth, ME: Intercultural Press, 2002.

[4] Smith, Donald K. *Creating Understanding.* Grand Rapids: Zondervan, 1992.

9
Investigaciones Etnográficas

Introducción

La investigación etnográfica es una herramienta esencial para alcanzar al mundo con el evangelio. Aunque la idea de pensar en grupos étnicos y estudiarlos para ministrar entre ellos en cierto sentido es una disciplina moderna, se puede ver a través de la historia de la expansión del cristianismo. Los misioneros más exitosos desde el apóstol Pablo en adelante han utilizado su entendimiento de las culturas para avanzar el reino de Dios. La investigación etnográfica tiene que ver con el estudio de los grupos étnicos en los campos misioneros del mundo para que podamos entender su cosmovisión, idioma, y cultura. Solamente con esta información podemos ministrar con eficacia para alcanzar y enseñar a las naciones.

> *Los misioneros más exitosos desde el apóstol Pablo en adelante han utilizado su entendimiento de las culturas para avanzar el reino de Dios.*

Los misioneros deben estudiar las culturas con las cuales trabajan para entender los grupos étnicos profundamente para comunicarse con ellos, iniciar iglesias, y capacitar a líderes. También, es necesario para eliminar aquellos aspectos de la experiencia cristiana del misionero que salen de su cultura y no de la Biblia misma. La investigación etnográfica ayuda al misionero a entender la cultura para discernir si es o más directa o más indirecta en su forma de comunicarse, o más individualista u orientada al grupo, sus valores, su nivel de alfabetismo, y muchos aspectos más.[1] Sin una investigación etnográfica adecuada el misionero tiende a ministrar en la nueva cultura como si fuera en la suya propia y el resultado es el sincretismo. Este capítulo explora estos temas y cómo se hacen tales investigaciones.

La necesidad

Podemos ver el fruto y valor de la investigación en muchos aspectos de la vida de hoy. Por ejemplo, los médicos utilizan sistemas de investigación para identificar las medicinas necesarias para curar enfermedades. Los hombres de negocios en el mercadeo tienen que investigar las preferencias de una población para vender sus productos. Se dice que cuando los ejecutivos de la marca de automóviles Chevrolet introdujeron sus carros al mercado en México, no tuvieron éxito al principio. El carro que vendían era el modelo Nova y mucha gente sonreía diciendo: "no quiero comprar un carro que *no va*". No queremos cometer errores semejantes en las culturas donde ministramos. Por eso, aunque nos cuesta y a veces parece inútil, vale la pena estudiar la cultura para entender la mejor manera para evangelizar, discipular, predicar, plantar iglesias, y capacitar a los líderes en una forma culturalmente apropiada.

La investigación etnográfica es una descripción escrita de una cultura. Con esta información el misionero puede diseñar una estrategia y escoger metodologías para alcanzar a un pueblo. En 1968 muchos misiólogos pensaban que habíamos cumplido con la Gran Comisión porque había una iglesia en cada uno de los países del mundo. Sin embargo, el misiólogo Ralph D. Winter sabía que ni siquiera habíamos cumplido la mitad de la tarea que Jesús nos dio. En 1974 el evangelista estadounidense Billy Graham invitó a todos los misioneros, evangelistas y administradores de agencias misioneras a una reunión en Lausana, Suiza. En esta reunión el Dr. Winter

> *La investigación etnográfica es una descripción escrita de una cultura. Con esta información el misionero puede diseñar una estrategia y escoger metodologías para alcanzar a un pueblo.*

explicó a todos sus oyentes que Cristo dijo en la Gran Comisión que nuestra tarea es hacer discípulos en todos los grupos étnicos (*panta ta etne*) y no necesariamente en los países que son entidades geopolíticas. El reveló que desde los días de Cristo en Galilea hemos alcanzado a unos 13.000 de los 27.000 grupos étnicos que existen. A partir de esta reunión los misioneros empezaron a pensar en el objetivo misionero del mundo en términos étnicos. Esta forma de pensar requiere que entendamos a las culturas del mundo porque el no hacerlo había terminado en una iglesia en todo país sin iglesias en miles de grupos étnicos –ni escrituras en miles de idiomas– ni la oportunidad de oír el evangelio en un tercio del mundo.

No queremos cambiar el *evangelio* en ninguna manera pero con la investigación etnográfica podemos cambiar o afinar nuestras *metodologías*. Por ejemplo, es importante saber si las culturas son animistas, musulmanes, o hindúes. También, debemos ajustar nuestra forma de relacionarnos con ellos si son más directas o indirectas en comunicación interpersonal. Los misioneros que dedican el tiempo necesario para entender la cultura que es objeto de su ministerio y diseñar su ministerio para ministrarlos específicamente a ellos obtienen más fruto en su ministerio.[2] Tomemos en cuenta que no vendemos carros Chevrolet sino que predicamos el Evangelio de Cristo sin lo cual nadie puede ser salvo. Es esencial ministrar en maneras culturalmente apropiadas que rindan fruto.

La base bíblica

La investigación etnográfica no es una herramienta moderna de las ciencias sociales como muchos piensan. Se puede ver en la Biblia misma. Por ejemplo cuando los hijos de Israel salieron de Egipto y llegaron a la frontera de la tierra prometida, conforme a la palabra de Jehová, Moisés envió a doce hombres para espiar e investigar la región. Moisés quería saber algo de la gente, de sus productos agrícolas, y si sus ciudades eran campamentos o plazas fortificadas (Nm. 13:1-21). También se puede ver en los relatos de guerras y batallas cuando el ejército de Israel necesitaba información del campamento de los filisteos (p. ej., Jue. 7) o cuando Josué envió hombres para espiar e investigar la ciudad de Jericó.

La Biblia nos presenta también el valor de la sabiduría que viene con la investigación. Jesús dijo: "He aquí, yo os envío como a ovejas en medio de lobos; sed, pues, prudentes como serpientes, y sencillos como palomas" (Mt. 10:16). Para tomar decisiones y diseñar estrategias sabias hay que tener toda la información posible. Pablo nos da el "secreto" de su éxito como misionero y la fórmula que él utilizó en su ministerio en 1 Corintios 9:20-23: "Me he hecho a los judíos como judío, para ganar a los judíos; a los que están sujetos a la ley (aunque yo no esté sujeto a la ley) como sujeto a la ley, para ganar a los que están sujetos a la ley; a los que están sin ley, como si yo estuviera sin ley (no estando yo sin ley de Dios, sino bajo la ley de Cristo), para ganar a los que están sin ley. Me he hecho débil a los débiles, para ganar a los débiles; a todos me he hecho de todo, para que de todos modos salve a algunos. Y esto hago por causa del evangelio, para hacerme copartícipe de él".

> *Dios espera que utilicemos la mente . . . cuando un misionero empieza con la investigación etnográfica termina en un ministerio más fructífero.*

Uno de los maestros en la educación misionera de Pablo fue sus experiencias. Cuando Pablo y Bernabé ministraban en su primer viaje misionero encontraron un pueblo que hablaba la lengua lacónica. La gente entendía un poquito de sus enseñanzas pero no profundamente por la barrera lingüística. De hecho, la gente pensaba que Pablo y Bernabé eran dioses encarnados y querían ofrecerles sacrificios a ellos. La Biblia dice: "...difícilmente lograron impedir que la multitud les ofreciese sacrificio". (Hch. 14:7-18)

Los misioneros deben ver sus ministerios a través de los lentes de la fe y confiar en lo que solo Dios mismo puede hacer.

Sin embargo, Dios espera que también utilicemos la mente que Él nos dio para ser buenos mayordomos de su cosecha. (Mt. 25:14-30). El uso de la investigación etnográfica es una manera para realizar este deseo. No es un método meramente académico; y cuando un misionero empieza con la investigación etnográfica termina en un ministerio más fructífero.

El proceso de la investigación etnográfica

Hay muchos aspectos de la investigación etnográfica que el misionero debe entender. Muchos misioneros están haciendo su propia forma de la investigación etnográfica que habían aprendido por experiencia pero sería mejor estudiar el tema antes. Lamentablemente, otros misioneros nunca entienden la necesidad de la investigación etnográfica o si la entienden no tienen ni una idea de cómo hacerla. Con frecuencia el resultado en casos así es ofensa, sincretismo, o una iglesia extranjera que nadie puede propagar.

Idioma

Es importante aprender el idioma de la gente donde va a ministrar. En el pasado muchos misioneros ministraban por medio de traductores o intérpretes. El uso de intérpretes no es válido en el ministerio porque a veces el intérprete no es cristiano o no entiende el concepto presentado. La comunicación del mensaje de la Biblia es más que una mera traducción de las palabras. El uso del idioma ayuda al investigador de otras maneras. El idioma es una representación escrita o audible del pensamiento. Cada idioma tiene modismos que reflejan su manera de pensar. Aunque el inglés tiene una palabra para café, otros idiomas tienen varias porque trabajan mucho con café (en forma de semilla, en la planta, en la cosecha, en grano, molido, preparado en la cafetera, el color, etc.). Entonces, podemos ver aspectos de la cultura por su idioma como si fuera una ventana que no podríamos ver utilizando un intérprete. Por supuesto, si somos investigadores que buscamos datos de muchas culturas para utilizar desde una perspectiva global, no podemos pasar los años necesarios para aprender los idiomas involucrados. De hecho, para este propósito no sería necesario porque solo buscamos a ese nivel la información más general. Pero cuando un misionero llega a la cultura donde quiere pasar su vida, él debe aprender el idioma para realizar la investigación etnográfica esencial para desarrollar un ministerio fructífero.

El idioma de una cultura nos dice mucho.[3] Por ejemplo, al identificar el idioma de un pueblo podemos saber de dónde son originalmente, si pertenecen a un grupo más grande, y el valor que la población ha puesto en ese idioma (y la gente que lo habla). Cuando la gente habla un idioma o dialecto en su hogar pero en la ciudad o su trabajo tiene que utilizar el idioma de la cultura dominante el misionero debe tomar en cuenta esta información. Muchas veces la gente piensa en personas que solo hablan el idioma de sus dueños u opresores como representantes del sistema abusivo.

Consideraciones éticas

Las personas que participan en nuestra investigación etnográfica no son máquinas. Como personas, son creados a la imagen de Dios y tienen derechos que nadie debe abusar. Especialmente, cuando estas personas nos ayudan en nuestra investigación, debemos ser agradecidos. Es muy importante proteger la identidad de la persona que le da información etnográfica. Aunque la información no es para publicar sino para su propio uso y ministerio, debe comunicarle a la persona que solo va a incluir la información en una forma anónima. Siempre y cuando sea posible, es una buena idea ofrecerle en forma escrita el resultado de su investigación para que conozcan lo que ha hecho y cómo ha protegido su identidad. Esto lo hacemos porque en primer lugar es lo correcto y además para aliviar o mitigar las ansiedades que experimentan al ayudarle.

Observación participativa

La manera más popular e intuitiva para realizar la investigación etnográfica es tanto observar como participar en la vida de la cultura. Cuando vivimos entre la gente y participamos en sus vidas podemos aprender las reglas para comportarnos y qué significa lo que hacen. Si hay una pregunta o duda podemos aclararla o investigarla en el proceso natural de vivir con ellos. Por supuesto hay que admitir que la mera presencia del misionero va a influir un poquito en lo que hacen pero no se puede evitar esta realidad.

Aunque los misioneros sufren a veces por el choque cultural y por eso quieren evitar a los demás, deben participar en cada aspecto posible de la cultura –especialmente al principio de su ministerio–. Cuando alguien los invita a una boda o un funeral, los misioneros o investigadores deben aceptar y asistir porque pueden aprender mucho de la cultura, su religión, las relaciones familiares, la cosmovisión, y mucho más de eventos culturales como esos. Por ejemplo, la manera en que la cultura celebra u observa la muerte de un miembro de la familia nos dice mucho de lo que piensan del cuerpo material, de la vida venidera, y de su dios. Toda esta información es invalorable para el misionero y la comunicación del evangelio en la cultura del grupo étnico que es su objetivo. Los rituales de sus religiones nos dan perspicacia en su cosmovisión y etapas de la vida de una manera que no podemos ver sin participar.

La participación en la vida diaria nos da credibilidad personal también. Cuando esperamos en la cola para el autobús o para hacer compras en el mismo mercado o someternos al mismo médico cuando estemos enfermos, la gente puede ver que queremos ser uno con ellos. Hay misioneros que no pueden vivir en la misma comunidad donde vive la gente a la cual están ministrando –por razones de seguridad o razones políticas–. Por eso, estos misioneros deben participar en todos los aspectos posibles sobre todo cuando pueden hacerlo. De esta manera la gente puede ver que los misioneros quieren identificarse con ellos y que los aceptan como iguales aunque no pueden vivir entre ellos.

De hecho, la participación en todos los aspectos de la vida en una cultura nueva es la mejor forma para investigarla. Los misioneros lo han hecho por siglos sin saber el término "observación participativa"; y sin haber estudiado las mejores maneras para emplear este tipo de investigación ellos han pasado muchos años aprendiendo la cultura antes de tener éxito en su ministerio. Por eso, muchos siguen sembrando en vez de tener la bendición de cosechar como podrían haberlo hecho.

Entrevistas

Una de las herramientas de la investigación etnográfica para conocer la gente, entender la cultura, y desarrollar relaciones personales a la vez es la entrevista. Las entrevistas pueden ser tan informales como una conversación platicando con un amigo o formales con preguntas específicas preparadas y arregladas en un orden específico. Por lo general no se debe utilizar una grabadora porque o la gente tendrá miedo de lo que hace o porque no le dará la información genuina, sino lo que se esperaría que dijera. Muchos investigadores escriben apuntes en un cuaderno durante la conversación como si fueran periodistas. Por lo general los entrevistados piensan más en el lapicero y el cuaderno con preocupación que en la pregunta y su repuesta honesta. Cuando sea posible es una buena idea trabajar en pareja. Dos personas pueden realizar una entrevista sin intimidar y dos pueden recordar la conversación más fielmente que una sola.

Las entrevistas formales tienen valor porque una lista de preguntas específicas nos permite comparar y analizar las repuestas. Cuando preguntamos las mismas preguntas en el mismo orden podemos comparar lo que cada persona entrevistada ha dicho. Otra herramienta en las entrevistas que nos ayuda es la entrevista de un grupo focal. El beneficio es que el grupo nos da la opinión de muchos en una sola entrevista. El peligro es que muchos no nos den su opinión propia u honesta porque no querer desviarse de lo que el líder o sus compañeros han dicho.

Ayudantes culturales

En cada investigación etnográfica hay personas que han ayudado al investigador a obtener la información necesaria. A veces son amigos o vecinos, o hermanos en la iglesia, pero sea quien sea son informantes culturales. La persona que más puede ayudar al misionero nuevo por lo general es una persona que también ha venido de afuera y ha asimilado la cultura de aquella etnia. Más que nadie, esta persona puede entender la confusión que el misionero nuevo sufre y explicar lo curioso y misterioso. Muchas veces los miembros de la cultura no entienden la pregunta o inquietud del misionero porque piensan que todo el mundo hace algo como ellos lo hacen. Cuando no hay alguien para explicarlo, el misionero debe concentrar los recursos y amigos disponibles para entender y no juzgar la cultura como inferior porque no la entiende.

En el principio de mi ministerio en los Andes recibí una llamada urgente para ir y orar en la casa de una familia evangélica donde una niña había muerto. Al llegar no entendía casi nada de lo que ocurría. La niña difunta estaba en una silla en vez de un ataúd. Muchos vecinos llegaban con botellas de aguardiente y las mujeres estaban preparando chicha, una cerveza de maíz, y ellos realizaron lo que me pareció a mí una fiesta. El próximo día en el culto en una iglesia evangélica los vecinos se acercaron alrededor del ataúd recién comprado para prender velas. En el cementerio cuando estaban listos para poner a la niña en la tierra, la mamá de ella empezó a gritar, llorar, y cantar un canto muy triste. Todas las mujeres empezaron a cantar con ella como si fuera un coro. No entendí muchos aspectos de lo que ocurrió ese día. Al hablar con algunos hermanos de esa cultura, entendí que el alcohol se considera necesario culturalmente porque cuando muere un niño ellos creen que se ha convertido en un ángel y necesitan celebrar para reconocer el hecho y animar a los padres. En el culto había velas prendidas porque la gente piensa que mientras arde el fuego sus oraciones por el alma del difunto siguen levantándose en la presencia de Dios. Y en el cementerio el canto significa que el alma de la niña es muy débil porque era muy joven y se necesita el canto para ayudarla a encontrar y pasar por la cortina que separa nuestro mundo del mundo de los antepasados. Entonces, en un solo evento había aspectos de animismo, catolicismo romano, y doctrina evangélica pero más que nada sincretismo. Con unos ayudantes culturales yo aprendí mucho de un solo evento.

Triangulación

Los informantes nos ayudan también a afinar o corregir nuestro entendimiento cultural. Muchas veces pensamos que hemos entendido algo en la cultura o que hemos captado la gran mayoría pero todavía nos falta mucho. En estos momentos podemos regresar al ayudante cultural para aclarar, preguntar más, o confirmar lo que sospechamos. Con los ayudantes, libros, el Internet, observación participativa, y entrevistas, debemos confirmar nuestras conclusiones con los recursos disponibles. Este proceso se llama triangulación. Cuando todos los recursos en su investigación están de acuerdo usted tiene confianza de que ha entendido este aspecto de la cultura. Si casi todos están de acuerdo pero una fuente está fuera de la línea común, debe evaluar la fuente y/o continuar la investigación para profundizar la razón de la anomalía.

Preguntas esenciales en la investigación etnográfica

¿Quién vive aquí?

Es muy importante contestar esta pregunta, de hecho, es muy importante preguntársela. Muchas veces los misioneros han llegado y han iniciado su ministerio en la cultura adonde van a servir como si fuera en su ciudad natal. Por supuesto esto es lógico y natural porque cada persona en el mundo piensa en su propia cultura como el centro del universo. Sin cuestionar lo que hemos dado por sentado toda la vida, analizamos todo en comparación con lo que hacemos en nuestro país de origen. Sabemos lógicamente que necesitamos aprender el idioma de la gente en la nueva cultura, pero no tomamos en cuenta todos los otros aspectos distintos. Hay muchas más diferencias entre los aymara de Bolivia y los porteños de Buenos Aires que el idioma. Si soy un porteño que ha llegado a La Paz para ministrar entre los aymara, hay que tomar en cuenta el idioma por supuesto pero hay otros aspectos que impiden una comunicación eficaz.

Por lo general, se pueden dividir las culturas del mundo entre las de comunicación directa o indirecta, las orientadas por el grupo o por el individuo, las masculinas o femeninas, las orientadas por el tiempo del reloj u orientadas por el evento, las orientadas por las crisis o no, orientadas por las personas o por los deberes, las inclusivas o las que prefieren la privacidad, etc. Hay variaciones sin fin y los misioneros deben estudiar las culturas donde van a trabajar para entender las diferencias. Cuando el misionero entiende la cultura donde va a vivir y ministrar él puede anticipar choques entre su trasfondo cultural y la aquella cultura, evitar ofender o ser ofendido, y lo más importante, comunicar el evangelio entre ellos y ver fruto más temprano en su ministerio.

La investigación etnográfica ayuda al misionero a entender la religión de la gente en la cultura en la que sirve también. Uno de los aspectos sobresalientes del ministerio de Guillermo Carey fue el estudio de las religiones que la gente abrazó antes de su llegada. El erudito misionero, antropólogo y profesor de misiones Pablo G. Hiebert ha escrito de la importancia de estudiar para entender la religión de la gente que queremos alcanzar con el evangelio[4]. Aunque a muchos esto les parece un paso innecesario en nuestro ministerio porque al aceptar el cristianismo pensamos que su religión antigua va a desaparecer. Hiebert demuestra que las religiones nunca desaparecen, se van a lugares subterráneos y siempre buscan oportunidades para reaparecer y brotar. Esto es lo que ocurrió en el caso del funeral de la niña ya mencionada. Aunque la familia había aceptado a Cristo, en momentos de crisis se utilizan las religiones antiguas para explicar o entender la vida. También, cuando los granjeros siembran muchas veces ellos invocan los nombres de espíritus o participan en ritos para garantizar el éxito y una buena cosecha.

La investigación etnográfica ayuda al misionero en el estudio de la religión que ya existe cuando llega a la gente con quienes va a servir. No es suficiente decir que son musulmanes o hindúes o animistas. ¿Qué tipo de musulmán, o hindú, o animista son? De la misma manera que hay católicos en Roma y católicos en aldeas de la selva y que tienen dos sistemas de doctrina con variaciones radicales, al punto de que ninguno de los dos acepta la forma de catolicismo del otro, hay variaciones en la religión de cada forma local de religiones mundiales. Solo con la investigación etnográfica podría entender lo que creen en la cultura. Y solo por entender lo que ya creen cuando llega puede evitar el sincretismo. Sin la investigación etnográfica y la aplicación de la información que su investigación le provee, sin duda habrá sincretismo en el futuro.

¿Cómo es esta gente?

Una vez más, podemos ver que la investigación etnográfica es esencial para contestar esta pregunta clave. Cada cultura, o grupo étnico, tiene su propia forma de vivir. De hecho, una de las descripciones comunes de cultura es *el sistema de reglas para el juego de la vida*. Una definición más técnica de Edward Tylor dice que cultura es "ese todo complejo que incluye conocimiento, creencia, arte, moral, ley, costumbre y cualesquier otras capacidades y hábitos adquiridos por el hombre como miembro de una sociedad".[5]

En el hogar natal del misionero hay cosas tan aceptadas en su experiencia que ya han llegado a ser naturaleza secundaria para él. Su mamá, sus hermanos, sus amigos, sus maestras, el Internet, muchas horas escuchando la radio, la televisión, las películas, etc. le han informado lo que es "normal". Por eso, él entiende cómo saludar a otra persona, sea hombre o mujer, viejo o joven. El problema es que cuando él se va a otra cultura, todo lo que aprendió en el proceso de enculturación en casa no funciona en la nueva cultura porque ellos tienen su propia forma de desarrollar todos estos aspectos. El proceso de acostumbrarse y aculturarse en la nueva cultura es difícil pero esencial. El proceso requiere nuevos ojos y una perspectiva que solo la investigación etnográfica puede proveer. Cuando estudiamos las familias del mundo se puede ver que las culturas del mundo pueden ser endógamas o exógamas, es decir, con quién puede casarse –solo con personas de su propia cultura o de afuera–. Algunas culturas practican la poligamia y otras la monogamia. La investigación etnográfica nos ayuda a entender las culturas y lo que piensan de la familia. Como cada aspecto más de la vida, su perspectiva del concepto de una familia afectará su entendimiento de la Biblia.

Contestar la pregunta: "¿Cómo es esta gente?" requiere estudio e investigación. Por ejemplo, en occidente una persona puede ser católica, evangélica, o atea sin afectar su trabajo, estudios en la universidad, o ciudadanía. Pero en otros países muchas veces la religión afecta todos los aspectos de la vida. Es como una soga de tres hilos. Uno de los hilos es la religión, otro es la cultura, y el tercer es la ley del gobierno. Al enrollar los hilos apretadamente para hacer una soga no se puede discernir cuál es cuál si ponemos el dedo en la soga a diez metros del principio. De igual manera en esas culturas si el misionero quiere saber por qué un hombre ha hecho algo, el puede preguntar: "¿Por qué lo hizo, por la cultura, por la religión, o por la ley?". Es muy común que el ayudante cultural no entiende la pregunta y diga: "¿Cuál es la diferencia? Son iguales". Al ser algo nuevo, el misionero tiene que investigar para entender la cultura.

¿Cómo podemos alcanzarlos?

Los administradores de agencias misioneras necesitan saber la información de los habitantes de un país para tomar decisiones sobre la inversión de fondos y dónde ubicar a sus misioneros. Ellos utilizan una investigación cuantitativa y los datos que les provee. Esta investigación les da información desde un punto de vista superior; por ejemplo, números, cifras, religiones, infraestructura del país, ingresos, hombres, mujeres, edades, recursos, etc. En cambio, los misioneros necesitan la información que una investigación cualitativa les provee. Esta información es la perspectiva a nivel de la calle. La investigación etnográfica les da datos de la forma específica de la religión, los deseos, los miedos, las necesidades, el estilo de comunicación, quien toma decisiones, el papel que juegan distintas personas en la vida diaria, etc. Los investigadores pueden estudiar una cultura diacrónicamente, es decir por un período largo y cómo han cambiado a través de los años, o sincrónicamente, como si fuera una foto de cómo existe la cultura hoy día.

Por supuesto, es esencial entender e incluir todos los aspectos de las culturas en nuestro ministerio entre ellos. Es obvio que el primer contacto con otra cultura puede tener éxito u ofender. Por supuesto, los misioneros deben aprender el idioma y utilizarlo en sus predicaciones pero si no ajustan los demás aspectos de los doce sistemas de comunicación no van comunicar el evangelio claramente como lo desean.

Cada cultura tiene su modelo de un líder. La persona que sería un buen candidato en una cultura no sería aceptada en otra. En algunas culturas un líder puede ser joven mientras otras culturas requieren que sea anciano, casado, y que haya trabajado en la comunidad tomando decisiones sabias durante años. Para ganar almas, discipular los nuevos creyentes, y capacitar a los líderes en otras culturas hay que estudiar para entenderlas.

Las categorías de la investigación etnográfica

Historia

Para entender una cultura es necesario saber de dónde son. Esto puede referirse al aspecto histórico o geográfico. Cuando entendemos que los miembros de una cultura originalmente son migrantes de otro país, debemos investigar si fue una migración voluntaria o no. Nos ayudaría saber si hay culturas vecinas que ya son cristianas. Si ellos nos pueden ayudar a alcanzar, discipular y capacitar a la gente de la otra cultura. Los argumentos persuasivos que funcionaron en las culturas vecinas se pueden utilizar en su ministerio con aquellos a quienes sirve. Un estudio de la historia de una cultura le puede decir algo de la progresión religiosa en su trasfondo. ¿Siempre han sido religiosos como son hoy o cambiaron en el pasado? Y si cambiaron, ¿por qué?

Estructura social

En la investigación etnográfica podemos identificar cómo se han organizado en su sociedad. ¿Quiénes son los administradores de su gobierno y cómo funciona la jerarquía? Esta información explica mucho más que simplemente cómo funciona la política entre ellos. Podemos entender también algo de la perspectiva de su seguridad, autoridad, y quién puede tomar decisiones. Mucha gente en el mundo de hoy no puede hablar francamente de los líderes ni quejarse de ellos de ninguna manera y por eso la destreza en la investigación etnográfica le ayudaría al misionero a entender el corazón y el alma de la gente a la cual sirve, aun sin palabras claras.

Las maneras de casarse, vivir en casa propia o en casa de familiares, sufrir pobreza o disfrutar de riquezas, y relacionarse con los demás tienen mucho en común. Por ejemplo, cuando uno es pobre y tiene que vivir con su familia al casarse sin tener casa propia, siempre hay que someterse a otros. Por lo general hay una persona como uno de los padres o el abuelo que toma decisiones por toda la familia. Esta realidad puede afectar la autoestima, la opinión de las autoridades, el concepto de "padre", y las relaciones con personas dentro y fuera de la casa. En microsociedades así, la opinión del cristianismo o los extranjeros puede ser determinada por una persona. Cada uno de estos aspectos tiene implicaciones misológicas.

Identificación religiosa

Cuando una cultura abraza el cristianismo no se garantiza que va a continuar así. La primera generación acepta a Cristo y le da la bienvenida al misionero como héroe, pero esta actitud no continúa para siempre. Los nuevos cristianos son discipulados y a veces llegan a ser pastores de las iglesias. Sus hijos crecen en la cuna de la iglesia y aceptan a Cristo aun siendo niños. Cuando los nietos de los primeros creyentes llegan a su juventud, muchas veces no quieren aceptar al misionero. Ellos razonan que sus abuelos son cristianos, sus padres crecieron en hogares cristianos, y el misionero no es necesario. En algunos casos la tercera generación no acepta la religión de sus padres porque parece la religión de los extranjeros y regresa a la religión anterior. Otras veces se mezcla el cristianismo con las ideas u opiniones tradicionales y el resultado es una tercera religión. Aún peor, a veces los nietos se convierten en ateos rechazando toda religión. Algunas preguntas importantes para el investigador son: "¿Dónde está la cultura religiosamente?" "¿Existen aspectos de la doctrina entre las iglesias que revelan sincretismo?" "¿Cuál es la actitud de la cultura hacia al cristianismo?".

Si hay iglesias en la cultura o misioneros evangelizando la gente para formarlos en iglesias, el investigador debe medir la cantidad, la salud de las iglesias, y anticipar las necesidades de la iglesia. A veces los misioneros llaman una cultura con menos de 2% de su población cristiana un "Pueblo No Alcanzado". Esta cifra no indica que las culturas con más de 2% no necesitan esfuerzos misioneros, solo que sería muy difícil para ellos continuar y cumplir con la tarea sin ayuda desde afuera. La historia nos demuestra que muchos países con más de 2% de cristianos todavía necesitan ayuda. Ruanda tenía más de 90% de cristianos bautizados cuando entre 800.000 y un millón de habitantes murieron en una matanza a manos de sus "hermanos cristianos bautizados" en el genocidio más horrible de la era moderna.[6] La cifra de porcentaje cristiano de una cultura no dice toda la historia. Solo con una investigación etnográfica podemos identificar la religión de un pueblo, y si su cristianismo es verdadero o nominal.

Alfabetismo y oralidad

El investigador debe discernir la disponibilidad de recursos cristianos en un país. Por ejemplo: ¿Existen Biblias, tratados evangelísticos, emisoras de radio cristianas, o la película *Jesús*? Si no existen estos recursos para evangelizar, discipular y capacitar el misionero debe incluir en su estrategia un plan para proveerlos. Al pensar en recursos como la Biblia, tratados y cuadernos para discipular el investigador necesita averiguar el nivel de alfabetismo. En muchos países la gran mayoría de la población o no sabe leer o no leen como parte de su vida cotidiana. Prefieren formar sus opiniones por conversaciones con amigos y vivir sus vidas en forma oral. De hecho, en los Estados Unidos de América el promedio de lectura en la vida diaria de los ciudadanos es 14 minutos en comparación con cuatro horas de televisión y tres horas escuchando. Por lo general el mundo de hoy no lee como antes. Entre los 6.813 idiomas del mundo miles de ellos ni tienen un alfabeto en forma escrita y por eso por supuesto no tienen lectores entre sus culturas. Para desarrollar una estrategia válida hay que discernir cuál es el nivel de alfabetismo en la cultura en medio de la cual servimos, el sistema de educación, y la actitud de la gente o gobierno hacia la educación.

Interpretar la investigación etnográfica

El investigador eficaz debe seguir un plan de estudio de la cultura con orden, propósito, y análisis constante. Si no el resultado será una colección de opiniones e impresiones. Con un plan de investigación ordenada el investigador puede comparar respuestas a preguntas y analizar los datos con confianza. Él puede anotar las tendencias y patrones, y formar teorías basadas en la información y los datos obtenidos. Muchas veces los investigadores utilizan programas de computadora diseñados específicamente para este propósito. Después de realizar docenas de entrevistas, leer libros a centenares, y visitar muchas comunidades, es difícil discernir el orden en la información. Los programas informáticos ayudan al investigador a ordenar y analizar los miles de datos y archivos obtenidos.

Conclusión

Cuando un misionero nuevo quiere empezar su ministerio en medio de otra cultura, vale la pena hacer una pausa para estudiar la cultura. El conocimiento de la religión, el idioma, la sociedad, maneras de tomar decisiones, la historia, el nivel de alfabetismo u oralidad, la experiencia con el cristianismo, el segmento socio-económico de la población en general, etc., es información esencial para avanzar el evangelio entre ellos. Cuando el misionero tiene esta información cultural, él puede comunicar las historias bíblicas que tocan su cosmovisión, traer convicción de pecado, y evangelizar entre ellos. Con toda la información cultural posible, el misionero tiene más opciones para desarrollar relaciones personales, evangelizar tomando en cuenta su religión, comunicarse de maneras culturalmente apropiadas, y vivir entre ellos como un extranjero aceptable. No se olvide de que la meta no es vender carros ni otro producto del mercado, es evangelizar, discipular, y plantar iglesias. Sin el evangelio nadie puede ser salvo, y sin entendimiento de la cultura nadie puede compartirlo eficazmente. Estudiemos las culturas donde el Señor nos envía para ganar almas e impeler el reino de Dios entre ellas.

Para la reflexión y la investigación:

1. ¿Cómo puede la investigación etnográfica ayudar al misionero a alcanzar a una cultura?
2. ¿Cómo debemos responder a las personas que afirman que hemos cumplido con la Gran Comisión porque hay una iglesia en cada país del mundo?
3. ¿Cuál es la base bíblica para una investigación para impeler el reino de Dios?
4. ¿Cuáles ventajas tiene el misionero que domina el idioma en su investigación de una cultura que otro misionero no tiene?
5. ¿Cómo puede el investigador proteger los derechos de los demás en sus investigaciones etnográficas?
6. ¿De qué maneras puede el investigador utilizar la observación participativa?
7. ¿Por qué dice el autor que el investigador debe entrevistar a participantes empleando preguntas con un orden fijo con cada uno de ellos?
8. ¿Cuál es el valor de la triangulación en su investigación?
9. ¿Cómo puede el estudio de la historia, el idioma, la estructura social, y la identificación social ayudar al investigador en el entendimiento de una cultura?
10. ¿Por qué necesitamos discernir el nivel de alfabetismo en la cultura en que trabajamos?

Notas

[1]Grunlan, Stephan A. y Marvin K. Mayers. *Antropología Cultural*. Deerfield: Editorial Vida, 1997, 246-262.

[2]Yrion, José. *Heme Aquí, Señor, Envíame a Mí*. Nashville: Editorial Caribe, 2004, 206-209.

[3]Lewis, Jonatán P. *Misión Mundial, Tomo 3*. Miami: Editorial Unilit, 1990, 91.

[4]Hiebert, Paul, R. Daniel Shaw, and Tite Tiénou. *Understanding Folk Religion: A Christian Response to Popular Beliefs and Practices*. Grand Rapids: Baker Academic, 1999.

[5]Tylor, Edward B. *Primitive Culture: Researches into the development of mythology, philosophy, religion, language, art and custom, Vol. 1*. New York: Gordon Press, 1871, 1.

[6]Engel, James F. "Beyond the Numbers Game," *Christianity Today*, August 7, 2000, 54.

10
Las Religiones del Mundo

¿Cuáles son las mayores religiones no cristianas del mundo? ¿Cuáles son las creencias principales de las religiones del mundo? ¿Cuáles son los textos sagrados de las religiones del mundo? Este breve capítulo estudia las principales religiones del mundo y provee un conocimiento para relacionarnos y comunicarnos mejor con los miembros de estas religiones, de manera que vivamos y presentemos el Evangelio de Cristo a las personas que necesitan la salvación que solo existe en Cristo.

Usamos la siguiente definición de religión: "La Religión es aquello que es de suprema o máxima importancia para los individuos o grupos".[1] La mayoría de las religiones se preocupan por lo sobrenatural pero hay religiones que no creen en Dios ni se preocupan por lo sobrenatural. No será posible estudiar todas las religiones del mundo. Escogimos las más históricas, las que cuentan con más afiliados y algunas que aunque son más recientes, tienen un enfoque misionero. Mencionaremos el catolicismo romano, que es una religión de la cristiandad y tiene una prominencia histórica en América Latina. El breve resumen de cada religión escogida tendrá una corta reseña histórica, las personas importantes como sus fundadores, sus creencias principales y sus textos sagrados. Las primeras tres religiones son las monoteístas (creen en un solo Dios).

El Judaísmo

El judaísmo es la religión de los judíos, la más antigua del mundo, y su sede está en Israel, en el Medio Oriente. Su fundador humano se encuentra en el Antiguo Testamento (Gn. 12), Abram. El hijo de Abram, Isaac, tuvo dos hijos, uno llamado Jacob, quien luego se convirtió en Israel. De los doce hijos de Israel se formaron las doce tribus de Israel y habitaron en lo que fue llamada la tierra de Israel, que hoy en día se presenta como la nación de Israel y el hogar del pueblo judío. A lo largo de su historia, además de Abram, hay otras personas prominentes conocidas por muchas personas en el mundo entero hasta el día de hoy, como Moisés, quien recibió los Diez Mandamientos, David, Salomón, Ester, Rut, Isaías y Daniel.

El lugar santo del judaísmo es lo que permanece de su templo en la ciudad de Jerusalén. Después de su destrucción en el primer siglo, jamás fue reconstruido completamente y hoy Jerusalén es la ciudad de tres religiones principales en el mundo, el judaísmo, el cristianismo y el islam. El judaísmo de hoy no es el judaísmo de la Biblia. Después de la destrucción del templo en el año 70 d. de J.C. y la desaparición del sistema de sacrificios, todo cambió. Lo que conocemos hoy como el ser judío, empezó después del año 70 d. de J.C.

Los principales textos sagrados del judaísmo son la Tora, que es la Ley escrita y el Talmud, su ley oral, que llegó a una forma escrita posteriormente.[1] El nombre de su Biblia, el Tanakh, se deriva de los tres tipos de libros en las escrituras Hebreas: Torá (Ley); Nabilim (Profetas); y, Ketubim (las escrituras generales)

Dos eventos históricos tuvieron gran influencia sobre la situación contemporánea de los judíos. Primero, la tragedia del holocausto durante la Segunda Guerra Mundial cuando Hitler mató a seis millones de judíos indefensos en su esfuerzo por eliminar la raza judía. Segundo, el nacimiento del estado de Israel en 1948, el país del hogar de los judíos. Sin embargo, más de los casi 15 millones de personas judías en todo el mundo viven en los Estados Unidos de América.[2]

Los principales textos sagrados del judaísmo son la Tora, que es la Ley escrita y el Talmud, su ley oral, que llegó a una forma escrita posteriormente.[3] El nombre de su Biblia, el Tanakh, se deriva de los tres tipos de libros en las escrituras Hebreas: Torá (Ley); Nabilim (Profetas); y, Ketubim (las escrituras generales).[4]

Hay tres grupos principales contemporáneos de judíos: el reformado, el conservador/tradicional, y el ortodoxo. Los reformados constituyen el grupo más grande de los tres. El grupo conservador/tradicional el segundo, y el grupo menos numeroso es el ortodoxo. Los reformados se reúnen en sus "templos" en un estilo semejante a los cristianos protestantes y adoptan una teología liberal, con algunos de sus rabinos que cuestionan la Biblia (El Antiguo Testamento) como revelación de Dios. No buscan a un Mesías. En vez de aislarse como una nación separada quieren integrarse a las naciones donde viven. Abandonaron varias tradiciones judías históricas pero mantuvieron la práctica de la circuncisión y el no casarse con un no judío.[5] Los conservadores nacieron como grupo en el siglo XIX. Establecieron una "vía media" entre los reformados y los ortodoxos, practicando la ley pero adaptándose a la cultura contemporánea, por ejemplo, la manera de vestir. Afirmaron la idea de que la Biblia no es la revelación de Dios, pero siguieron practicando la Ley de Moisés y las costumbres ancestrales. Los ortodoxos afirman que la Biblia (El Antiguo Testamento) es la revelación de Dios, creen en la existencia de un solo Dios y en las prácticas y ceremonias antiguotestamentarias y en las costumbres rabínicas, incluyendo una dieta restringida.[6]

Sus creencias básicas incluyen su fe en la existencia de un solo Dios, el Dios del Antiguo Testamento, la revelación de Dios en el Tanakh, especialmente los libros de la Ley de Moisés y la Tora. Deben cumplir con la ley. También, consideran al pueblo judío como un pueblo especial escogido por Dios, quienes esperan la venida del Mesías. Muchos judíos hoy no son muy religiosos pero guardan su raza judía contra el matrimonio con un no judío. Aunque muchos judíos hoy son ateos, muchos otros pertenecen a nuevos movimientos religiosos, incluyendo el ocultismo.

El Catolicismo Romano

La iglesia Católica Romana tiene alrededor de un billón de miembros en todo el mundo. Considera como su fundador (además de Cristo) al apóstol Pedro, el primer papa. Reconoce la historia de la Iglesia desde su inicio como su historia. Desde su perspectiva, Pedro y sus sucesores, como los obispos en Roma, fueron quienes gobernaron la Iglesia. Por lo tanto, la historia de la Iglesia es la historia de la Iglesia de Roma donde todavía permanece su sede. Hubo cuatro obispos más en Jerusalén, Constantinopla, Antioquía y Alejandría. En 1054 la Iglesia se dividió en dos ramas, la Católica Romana (en Occidente) y la Ortodoxa Griega (en Oriente) mayormente sobre un asunto teológico relacionado a la Trinidad pero a lo largo de los siglos hubo también tensión entre el lugar del liderazgo tanto del papa como del líder principal. La iglesia Ortodoxa Oriental tiene más de doscientos millones de miembros en sus diversas ramas en todo el mundo. Concibe su nacimiento con la iglesia primitiva, el apóstol Pedro y que es la iglesia verdadera, como cree la Iglesia Católica Romana.

Un evento contemporáneo de mayor importancia sucedió en 1962, El Segundo Concilio Vaticano. Intentó modernizar a la Iglesia Católica, considerar aspectos de su liturgia, y considerar su posición en cuanto a la pluralidad de religiones, entre otros asuntos. En América Latina en la misma época surgió un movimiento teológico, la Teología de la Liberación, mayormente católico, que demandó una respuesta de Roma.

Considerada como la primera teología genuinamente latino-americana, esta teología declaró una "opción preferencial" de Dios hacia los pobres, abrazó el marxismo como su "óptica" filosófica o teológica, y presentó un problema para la Iglesia Católica histórica en América Latina que apoyó a los gobiernos e integró su poder eclesiástico con el del gobierno. Los liberales se opusieron a varios de estos gobiernos. Gustavo Gutiérrez, un sacerdote de Perú, con su libro: *Una Teología de la Liberación*, se convirtió en un fundador teológico y práctico de este movimiento. Su preocupación principal es la injusticia y el sufrimiento de la pobreza y la perspectiva del pobre. Con la caída de los gobiernos de la Unión Soviética y Europa Oriental por los años 1989 y 1991, el movimiento sufrió. Su contribución ha sido un fuerte énfasis de justicia acerca del sufrimiento de millones, si no de billones, en la pobreza.

Las creencias de la Iglesia Católica Romana en ciertas doctrinas concuerdan con las de la Iglesia Evangélica (o lo que históricamente se ha conocido como Protestantes) y la Iglesia Ortodoxa. Creen en el Dios trino y en la deidad de Cristo tanto como en su humanidad. Creen en la naturaleza pecaminosa de toda persona y la muerte sacrificial de Jesucristo en la cruz para pagar el precio del pecado de Adán en nosotros. (Existen aquí diferencias con la Iglesia Evangélica) Afirman la Gracia de Dios en la salvación pero que la salvación se obtiene por la fe y las buenas obras. Principalmente que la gracia viene a través de los sacramentos. La iglesia tiene siete sacramentos: El bautismo, la confirmación, la santa eucaristía, la penitencia, el ungimiento de los enfermos (la extrema unción), las órdenes sagradas y el matrimonio. La manera principal de recibir la gracia está en la misa misma y al participar de la santa eucaristía (la comunión). La Iglesia Católica Romana cree en el purgatorio, un estado *pos mortem* cuando alguien recibe castigo por sus pecados no perdonados, ambos mortales como veniales, y la duración de su castigo varía según la gravedad del mismo.

El papa es considerado el sumo pontífice de la Iglesia Católica Romana y el máximo líder con grandes poderes. Él tiene el derecho de perdonar o no el pecado y es la autoridad infalible doctrinal y eclesiástica sobre la fe católica, sobre asuntos de moralidad y asuntos relacionados con la sociedad y los gobiernos. Esta autoridad viene cuando él habla desde su posición como papa, es decir, *ex cátedra*.

La Biblia es una autoridad importante para la Iglesia Católica Romana pero no tiene mayor autoridad, por ejemplo, como las declaraciones de los concilios de la Iglesia a lo largo de la historia y las encíclicas del liderazgo de la Iglesia. Por sobre todo está la autoridad del papa y su interpretación de la Biblia. Hay setenta y dos libros en la Biblia católica, en comparación con los sesenta y seis en la Biblia evangélica/protestante.

La Iglesia Católica Romana cree que María, la madre de Jesucristo, no tuvo pecado y ascendió al cielo donde sirve como corredentora y comediadora de la salvación con el Señor Jesucristo. Miembros de la Iglesia Católica Romana oran a María y le tienen una devoción extraordinaria a ella. También, oran a los varios santos de la Iglesia que tienen la autoridad de interceder por ellos.

Finalmente, la Iglesia Católica Romana en las últimas décadas experimentó un crecimiento de los carismáticos entre sus adeptos. La Iglesia oficialmente reconoce a estos miembros y su práctica a menudo de "lenguas" tanto como otras prácticas asociadas con la Iglesia Pentecostal. En sus reuniones, frecuentemente cantan coros y tienen estudios de la Biblia en un estilo parecido a algunos evangélicos. Siguen bajo las creencias y autoridad de la Iglesia Católica Romana.

 El Islam

La tercera y última de las mayores religiones monoteístas (que cree en un solo Dios) del mundo, es la religión del Islam. Hay más de un billón de musulmanes en todo el mundo, en las naciones árabes y África, con la mayor concentración en Indonesia, pero se encuentran en varias otras naciones, incluyendo naciones en América Latina.

El fundador del Islam es Mahoma, nacido en el 570 a. de J.C., cerca de la Meca, ubicada en lo que hoy es Arabia Saudita. Mahoma fundó la religión del Islam, que significa "sumisión a Dios" y musulmanes significa "los que se someten a Dios". Aunque hubo varios líderes que le sucedieron, Mahoma se considera el profeta de Dios, el supremo y último profeta de todos los tiempos. Él dijo que recibió de Dios, Alá, una revelación, el Corán, que se considera la máxima revelación de Alá y sin error alguno, como si lo tienen los libros del Antiguo y el Nuevo Testamento según la creencia del islam.

Hay dos grupos principales de musulmanes: chiítas y sunitas. El ochenta y cinco por ciento son sunitas. Actualmente Irán es un país dominado principalmente por chiítas. Un grupo menor pero presente en muchos lugares es el grupo de los sufias, quienes son los místicos de los musulmanes. Su énfasis está en tener una experiencia mística con Alá y obtener conocimiento místico a través de la práctica del Corán.[7]

Los musulmanes creen que Alá, Dios, le reveló el Corán al profeta Mahoma a través del ángel Gabriel por más de veintitrés años y es la única revelación perfecta acerca de Alá, Dios, que existe. Fue escrito en idioma árabe. El Corán es más o menos del tamaño del Nuevo Testamento con ciento catorce capítulos, llamados Suras. Es importante poder recitar textos del Corán en Árabe, como un acto de devoción religiosa. El Corán contiene referencias a textos aislados del Antiguo y el Nuevo Testamento con interpretaciones no contenidas en la Biblia. Se refiere a Jesús como un profeta y mesías nacido de la virgen María pero no tan exaltado como Mahoma y mucho menos como el Hijo de Dios, la segunda persona del Dios trino.[8]

Para un musulmán, las prácticas de su religión son esenciales. No están desligadas de sus creencias pero son dominantes. Las cinco creencias principales del islam son: La unidad de Dios, sus ángeles, sus libros, sus mensajeros, y el día del juicio. Sus lugares de adoración son las mezquitas. Para los sunitas, los líderes religiosos del islam son los "imanes" quienes pueden ser líderes de su mezquita o simplemente varones respetados por los sunitas. Los chiítas, sin embargo, consideran a un "imán" como un sucesor de Mahoma.[9] Los imanes según los musulmanes son perfectos, divinos y preexistentes. El duodécimo y último imán ascendió al cielo en el noveno siglo y va a volver al final del tiempo para restaurar toda cosa a su propio lugar.

También, están los "mulahes" que actualmente son líderes.

Hay cinco pilares de la religión del islam (algunos añaden como el sexto a la Jihad) y no son muy complicados. El primero, de manera breve, la confesión de que no hay otro Dios salvo Alá y su mensajero es Mahoma (rechazan la idea de un Dios trino). Aquel que lo confiesa de corazón es un musulmán (aunque no garantiza la salvación). Segundo, la oración es la práctica o ritual de orar cinco veces al día: Al salir del sol, al medio día, a media tarde, al ponerse el sol y una hora después de la puesta del sol, en una mezquita cuando sea posible y postrado usando una alfombra de oración. Las oraciones deben estar orientadas hacia la Meca. Tercero, la limosna se considera una ofrenda anual para los pobres. También, se usa para construir mezquitas y escuelas religiosas. Cuarto, el ayuno durante el Ramadán, el noveno mes, es un ayuno diario solo durante las horas cuando hay sol y se acompaña con actividades de devoción. El último es el peregrinaje a la Meca, considerada como la ciudad sagrada, en Arabia Saudita, para todo musulmán capaz de hacerlo.[10] Creen que deben vivir una vida justa en términos generales. El musulmán anhela llegar al Paraíso después de la muerte (su recompensa) por ser fiel y obediente durante su vida a su religión pero no es posible saber si lo ha logrado o no. Creen que solo Alá lo sabe y lo determina.

El Hinduismo

En el mundo del Oriente, nacieron unas religiones que no eran monoteístas sino politeístas, como el hinduismo que empezó alrededor de mil ochocientos años a. de. J.C. El hindú, generalmente, es un politeísta. Sin embargo, el hinduismo puede tomar formas de monoteísmo, politeísmo, henoteísmo, monísticos, panteístas, así como panenteístas. Es la primera de estas religiones y el país principal del hinduismo es la India. Tiene unos tres cuartos de billón de miembros, es la tercera en tamaño después del cristianismo y el Islam. El fundador, si lo hubiera, no se conoce.[11] El origen de esta religión viene con la invasión de las tribus arias que dominaron la población dravidia y la mezcla de las prácticas religiosas de los dos grupos, lo cual llegó a ser el hinduismo en el sentido clásico. El hinduismo tiene millones de dioses.

El hinduismo se desarrolló durante varios siglos o épocas, de una religión politeísta y animista, a la religión vedanta, cuando los libros "vedas" constituyeron la base de sus creencias y prácticas.[12] "Veda" significa "conocimiento". En el hinduismo, los "vedas" son libros de cuatro partes que fueron compilados durante varios siglos. Contienen himnos, instrucción de ritos, tanto como fórmulas sagradas usadas para la adoración de sus dioses. Los vedas no son la revelación de Dios, como la Biblia, porque el hindú no tiene verdad personal. Aceptar los vedas es un requisito para ser hindú aunque no en su totalidad ni en toda su práctica. Hay cuatro vedas principales: Rig-Veda, Yajur-Veda, Sama-Veda y Atharva-Veda. Los vedas más importantes son escritos en idioma sanscrito. También, se desarrolló el sistema de casta que es parte integral de la sociedad hindú hoy en día. Además de los vedas, para ser un hindú uno debe aceptar el sistema de casta.[13]

Más tarde en su historia, aparecieron: el gurú como un líder religioso; un mayor énfasis en la vida después de la muerte; el ciclo de la vida y la reencarnación. La reencarnación tiene su base en lo que se llama la ley del "karma", que es la creencia de que recibimos en la(s) próxima(s) vida(s) exactamente lo que nuestras acciones en la vida

Las creencias de los hindúes son numerosas y cambian. Sin embargo, hay algunas que son básicas. Creen en Dios, mejor dicho dioses, casi sin número. Creen en la máxima realidad y son monistas, esto quiere decir que toda realidad es una. Lo divino es material y lo material es divino. Toda persona, animal, planta o cualquier cosa es divina. Todo es parte de una sola realidad. La meta de la vida es renacer a una casta superior y liberada de samsara; el ciclo de la muerte y el renacimiento o reencarnación para el hindú.

presente merecen.[14] Después del tiempo de Cristo, se caracterizó por la aparición del libro Bhagavad Gita, y la devoción a los dioses Brahma, Krishna, y Shiva. Los dioses más populares son: Visnú (Krishna como una encarnación) y Shiva. En las aldeas la diosa local es la más importante porque ella garantiza la fertilidad para la procreación y la cosecha (su alimento, como también el aspecto del comercio). Brahmán llegó a ser la forma suprema de un dios en el hinduismo, para la mayoría de los hindúes es un dios impersonal.

Las creencias de los hindúes son numerosas y cambian. Sin embargo, hay algunas que son básicas. Creen en Dios, mejor dicho dioses, casi sin número. Creen en la máxima realidad y son monistas, esto quiere decir que toda realidad es una. Lo divino es material y lo material es divino. Toda persona, animal, planta o cualquier cosa es divina. Todo es parte de una sola realidad. La meta de la vida es renacer a una casta superior y liberada de samsara; el ciclo de la muerte y el renacimiento o reencarnación para el hindú. Su tradición, comúnmente, proveyó tres maneras: moksha (liberación); el camino de devoción (a los dioses); y el camino del conocimiento o la meditación.

El Budismo

Guatama Buda fundó la religión del budismo en el sexto siglo a. de J.C., pero tiene raíces en el hinduismo. Algunas tradiciones enseñan que él tuvo miles de vidas anteriores y nació sin pecado. Otras historias lo consideran el hijo de un gobernante poderoso y rico, quien crió a su hijo en el lujo y aislado del mundo y la religión. Más tarde en un viaje, su hijo vio el sufrimiento en el mundo, abandonó a su familia y su estilo de vida, vivió como un monje buscando la iluminación por un estilo de vida de abnegación personal, del exceso de comida y posesiones materiales. Sentado debajo de un árbol, meditando (dice la tradición), el ganó lo que el hinduismo consideró imposible, la iluminación verdadera sin clausurar el ciclo del sufrimiento y el dolor. En aquel momento se convirtió en un Buda. Su experiencia lo llevó a enseñar el "conocimiento triple": 1) recordó todas sus vidas anteriores, 2) vio a otros renacidos según su karma, 3) venció las fallas espirituales que le prohibían a uno ser iluminado. Enseñó más o menos por cuarenta años y murió a la edad de ochenta años. Después de su muerte sus enseñanzas se extendieron por toda Asia.[15] El nombre de sus escrituras es "Tripitaka, las Tres Cestas,": la cesta de disciplina con reglas para los monjes, la cesta de discurso, que tiene las pláticas entre Buda y sus discípulos, y la cesta de la alta enseñanza y sus interpretaciones.

Gautama resumió sus ideas en "cuatro nobles verdades".

> ➤ -Sufrir es vivir.
> ➤ -La causa del sufrimiento es el deseo.
> ➤ -Uno puede eliminar el sufrimiento al eliminar el deseo.
> ➤ -El deseo se elimina por medio del noble camino óctuple.

La meta de "auto extinción" demanda una vida rigurosa de eliminar toda afinidad o enlace con cualquier parte del mundo o de lo que exista en él. El camino para realizar esta meta se llama el "Noble camino óctuple" que consiste en lo siguiente:

> ➤ -La perspectiva correcta -- comprender las verdades de la existencia.
> ➤ -La intención correcta -- estar abierto a realizar la iluminación.
> ➤ -El discurso correcto -- diciendo todo pero solo lo que se requiere.
> ➤ -La acción correcta -- haciendo todo pero solo lo que se requiere.
> ➤ -La vocación correcta -- ser un monje.
> ➤ -El esfuerzo correcto -- dirigir la energía de uno en la manera apropiada.
> ➤ -La disposición correcta -- practicar la meditación apropiada.
> ➤ -La concentración correcta -- mantener un enfoque continuo.

Es obvio que requiere una vida devota a este régimen. Los seguidores de Gautama establecieron órdenes de monjes y monjas para hacerlo. La obligación de los otros budistas es sostener a los monjes y monjas. El budismo rechazó dos pilares del hinduismo, el sistema de la casta y la autoridad de los vedas. Sin embargo los vedas son considerados escrituras para el budista. No es necesario creer en Dios o dioses para ser un budista aunque hay ramas que creen en los dioses. La gente común adora a los dioses locales para la fertilidad y la bendición pero son devotos también a Buda y los monjes budistas para ganar una mejor vida futura (vez tras vez). La mayoría de los budistas en el mundo practican el animismo y el budismo a la misma vez.

Hay dos ramas principales de budistas y otras menores. La primera es theravada, que intentó adherir más estrictamente las enseñanzas de Gautama Buda y mantuvo un énfasis en los monjes. Solo los monjes pueden realizar "nirvana". Los laicos buscan vivir una vida buena para mejorar su karma en las vidas futuras. Hoy el budismo theravada domina en Sri Lanka y Asia su Sudoriental. El budismo casi no existe en India hoy. La otra rama principal es el budismo mahayana. La mayor diferencia es la mejor inclusión de los laicos en las prácticas religiosas. El mahayana entró y creció en la China, Corea y Japón. En todo el mundo hay aproximadamente medio billón de budistas pertenecientes a las diferentes ramas.

Buda no es un nombre sino un título, que significa "maestro". Un Buda no es una persona ni un dios. Hay muchos Budas. Son los que han alcanzado el estado de la iluminación. Entre las ramas del budismo, existe una que no reconoce los Budas. Generalmente, cada persona tiene la naturaleza de Buda, para ser realizada.[16]

Como notamos, es difícil definir las creencias fijas de todos los budistas. No hay un Dios en el sentido del teísmo. Hay dioses, quizás millones de ellos, pero son impersonales y hay Budas, los humanos que han alcanzado la iluminación, que han realizado "nirvana". También hay Boddhisatvas, quienes son personas que han ganado la budaidad pero decidieron permanecer en la tierra ahora para ayudar a otros a ganar la liberación. Muchos budistas los adoran.

No existe el pecado, es solo una ilusión. Su concepto es semejante a la ignorancia de un ser humano de su verdadera naturaleza. No hay una salvación pero hay una liberación del ciclo de la muerte y el renacimiento por la experiencia de la iluminación. La meta, el fin, es liberación de todo aspecto de la vida y la extinción de su deseo y ser, nirvana. Uno puede ser reencarnado (renacido) en la tierra, como persona o animal, o también en niveles diferentes en los cielos o los infiernos, depende de cómo uno vivió su vida presente. Quiere decir que la vida consiste en un número de reencarnaciones sin fin, según su "karma".

Varios grupos cantan y practican ritos. Otros destacan un tipo de meditación y vida monástica. Aunque varios budistas adoran a Gautama Buda, hay multitudes de otros Budas, unos que son adorados, otros que no lo son. Podemos decir que el budismo tiene Budas que enseñan y son reverenciados, aun adorados, pero el budismo gira alrededor de la enseñanza y no de las personas.[17]

El Confucianismo

China es un país de gran importancia hoy con más de un billón de personas. Hay otra religión en China que juega un papel influyente en su historia, su sociedad, su política y su cultura; esa religión es el confucianismo. Su fundador, Confucio, nació en el siglo VI a. de J.C. Dejó con sus discípulos unas ideas acerca de la vida, no tanto de la vida después de la muerte sino de la vida en el presente y la sociedad. Algunos de sus escritos son instrucciones para la adoración de los antepasados, como el reverenciarlos durante y después de su muerte. La adoración de los antepasados es parte de la tela histórica de la sociedad de China. Según los chinos, los discípulos de Confucio escribieron sus ideas y enseñanzas en un libro, llamado "Las Analectas", un poco después de su muerte. Llegó a ser uno de los cuatro libros mayores del pensamiento chino clásico.

Confucio elaboró un programa de reforma social, gubernamental y personal que daría a la sociedad la felicidad y la paz experimentada en el pasado. Él organizó estos consejos como principios. Son cinco principios:[18]

> -Li -- Siguiendo la conducta aceptada y establecida en la sociedad, conducta de armonía.

> -Ren -- Conducta bondadosa o virtuosa, particularmente según su estatus en la sociedad.

> -Xiao -- Responsabilidad filial, el orden y la responsabilidad familiar, cada uno con un papel.

> -Shu -- Conducta Recíproca, no hacer a otros lo que no quiere que ellos le hagan.

> -Chung -- La fidelidad, especialmente a aquellos con un rango más alto en la sociedad.

La práctica de estos principios según Confucio establece y mantiene la cultura tradicional de China, su estructura social, sus valores y sus costumbres. Mucho de lo que enseñó fue parte del pensamiento histórico de China que el organizó, interpretó, y aplicó. El confucianismo se practica como una religión, pero es más una filosofía y preceptos de sabiduría de la China. Como toda religión en China el confucianismo sufrió con la Revolución Comunista, un gobierno marxista.

El Sintoísmo

En Japón la religión nacional es el sintoísmo. Al igual que China, Japón formó una religión popular por medio de la integración con otras: el budismo, el confucianismo y la religión tradicional. Japón mantiene una gran diversidad de estas religiones y un japonés puede practicar aspectos de cada una de ellas, ya sea en un aspecto de su vida u otro. El sintoísmo significa "el camino de los dioses". Los hechos relacionados con el origen del sintoísmo son pocos y no aparece una persona como fundador ni algo escrito, sino hasta en el siglo V d. de J.C. Parece tener raíces antiguas en la adoración de la naturaleza, la adivinación y otras prácticas de los shamanes. La palabra japonesa referente a los dioses o la divinidad es "kami", pero una mejor aclaración seria "espíritu". El sintoísmo nació como el camino de los "kami". Los kami están relacionados en particular con fenómenos naturales como una roca muy distinta o una montaña, o un árbol. Llegó a ser la religión nacional de Japón pero la presencia del budismo continuó.[19]

El sintoísmo no tiene un libro sagrado, ni siquiera una colección de escritos. Sigue por medio de la repetición de historias y la participación en ritos. El sintoísmo tiene una relación oficial con el gobierno, es practicado por multitudes en ritos y en los lugares sagrados, donde oran o buscan la ayuda de un sacerdote. La familia japonesa sintoísta practica esta religión como parte de su devoción religiosa en su hogar, con estatuas o listas de sus antepasados, junto con los nombres de los "kami" locales o con importancia especial. No es extraño tener un lugar para un Buda también en la casa.[20] Pedirle a alguien que abandone el sintoísmo y las tradiciones de su familia viola el orden de su familia en una cultura donde la armonía es un valor sobresaliente.

El sintoísmo se enfoca en la relación de todo con una realidad espiritual buscando el orden y la paz. Tiene cuatro puntos de afirmación. Primero, mantener las tradiciones en las familias. Segundo, mantener una afinidad y preocupación por el mundo natural y el amor a la belleza del mismo. Lo natural es lo espiritual. Tercero, practicar la higiene personal al punto de limpiarse y lavarse muy frecuentemente. Cuarto, como mencionamos, tener festivales frecuentes para honrar a los "kami". Cada persona se convierte en un "kami" cuando muere y mantiene una relación con el mundo presente. No hay un concepto de juico ni de la vida después de la muerte.

Las Religiones Tradicionales y el Animismo

Las religiones tradicionales (populares) tienen millones de practicantes en lugares como África. Algunas de ellas tienen creencias y prácticas animistas. Aunque no todos hoy en día usan el término animismo, es una creencia de que todo en el mundo es natural, ya sea animal o piedra, y tiene atributos humanos y espirituales. Por lo tanto, muchos tradicionalistas hacen cosas para manipular los espíritus por el mundo natural y el mundo natural por los espíritus. Las ceremonias y creencias que usan la magia para maldecir a alguien son muy comunes. En América Latina grupos indígenas, con creencias mayas o incas, o de otros grupos, evidencian la religión tradicional aunque la mayoría integraron el catolicismo a su religión tradicional. A la misma vez, la mayoría de los musulmanes, hindúes y budistas en el mundo, son animistas también. Combinan su religión con sus creencias espirituales populares (o tradicionales), para crear una forma "popular" de la religión. Viven con temor a los espíritus, pues estos pueden bendecirlos o destruirlos.

Grupos indígenas en América Latina, tanto como la mayoría de los musulmanes, hindúes y budistas en el mundo, son animistas también. Combinan su religión con sus creencias espirituales populares (o tradicionales), para crear una forma "popular" de la religión. Viven con temor a los espíritus, pues estos pueden bendecirlos o destruirlos.

Las religiones tradicionales generalmente creen en un dios supremo, creador, inaccesible o inactivo y varios otros dioses con los que el ser humano se relaciona. Hay poder espiritual impersonal en el mundo y en las cosas. También, existe la presencia de espíritus personales, que pueden ser dioses, espíritus de los antepasados, o fantasmas espirituales, y todos ellos pueden dañar o beneficiar a las personas. Tienen sacerdotes que poseen poder espiritual y supervisan los ritos. La principal figura religiosa es el shaman. Él o ella funciona como un mediador sobrenatural, quien adivina, a menudo practica la brujería, ejerce poder mágico, hechiza, predice eventos del futuro, y se comunica con los antepasados. La participación en los ritos es muy importante y le da a uno derechos y rangos, espirituales o no espirituales, superiores.[21] El tradicionalista se consume con los poderes espirituales en su vida diaria, éxito, enfermedad, o la muerte de personas o animales. Se preocupa por manipular a los espíritus o defenderse de ellos. Quiere aplacar a los espíritus por medio de sacrificios, ritos, ofrendas, o por medio de los shamanes. Para los tradicionalistas existe una falta de paz verdadera.

La santería es un ejemplo de una religión tradicional, africana, llevada por los esclavos al Caribe (Cuba y Haití) y mezclada con otra religión, como el catolicismo, que resulta en un sincretismo. Las religiones tradicionales se mezclan con otras religiones como el islam, también, y llegan a ser una forma "popular" de la religión. La práctica de la santería se llevaba a cabo en secreto y debido a la historia de su práctica secreta, muchas de sus creencias y prácticas son guardadas por los miembros y les son ocultas a los no santeristas. Cumplir con los ritos es muy importante. No tienen escrituras.

Los santeritas tienen un sistema de sacrificios ofrecidos a los representantes de Olorun (Dios) para ganar el poder divino de estos representantes. Hay una jerarquía de doce niveles en la santería de los más consagrados. Creen en un Dios supremo quien es activo pero está demasiado lejos para que nos relacionemos con él. Los santeristas adoran a los "orisha" que son espíritus que ganan su poder continuo por medio de la adoración humana y por los alimentos ofrecidos en el sacrificio de los animales. Tienen once mandamientos para obedecer, (como un código ético) algunos como los diez mandamientos, pero no existe la salvación ni la necesidad de la misma. Los santeristas buscan mantener su adoración y relación con los "orisha" y frecuentemente por "hechizos" de magia. Creen en un mundo físico o terrenal y un mundo de los espíritus. Cuando uno muere puede ser transformado en un espíritu de un antepasado y vivir en el mundo de los espíritus.

El Mormonismo

Una religión nueva (siglo XIX) que nació en los Estados Unidos de América pero tiene una presencia hoy en muchos países es el mormonismo, la Iglesia de los Santos de los Últimos Días (con doce millones de adeptos en los Estados Unidos de América). Aunque esta iglesia es considerada una religión cristiana por sus miembros, la iglesia cristiana histórica la considera como una secta y anticristiana.

El fundador de esta religión fue José Smith. A través de lo que los mormones creen son las visiones de José Smith, él declaró a toda iglesia (cristiana) falsa y corrupta y fue mandado a fundar la única iglesia verdadera. Siendo aún joven dijo haber recibido varias visiones y mensajes del ángel Moroni. En 1830, organizó la iglesia en Nueva York. Murió en Missouri y Brigán Young, que era anciano de la iglesia, tomó el liderazgo y la trasladó a Utah donde todavía es la religión dominante del estado.

La iglesia mormona tiene cuatro libros fundamentales: El Libro del Mormón que dice que es un registro de los habitantes de América del Norte en los tiempos antiguos, La Doctrina y los Pactos que es una colección de las revelaciones del fundador de la religión y su primer apóstol, José Smith, La Perla de Gran Precio que es una colección de declaraciones de sus profetas tanto como escritos antiguos traducidos, y finalmente la versión de la Biblia, "Reina Valera" pero con una cantidad enorme de revisiones por José Smith. Para los mormones la revelación divina continúa hoy (y continuará en el futuro) por medio de los profetas/apóstoles (presidentes) de la iglesia mormona. Las interpretaciones y declaraciones de cada uno de ellos son de suma autoridad.

Es imposible enumerar todas las creencias de los mormones

en este breve espacio. Algunas de sus creencias básicas y distintas, además de sus escrituras, son su creencia de que Dios el Padre era un hombre mortal que progresivamente se volvió Dios y que nosotros también podemos ser dioses de igual manera. Rechazan la Trinidad de la cristiandad y enseñan que las tres personas son dioses distintos y que hay otros dioses dado que también podemos llegar a ser un dios. Siendo la única iglesia verdadera, uno se salva y llega al paraíso solo a través de la iglesia mormona. La iglesia mormona es fuertemente misionera y envía a sus jóvenes en servicio misionero por dos años alrededor del mundo.

Los Testigos de Jehová

Otra religión que nació en los Estados Unidos de América en el siglo XIX es Los Testigos de Jehová (con diez y seis millones de adeptos en todo el mundo). Su sede de operaciones está en Brooklyn, Nueva York. Alrededor de 1874, Carlos Taze Russell fundó este movimiento religioso. El predicó y enseñó pero declaró tener una preferencia por los materiales escritos, e inició una imprenta para publicar tratados y "estudios bíblicos". Con otros asociados llegó a publicar y distribuir miles de copias de su literatura. Hoy de su imprenta en Nueva York publican su literatura en muchos idiomas para ser distribuida en una multitud de países. Russell y sus seguidores destacaron la metodología de ir casa por casa para testificar y distribuir su literatura. Lo hacen hoy día.

Los testigos de Jehová tienen su propia versión de la Biblia, llamada la "Traducción del Nuevo Mundo". Cambiaron textos de la Biblia autorizada e histórica. Además de imprimir sus versiones de la "Traducción del Nuevo Mundo", publican sus revistas y estudios de la "Sociedad De La Atalaya". Los testigos se reúnen en sus "Salones del Reino". Esta religión ha crecido continuamente sin ministros a tiempo completa. Tienen rangos en el liderazgo pero todo miembro es un ministro. Creen que son la única organización cristiana verdadera hoy en día. Sus miembros y líderes están muy comprometidos a ir de casa en casa testificando de su religión. Quieren colocar su literatura en toda casa que visitan y establecer estudios con su versión de la Biblia con toda persona disponible.

Los testigos de Jehová rechazan la Trinidad. Por lo tanto, Jesucristo es una criatura, divino pero no Dios el Hijo. El Espíritu Santo no es Dios ni es divino para los testigos. La salvación viene por fe en Jehová y por buenas obras realizadas por las actividades de la "Sociedad de La Atalaya". Hay dos destinos eternos para los testigos. Los 144,000 ungidos por Jehová pasarán la eternidad en el cielo. Los otros pasarán la eternidad en un paraíso terrenal. No hay un castigo eterno.

Conclusión

Hay ciertas creencias en común entre algunas de éstas religiones y la fe cristiana evangélica (protestante) pero es obvio que ninguna es una religión del Dios trino, quien venció el pecado con el sacrificio de amor de Dios mismo, el Hijo, completa-mente por gracia, sin ninguna obra ni mérito humano, con Escrituras sin iguales presentes en la Biblia, reveladas en la historia humana, que contienen profecías cumplidas, han tratado de ser leídas y comprendidas por toda persona, educada o no, del clero o no, capaces de ser traducidas a todo idioma, con iglesias que nacen adentro de cada cultura y contexto. Nos presenta una cosmovisión incomparable que tiene sentido de toda la vida, toda realidad, y más que todo, nos presenta al Dios trino que podemos conocer, adorar, obedecer, y compartir con otros. Pero la mayor diferencia es Jesucristo mismo, Dios el Hijo, perfecto, santo, resucitado y vivo, el Salvador y Señor soberano sobre todas las cosas.

Términos del diccionario:

Brahma- El dios creador del hinduismo e importante dios triple juntamente con Visnú y Shiva.

Brahmán- En el hinduismo es la base misteriosa pero constante de todo el ser y la existencia.

Halakha- En el judaísmo es el contenido de la ley rabínica, las costumbres y la tradición.

Monismo- La creencia de que toda la realidad se compone de una sola substancia material o divina.

Monoteísmo- La creencia de que hay un solo Dios.

Panteísmo- La creencia de que Dios y la creación o todo el universo son lo mismo pero él está activo.

Politeísmo- La creencia de que hay más de un solo dios.

Shamanismo- Las prácticas de comunicación entre el mundo de los espíritus y el mundo visible por medio de los intermediarios llamados shamanes.

Espiritismo- Las creencias y prácticas de los que creen que se pueden comunicar con los muertos.

Teísmo- La creencia de que hay un solo Dios quien creó todo el mundo y lo que existe en él y posee características de una persona, como el amor, pero es perfecto en todo y es todopoderoso, lo conoce todo, está presente en todo lugar y es infinito (entre otras características).

Animismo- La creencia de que el mundo: las plantas, las piedras, los animales y otras partes del aspecto no humano del mundo tienen los atributos humanos como el alma y el espíritu. Por lo tanto, usan las mismas maneras de influenciar o manipular al mundo (por ejemplo, la lluvia o el sol para la cosecha) que un ser humano (amor, amenazas, regalos, entre otros). Dada la relación de los espíritus con el mundo físico, buscan por sus prácticas manipular a los espíritus por el mundo físico y manipular al mundo físico por los espíritus.

GRÁFICO DE COMPARACIÓN

Religión	Dios	La Salvación
La Cristianidad:		
Evangélica	Un Solo Dios Trino	Por gracia por la fe Bíblica en Cristo.
Católica Romana	Un Solo Dios Trino	Por gracia por la fe Bíblica y buenas obras y recibir los sacramentos.
Judaísmo	Un Solo Dios (No Trino)	Cumplir con la ley de Moisés.
Islam	Un solo Dios (Allah-No Trino)	Ser un musulmán, obedecer los cinco pilares, una vida justa, y se espera que Allah le envíe al paraíso.
Hinduismo	Politeismo (Muchos Dioses)	No hay salvación pero hay liberación por moksha (por samara) por la devoción y los ritos.
Budismo	Politeísmo (Muchos Dioses)	Mayormente no hay salvación pero hay liberación por la iliminación. Para otros, adoran a Buda o Bodhissatva para la salvación.
Confucianismo	No hay Dios pero hay espíritus de los antepasados.	No hay salvación pero hay armonía total.
Sintoismo	No hay Dios pero hay dioses (espíritus).	No hay salvación pero uno se hace Kami (espíritu).
Religiones Tradicionales	Hay un Dios Supremo y muchos otros dioses.	Adquirir poder y seguridad por los espíritus y ritos espirituales.
El Mormonismo	Dios el Padre se hizo Dios de un hombre (No hay una Trinidad pero hay otros dioses.) Cristo y el Espíritu Santo son Dioses distintos.	Jesucristo salva a alguien en el sentido de la resurrección después de la muerte pero uno necesita una vida de buenas obras y salvación es progresiva a través del Mormonismo.
Los Testigos de Jehová	Hay un Dios (Jehová). No hay una Trinidad; Cristo es una criatura.	Creer en Jehová y ser fiel en llevar a cabo las prácticas de los Testigos de Jehová.

GRÁFICO DE COMPARACIÓN

La Autoridad Escrita/Escritura	Liderazgo	Religión
		La Cristianidad:
La Biblia (66 libros)	Pastores / Ancianos	Evangélica
La Biblia (73 libros) más Los Concilios y los encíclicas de la Iglesia y el Magisterio, y el Papa	Sacerdotes / Cardenales / Papa	Católica Romana
Tanakah (Biblia AT)/Talmud (de las leyes orales)	Rabíes	Judaísmo
El Corán	Imanes, Mullahes	Islam
Las Vedas, Las Upanishades, y Bhagavad Gita.	Monjes	Hinduismo
Las Tripitakas	Monjes	Budismo
Los analectas		Confucianismo
No hay escrituras pero hay mitos más que todo.	Sacerdotes	Sintoismo
Tradición oral	Shamanes	Religiones Tradicionales
El libro de Mormón, La Doctrina y los Pactos, La Perla de Gran Precio, la Biblia "Reina Valera" revisada/cambiada por José Smith	Sacerdotes, los Apóstoles / Profetas (Presidente)	El Mormonismo
La Biblia "Traducción del Nuevo Mundo" (Su propia traducción)	Ancianos, superintendentes, y los Presidentes.	Los Testigos de Jehová

Para la reflexión y la investigación:

1. ¿Qué importancia tiene para el cristiano estudiar las otras religiones del mundo?
2. ¿Cuáles son las distintas características de los grupos contemporáneos de los judíos?
3. ¿Cuáles son las principales creencias más notables del catolicismo romano?
4. Explique los cinco pilares de la religión del islam.
5. Explique el concepto de "karma" en el hinduismo.
6. Nombre las dos creencias que el hinduismo profesa y que los budistas rechazan.
7. Explique el concepto de "kami" en el sintoísmo.
8. ¿Cuáles son las creencias y prácticas principales de las religiones tradicionales?
9. Mencione tres diferencias entre la religión mormona y los testigos de Jehová.
10. Dé un ejemplo de sincretismo en América Latina.
11. Como líder en su iglesia o ministerio, ore para encontrar uno o más grupos aún no alcanzados en su comunidad. Elabore una descripción de su religión, entreviste a algunos de ellos, establezca amistad con ellos, determine sus necesidades y cómo puede suplirlas, y elabore una manera contextualizada de evangelizarlos, discipularlos y enseñarlos.

Notas

[1]James F. Lewis and William G. Travis, *Religious Traditions of the World* (Grand Rapids, Mi: Zondervan Publishing House, 1991), 23.

[2]Winfried Corduan, *Neighboring Faiths: A Christian Introduction to World Religions* (Downers Grove, IL: InterVarsity Press, 1998), 63; H. Wayne House, *Charts of World Religions* (Grand Rapids, MI: Zondervan, 2006), 21.

[3]Lewis and Travis, *Religious Traditions*, 104.

[4]John Mark Terry, Ebbie Smith, and Justice Anderson, eds., *Missiology* (Nashville, TN: Broadman and Holman, 1998), 393.

[5]Corduan, *Neighboring Faiths*, 62-63; Lewis and Travis, *Religious Traditions*, 127-129.

[6]Lewis and Travis, *Religious Traditions*, 129; Corduan, *Neighboring Faiths*, 63, 64.

[7]Corduan, *Neighboring Faiths*, 87-88; Lewis and Travis, *Religious Traditions*, 187-189; 201-206.

[8]Lewis and Travis, *Religious Traditions*, 190-192; Corduan, *Neighboring Faiths*, 86, 87.

[9]Lewis and Travis, *Religious Traditions*, 204, 205.

[10]Lewis and Travis, *Religious Traditions*, 197-201; Corduan, *Neighboring Faiths*, 93-98.

[11]Corduan, *Neighboring Faiths*, 199.

[12]Terry, Smith, and Anderson, eds. *Missiology*, 363-364; Lewis and Travis, *Religious Traditions*, 227, 228.

[13]Lewis and Travis, *Religious Traditions*, 227-231.

[14]Corduan, *Neighboring Faiths*, 195, 196; Lewis and Travis, *Religious Traditions*, 240, 241.

[15]Corduan, *Neighboring Faiths*, 221-223; Terry, Smith, and Anderson, *Missiology*, 369, 370.

[16]Corduan, *Neighboring Faiths*, 223-230; Terry, Smith, and Anderson, *Missiology*, 372, 373.

[17]Corduan, *Neighboring Faiths*, 220.

[18]Lewis and Travis, *Religious Traditions*, 301-304.

[19]Lewis and Travis, *Religious Traditions*, 328-330; Corduan, *Neighboring Faiths*, 310-315.

[20]Lewis and Travis, *Religious Traditions*, 330-335; Corduan, *Neighboring Faiths*, 316-320.

[21]James v. Hogue y Ebbie C. Smith, *Christianity Faces a Pluralistic World* (Ft. Worth: Christian Literary Productions, 1989), 52-58.

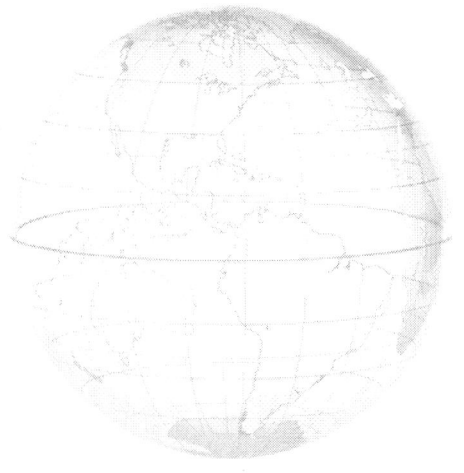

11
Influencias Religiosas en América Latina

Mientras Salomón asumía el trono de Israel y extendía su círculo de influencia y poder en el mundo oriental, ya había civilización en la América antigua. La gran civilización olmeca ya florecía en lo que sería México, y había iniciado el culto del hombre jaguar. Su cultura se entendía y producía esculturas de jade, escrituras jeroglíficas y centros ceremoniales como La Venta. Un poco más al sur, pueblos premayas vivían bajo la influencia de la civilización olmeca en lo que algún día sería Guatemala y Honduras. En lo que sería el Perú, la cultura chavín, que también adorara al hombre jaguar, construyó grandes centros comerciales de piedras. Artesanía en oro, el primer trabajo metalúrgico en América antigua, fue enterrada con los muertos en Chongoyape, en la costa norteña del Perú, mil años antes de Cristo, mientras los siervos de Salomón extraían oro de Ofir para su amo.[1]

Cuando Cristóbal Colón llegó al Nuevo Mundo el 12 de octubre de 1492, y lo reclamó para el rey de España y la Iglesia, trajo consigo un desafío tremendo a los sistemas religiosos y culturales ya existentes. Colón, un devoto católico cuyo nombre significa "el que lleva a Cristo" tomó con mucha seriedad tanto su papel religioso como su responsabilidad nacionalista, lo mismo que cientos de exploradores que lo siguieron. Lo que pasó cuando el fervor evangelístico de los conquistadores se enfrentó con los sistemas religioso-culturales de los pueblos que encontraron en el Nuevo Mundo es parte integral de la historia de las influencias religiosas de la región. Debido a que los exploradores y conquistadores no llegaron a un vacío espiritual al llegar a lo que sería América Latina, nos parece importante recordar algo del tras-fondo de los sistemas religiosos encontrados e introducidos en la parte geográfica del mundo donde la mayoría de nuestros lectores tienen sus raíces.

Influencias precoloniales

Sería un estudio de varios tomos considerar el sistema religioso de cada cultura que florecía en la región. Con nuestro espacio limitado, solamente tocamos la superficie de las tres mayores en representación de las demás.

El hablar de la religión de los mayas en realidad es hablar de la variedad de tradiciones religiones de hasta cincuenta grupos étnicos del Yucatán, Guatemala, y Chiapas,[2] que cubren una historia de más de 2,000 años. La existencia de un sistema místico, desarrollado alrededor del afán supremo de los mayas de entender la matemática y explicar el mundo numéricamente, y la religión de esos grupos colectivamente es algo muy detallado y complejo. Su calendario, reconocido por los antropólogos como su logro más significativo, les ayudó a explicar el mundo y su lugar en él. Su presentación ordenada de los ciclos de la creación en el *Popol Vuh* ha sido descrita como "la cosa más cerca a una Biblia maya".[3]

Su sistema de fe, entonces, se basaba en su entendimiento de la naturaleza cíclica del tiempo, quizá ilustrada por el ciclo anual del maíz, y sus rituales y ceremonias se relacionaban con eso. Aunque su dios estaba "unificado", se expresaba en un número indefinido de deidades. Sus prácticas incluían la oración, el sacrificio humano, la profecía, y la brujería.

El llamado imperio azteca, o la Alianza Azteca Triple, florecía en lo que hoy es México en los siglos XIV, XV y XVI, antes de ser conquistado por los españoles. Un pueblo que a lo largo del desarrollo de su historia, cultura, y mitología se consideraba un pueblo escogido por el sol; el panteón de sus dioses incluía dioses locales para cada pueblo y dioses particulares para cada profesión. Se estima que su sistema incluía al menos 2,000 dioses.

La cosmovisión de la cultura azteca se basaba en la creencia de que su universo había sido creado varias veces, quizá cinco, y que su restablecimiento actual era el resultado del auto sacrificio de dos dioses quienes llegaron a ser la luna y el sol. Si el mundo era el resultado del sacrificio de los dioses, el sacrificio humano debía ser importante, por lo cual formaba una parte integral de su sistema religioso, junto con la penitencia, que es un modo de sacrificio con resultados menos drásticos. Esta idea de tener que ganar el destino de uno penetraba no solamente su religión, sino todo aspecto de la vida.[4]

Aunque se desconoce el tiempo preciso del origen de los incas, se calcula que empezaron a reinar en Cuzco en los primeros años del siglo XIII. Cuando llegaron los españoles en 1532, el imperio Inca era un imperio muy organizado y desarrollado que se extendía del actual Ecuador hasta lo que hoy es Chile. Cada vez que los incas conquistaban un pueblo o una tribu, establecían su religión del estado, que incluía un reconocimiento que el emperador, el Sapa Inca, hijo del sol, era divino. Mientras se permitía que cada pueblo conquistado siguiera adorando a sus propios dioses, tenían también que adorar al dios del sol, el Inti. Además de permitir la adoración de los dioses propios de los pueblos, a veces esos dioses eran agregados al panteón inca, como, por ejemplo, en el caso del dios creador Pachacamac del pueblo del mismo nombre (en la costa del actual Perú). Por este tipo de asimilación, la religión de los incas incluía (e incluye) prácticas religiosas de muchos sistemas a través de la región andina.

Se han identificado ocho elementos clave en el sistema resultante: (1) el panteísmo que incluía dioses creadores, dioses de los cuerpos celestiales, la tierra y el mar, una existencia paralela de los muertos, y fetiches personales, (2) animismo, (3) una distinción entre la religión de la gente común y la religión oficial, (4) una fuerte práctica de festivales y rituales, (5) sacrificios de animales, cosechas, ropa y humanos, (6) una jerarquía sacerdotal, (7) confesión a los sacerdotes, y (8) una vida después de la muerte, distinta para los buenos y los malos.

Así que, la cristiandad no llegó a un vacío religioso al llegar a América Latina. Colón estaba muy equivocado cuando escribió en su diario: "Los indios son buenos, tímidos, y cobardes. No tienen una religión, y fácilmente llegarán a ser cristianos".[5] Los pueblos encontrados ya tenían una historia larga y compleja de sistemas de fe y religión, aunque mal guiados por no haber escuchado todavía acerca de la obra redentora de Cristo.

La llegada del Catolicismo

El primer celo misionero en el nuevo mundo se debía a la confrontación con el islam en Iberia. Los españoles habían vivido bajo la dominación musulmana por varios siglos. Es significativo que los musulmanes fueron expulsados de España el mismo año del primer viaje de Colón a América, en 1492. La lucha de los españoles contra sus conquistadores musulmanes y su eventual vencimiento creó un eslabón entre el patriotismo y la Iglesia Católica Romana. No debe ser una sorpresa que los conquistadores llevaron consigo una religión dogmática y autoritaria al Nuevo Mundo después de varios siglos de fuerza militar contra los musulmanes. [6] Mientras el resto de Europa estaba empezando la lucha contra los reformistas, la Iglesia en la península ibérica estaba luchando contra un enemigo aun más formidable representado por los moros.

Quizá por la atención dada en Iberia al reclamar la cristiandad del Islam más que mantener una postura católica dentro de la cristiandad, la iglesia romana en Iberia no fue tan afectada por la Reforma como el resto de Europa. Aún se ha sugerido que el catolicismo llevado al Nuevo Mundo era medieval en su naturaleza por la falta de la influencia de la Reforma.[7] Mientras la Iglesia que llegó a Norteamérica fue caracterizada y dominada por las ideas reformistas, la que llegó a Sudamérica carecía de tal progreso.

Con los eventos en Europa frescos en sus memorias, los conquistadores y misioneros empezaron a llegar. Contra el trasfondo del matrimonio del nacionalismo y la religión en España, se empleaba *el requerimiento*, que explicaba a los pueblos nativos el cristianismo y la autoridad del papa de confiscar sus tierras. Los pueblos conquistados fueron "requeridos" a aceptar o rehusar dos puntos clave en el mensaje: reconocer a la Iglesia Católica Romana como la señora del mundo, con el papa a su cabeza, y aceptar al rey de España como su rey. Los que aceptaron estas dos condiciones fueron bautizados, los que no, fueron asesinados. Aparentemente, creían que las culturas indígenas eran incapaces de entender el cristianismo, de manera que se lo impusieron.[8] Quizá la ilustración más gráfica del rechazo de la religión de los españoles la encontramos en Atahualpa, el emperador de los Incas. Cuando rehusó aceptar el mensaje de los misioneros y la autoridad del papa y el rey de España, fue tomado preso y sentenciado a ser quemado en la hoguera. Con las llamas ya en sus pies, le fue prometida una muerte menos penosa por medio de la horca si aceptaba a Cristo. Aceptó, fue sacado de las llamas, bautizado como "Juan", y ahorcado.[9]

A pesar del desarrollo de la iglesia católica en América Latina en los siglos subsiguientes, a través de escuelas, bautismos, iglesias, y obra social los primeros misioneros en realidad no llevaron el cristianismo a Sudamérica, sino la cristiandad, una institución o cultura de la cual el cristianismo puede ser una de las partes. No es nuestro propósito juzgar la iglesia católica ni del pasado ni del presente. Pero, desde una perspectiva histórica parece que lo que trajeron los conquistadores y misioneros fue un trasplante de la iglesia ibérica con el sabor de batalla todavía en sus bocas, y el resultado fue un sistema rígido y falso, caracterizado no por la evangelización, sino por la explotación.

Sin duda, la iglesia católica ha sido una de las fuerzas más dominantes en el desarrollo de América Latina, social, espiritual, educacional, y políticamente. Su contribución en hospitales, escuelas, universidades, derechos humanos, e influencia en los gobiernos es incalculable. Los libros que cuentan la historia del cristianismo documentan tales contribuciones. Queremos llamar la atención aquí a un solo aspecto del catolicismo que se ve a través de los siglos de su existencia en América Latina, precisamente porque está tan relacionado a algunos de los temas misiológicos que presentamos en este tomo.

Es que en dos planos coexistentes hay un elemento de catolicismo cultural inherente en las masas que no está necesariamente relacionado con las enseñanzas y prácticas oficiales de la Iglesia, aunque las personas en los dos planos puedan ser las mismas. Normalmente llamado el catolicismo popular, este sincretismo religioso es la práctica religiosa de las masas, especialmente de los pobres, basada en fiestas, procesiones, la veneración de los santos, y la mariología. Es una expresión sincretista del catolicismo, mezclando las religiones tradicionales indígenas con el catolicismo ibérico de los siglos XV al XVII y con el catolicismo romano actual. Así que la descripción de las influencias religiosas en América Latina es circular –de las religiones primitivas a la llegada de la cristiandad, a la expresión combinada de las dos–.

El catolicismo popular se practica principalmente entre las clases bajas y es más espontáneo y personal que las prácticas oficiales de la Iglesia. Incluye peregrinajes, devociones privadas, danzas, votos, mitos, y rituales, no tan distintos de actividades parecidas de las religiones primitivas pre-coloniales. Después de siglos de influencia de la Iglesia y una conclusión, aún entre algunos misiólogos, de que el continente había sido evangelizado, en realidad parece que un mínimo de los católicos son fieles a las doctrinas y prácticas de la fe. La mayoría, más bien, vive una cultura católica que tiene poco que ver con la Iglesia Católica Romana y menos con una relación personal con Cristo.

> *La mayoría, más bien, vive una cultura católica que tiene poco que ver con la Iglesia Católica Romana y menos con una relación personal con Cristo.*

No es difícil entender, desde la perspectiva histórica, cómo un catolicismo puro no se desarrolló. La facilidad con que los indígenas aceptaban la nueva religión indicaba que les faltara significado. La pasividad de los indígenas facilitaba su catequización, pero no les ayudaba en su entendimiento y aceptación de creencias, doctrina, y práctica.[10] Las religiones antiguas tenían muchos de los mismos elementos que tenía el cristianismo por lo que los indígenas a lo mejor aceptaban la protección de un nuevo dios sin abandonar los que ya tenían.[11] Una conformidad externa fue suficiente para que los conquistadores y sus misioneros cumplieran su tarea.[12]

Entre las muchas ilustraciones de esto figuran historias como la antes mencionada conversión de Atahualpa, y la inclusión de objetos no cristianos en sus procesiones y rituales y aún en las iglesias. Los indígenas simplemente continuaron sus celebraciones pero a la sombra de la Iglesia y con su bendición.

La influencia de este sincretismo continúa hasta hoy. Es lo que Nida y otros han llamado el Cristo-paganismo, descrito como una combinación sutil de creencias a tres niveles: puramente indígena, centrado en la Iglesia, y entre los dos. El primero es un sistema religioso preservado por un brujo y curandero con una catolicidad superficial. El segundo es la adoración típica en una comunidad latina católica, caracterizada por procesiones y fiestas. Dice Nida que esto es un sistema de dos cabezas que tiene dos orientaciones distintas pero no contradictorias, con el Dios de los cielos por un lado y el dios del mundo por el otro.[13]

Además, Nida explica cuán fácil fue que una religión sincretista se desarrollara, en cinco áreas. Primero, las religiones primitivas incluían rituales para mantener relaciones apropiadas con los poderes sobrenaturales. No fue difícil fusionar eso con prácticas ritualistas como el quemar velas, el honrar a los santos en las fiestas, y los espectáculos públicos traídos por los católicos. Segundo, prácticas correctivas, diseñadas a restaurar la salud y la prosperidad, se identificaron fácilmente con la confesión, la quema de velas e incienso en las iglesias. Tercero, aunque la brujería no fue parte de la práctica católica, les fue fácil a los brujos usar los nombres de Dios, Jesús, María y los santos en sus encantamientos. Cuarto, la diferencia dada entre pecados grandes y pecados pequeños fue similar en el catolicismo y las culturas indígenas. Quinto, el sistema de liderazgo comunitario en algunas culturas indígenas se parece a la jerarquía del sistema católico.[14]

Hay algunos que preferirían ignorar la existencia del catolicismo popular o Cristo-paganismo, otros que lo abrazan, y aun otros que dirían que no existe porque los ideales que representan no son compatibles. Pero llámese como uno quiera, y al nivel de coexistencia e incorporación que uno perciba, hay distorsiones del cristianismo en América Latina que son el resultado de esfuerzos misiológicos católicos mal guiados, y falta de convicción adecuada para corregirlos.

La respuesta de los protestantes y evangélicos

El catolicismo ya estaba bien arraigado en la región antes de la llegada de los primeros protestantes en la mayoría de las regiones sudamericanas, quienes empezaban a evangelizar de una forma diferente que sus predecesores católicos. La historia de cómo llegaron y quiénes llegaron se encuentra en otras fuentes, y no es el propósito de este capítulo relatar toda la historia. Pero para poner la discusión en perspectiva, ofrecemos la historia y el presente (2010) en forma resumida en la Figura 11.1.[15]

En 1990, David Stoll publicó su ahora famoso análisis del crecimiento del protestantismo en América Latina, titulado *¿América Latina se vuelve protestante?*[16], en el cual describe la "invasión" evangélica del continente sureño. La pregunta que hizo con su título es cautivadora e indujo en 1990 e induce veinte años después al lector a detenerse y pensar. Es indudable que las denominaciones protestantes y los grupos evangélicos, más notablemente los de corte pentecostal, han hecho su marca y, en su mayoría, siguen creciendo. Pero, para contestar la pregunta de

Stoll veinte años después, la respuesta es que no, América Latina no se ha vuelto protestante. Ser "creyente" es ahora más aceptado, con menos estigma, con mayor respeto, y la influencia de creyentes y sus iglesias ha penetrado a todas las facetas de la vida, inclusive la política.

País	Año del comienzo de la obra protestante[17]	Organización o denominación inicial	Porcentaje actual de protestantes y evangélicos en el país[18]
Argentina	1851	Anglicana	2% - 9%
Belize	1776	Anglicana	29%
Bolivia	1898	Bautistas Canadienses	5% -16%
Brasil	1855	Congregacionalistas	15%
Colombia	1825	Sociedad Bíblica Británica	10%
Costa Rica	1888	Sociedad Misionera Bautista de Jamaica	14%
Cuba	1886	Bautistas del Sur	3-4%
Chile	1845	Sociedad Amigos de los Marineros	15%
Ecuador	1896	Unión Misionera Evangélica	4%
El Salvador	1896	La Misión Centroamericana	21% - 28%
Guadalupe y Martinica	1946	Bautistas Independientes	5%
Guatemala	1882	Iglesia Presbiteriana	40%
Haití	1816	Metodistas Wesleyanos	16%
Honduras	1896	La Misión Centroamericana	3% - 36%
Jamaica	¿1750?	Anglicana	63%
La República Dominicana	1889	Iglesia Metodista del Libre Albedrío	4%
Las Bahamas	¿1600?	Anglicana	76%
Guayana	1743	Luterana	50%
Guayana Francesa	desconocido	desconocido	<1%

México	1860	Bautista	6%
Nicaragua	1849	Moravos Alemanes	22%
Panamá	1910	Sociedad Misionera Bautista de Jamaica	15%
Paraguay	1888	Sociedad Misionera de América del Sur (escoceses)	6%
Perú	1822	Sociedad Bíblica Británica	12% - 19%
Puerto Rico	1872	Anglicana	8%
Surinam	¿1700?	Moravos	25%
Trinidad y Tobago	¿1800?	Anglicana	18%
Uruguay	1858	Los Valdenses	11%
Venezuela	1897	Iglesia Presbiteriana	2% - 8%

Es obvio que ha habido crecimiento, y es interesante notar que en la mayoría de los casos la obra protestante empezó antes del comienzo del neopentecostalismo en la primera década del siglo XX. En otro estudio, sería interesante analizar los factores espirituales, emocionales y culturales del crecimiento abrumador de los grupos pentecostales en la región. Por ahora, simplemente lo aceptamos como un hecho, y lo integramos en el cuerpo mayor de los protestantes y evangélicos, o quizá mejor dicho, entre los no católicos, para hacer algunas comparaciones.

Aunque hemos cometido (entre las misiones no católicas) muchos errores en nuestro intento por evangelizar (en contraste con conquistar), podemos aprender mucho de los desafíos históricos de la iglesia católica en la región. Con el fin de explorar lo que los evangélicos pueden aprender de las experiencias y herencia cultural de los católicos, para poder corregir o evitar prácticas parecidas, ofrecemos cuatro lecciones de este estudio de caso que ya ha cumplido varios siglos de vida. Vemos en el estudio principios paralelos a los que ya hemos venido desarrollando en los capítulos anteriores. Veamos, pues, las cuatro lecciones.

Indigenismo versus trasplantación

Uno de los primeros errores que se cometieron se resume en lo que dijo un sacerdote colombiano en Lima:

> Siempre recordaré lo que un viejo peruano me dijo. "Usted vino aquí con un cáliz lleno, rebosante. Debiera haber venido con una taza vacía. Se la hubiéramos llenado".[19]

De lo que hemos observado en la breve reseña histórica en la primera parte del capítulo, parece que una iglesia indígena no fue una prioridad para los misioneros ibéricos. Su responsabilidad fue reclamar a los indígenas para una Iglesia que ya existía, pero no fue iniciar una iglesia indígena. La adaptación de ciertas prácticas católicas para coincidir o coexistir con creencias y prácticas primitivas y los problemas que se ocasionaron, no es para sorprender a nadie. El error fue imponerle o trasplantarle ideologías foráneas a un pueblo que no las entendía.

En tiempos pasados y presentes, algunos creyentes, iglesias, y agencias misioneras en los Estados Unidos de América y otros países que envían misioneros al extranjero, tienen la noción de que su propósito es crear sucursales de sus denominaciones en otros países.

Desafortunadamente, el movimiento misionero evangélico a veces ha seguido cometiendo el mismo error. Es el error clásico que vimos en las misiones protestantes en el capítulo tres durante la era colonial. En tiempos pasados y presentes, algunos creyentes, iglesias, y agencias misioneras en los Estados Unidos de América y otros países que envían misioneros al extranjero, tienen la noción de que su propósito es crear sucursales de sus denominaciones en otros países.

En lugar de trasplantar la cultura de la iglesia que envía, la indigenización cristiana descubre cómo el mensaje bíblico mejor se relaciona con el pueblo al que se sirve. Cultiva prácticas cristianas para que remplacen prácticas paganas. Busca cambiar la cosmovisión del pueblo para que los cambios vengan del interior y no del exterior. Predica y enseña el mensaje del evangelio de manera congruente con la situación cultural sin diluir el mensaje o comprometer las normas de fe y práctica bíblicas. Busca la mejor forma de comunicación con el pueblo, aunque requiere la adquisición de uno, dos, o más idiomas nuevos, y cuando requiere un profundo entendimiento de la cosmovisión del pueblo.

Evangelización en masa versus la salvación personal

Tradicionalmente, la iglesia católica se ha preocupado más por las masas que por los individuos. Cosas como bautismos masivos, confesiones impersonales, e identificación nacionalista con la iglesia apuntan a esto. Movimientos más contemporáneos o recientes continúan con los énfasis en pecados colectivos y salvación corporativa. Aun los movimientos de liberación (que no exploramos en este capítulo, pero sí en el capítulo 3), no llamaron al arrepentimiento individual y un cambio de la sociedad por medio de una reacción en cadena de individuos cambiados, sino que llamaron al cambio radical de la sociedad como un todo, para introducir en la historia una sociedad sin clases.

Mientras los evangélicos no deben optar por la revolución política ni por la salvación colectiva en lugar de un encuentro personal con Cristo, pueden aprender de la metodología católica. La necesidad de un reconocimiento de los pecados de uno, el arrepentimiento, el perdón, y una relación personal con Cristo no se debe negar, pero no se debe subestimar el valor de responder a Cristo en comunidad que en lugar de en aislamiento. En algunas partes oscuras del mundo, esto es muy difícil. Reconocemos que la salvación hace una diferencia en la vida de uno desde el momento de su respuesta inicial a Cristo, pero también reconocemos que la nueva vida en Cristo empieza a cambiar significativamente a la sociedad cuando se experimenta y se expresa colectivamente por quienes se han unido en el nombre de Cristo para cambiar su mundo.

La masas pobres versus el élite

Hasta la segunda mitad del siglo pasado, la iglesia católica, mientras bautizaba las masas, fue una iglesia de la élite. Las masas, por lo general, fueron pasadas por alto o por lo menos se les permitió expresar su catolicismo por medio de prácticas populares. Esto fue cambiando con la aparición de la teología de la liberación y los movimientos laicos.

Hay dos cosas básicas que los evangélicos podemos aprender del énfasis en la élite y el esfuerzo católico de cambiar el enfoque a los pobres. Primero, confirmar la validez de una metodología protestante de décadas de apelar a los pobres con el mensaje del evangelio. Tenemos que admitir que es más fácil ministrar a los pobres, buscar cumplir sus necesidades físicas tanto como las espirituales, darles esperanza en su existencia de poca esperanza, y percibir algunos cambios en las vidas diarias de ellos casi palpables, que sería más difícil ver en los que gozan de una situación económica superior. Para muchas agencias misioneras desplazadas a la región, servir las masas pobres ha sido el enfoque natural y mayor.

Pero, la segunda enseñanza que se gana de los católicos es que apelar a un solo estrato de una cultura puede ser una estrategia errónea. Le costó mucho a la iglesia católica concentrarse en las clases altas hasta la segunda mitad del siglo pasado. En un mundo que está en cambio constante con una economía incierta puede ser que tener estrategias a todos los niveles de una cultura sea difícil. Quizá la lección para aprenderse más aquí es que el mensaje de Cristo llama a un cambio primero en los individuos, luego en la sociedad. Si uno está llevando el evangelio a América Latina o si uno de América Latina está llevando el mensaje a otra sociedad, no debe estar ciego a la necesidad de cada persona de escuchar el plan redentor de Cristo, a pesar de su posición económica.

Procesiones versus profesiones

Finalmente, los cristianos evangélicos pueden aprender a misionar desde un entendimiento de la diferencia entre la superficialidad de un sistema religioso folklórico basado en procesiones, fiestas, rituales y santos, y las posibilidades de cambios en la vida de uno que verdaderamente profesa a Cristo como Señor y Salvador. La iglesia católica prácticamente ha ignorado el sincretismo religioso de América Latina aunque la mayoría de sus adherentes son más católicos folklóricos que católicos romanos.

Los evangélicos debemos ser sensibles a la herencia cultural sin comprometer la enseñanza bíblica. Prácticas culturales que no son inmorales ni antibíblicas no deben de ser condenadas simplemente porque no concuerdan con la perspectiva del misionero. Partes de la cultura cambiarán mientras individuos y comunidades se involucran en su desarrollo como el cuerpo de Cristo, pero el asunto primordial no es predeterminar los aspectos de la cultura que no le plazca a uno para obliterarlos. Los cambios culturales son más aceptables cuando vienen del pueblo mismo–considerados, iniciados, y efectuados por el pueblo que tiene una nueva identidad en Cristo–.

> *Los evangélicos deben ser conscientes de que la existencia amplia de religión folklórica indica cuando menos una conciencia de la necesidad básica para una identidad espiritual.*

Los evangélicos deben ser conscientes de que la existencia amplia de religión folklórica indica cuando menos una conciencia de la necesidad básica para una identidad espiritual. Históricamente, la iglesia católica en América Latina ha estado contenta de permitir que tal identidad se cumpliera por el sincretismo. Los cristianos evangélicos deben ofrecer la opción de una identidad espiritual por medio de una relación personal con Cristo, mientras con sensibilidad y destreza refutan los principios antibíblicos inherentes en las prácticas folklóricas.

Otras influencias

Por cierto, el catolicismo no es la única influencia religiosa en América Latina. En varios otros lugares hemos mencionado otras influencias, tales como la Santería. Hay mucha influencia de las religiones afrobrasileñas, especialmente en Uruguay, Paraguay, y Argentina. En cada país bolivariano y en cada región de Mesoamérica existen el animismo y otras prácticas espirituales que no solamente son remanentes de los siglos pasados, sino que están vigentes hoy en día. En la vasta selva amazónica hay quizá tantos sistemas como idiomas o dialectos y culturas. También hay sistemas religiosos importados del norte como los testigos de Jehová y los mormones. El espacio no permite explorar todas estas influencias, pero el lector y estudiante querrá entender el trasfondo y las prácticas de ellas si los recipientes de su ministerio tienen alguna de ellas en su trasfondo.

Conclusión

El estudio de caso de las influencias religiosas en América Latina, esa región más conocida por la mayoría de los lectores de este tomo, nos enseña no solamente acerca de prácticas misioneras saludables en América Latina sino de buenas prácticas en cualquier cultura. Si uno es misionero de los Estados Unidos de América llamado a América Latina, o viceversa, o si es hispano llamado a otra parte del mundo, las lecciones son aplicables. De donde sea y a donde vaya, el cristiano evangélico en misión debe ser fuerte en su propia fe, debe aprender y entender la cultura a donde va, debe utilizar su entendimiento de la cultura para presentar el mensaje de una manera comprensible a sus oyentes, debe acercarse a otras tradiciones de fe o aún otras religiones con apertura y un espíritu no crítico, aunque sea necesario confrontarlas directamente, para poder presentar el mensaje con amor y no con coerción.

Para la reflexión y la investigación:

1. Si usted está ministrando en una cultura fuera de América Latina, describa la influencia del catolicismo en su ambiente ministerial.
2. Si está ministrando entre una subcultura que incluye gente de varias culturas (como por ejemplo en una iglesia hispana en los Estados Unidos de América), trate de descubrir algunas diferencias entre las prácticas y/o las expectaciones de la iglesia católica en los países de origen de su congregación, a fin de ministrar más efectivamente a través de las barreras culturales dentro de su propia iglesia.
3. ¿Cuáles otras lecciones para los evangélicos, sean positivas o negativas, se pueden inferir de la dominancia e influencia del catolicismo en América Latina?
4. Si usted ministra entre gente con trasfondo en una secta o un grupo cultico, haga una investigación de la secta o el grupo para poder ministrar más efectivamente a su gente.

Notas

[1] Hayward Armstrong, "Ayudas Prácticas", en *Comentario Bíblico Mundo Hispano, Tomo 6* (El Paso: Editorial Mundo Hispano, 2000), 91.

[2] Munro Edmonson, "The Mayan Faith (la fe maya)" en Gary Gossen, ed. *South and Meso-American Native Spirituality*. (New York: Crossroad, 1993), 65.

[3] Edmonson, 65.

[4] Miguel León-Portilla, "Those Made Worthy by Divine Sacrifice: The Faith of Ancient Mexico (Los hechos dignos por el sacrificio divino: la fe de México antiguo)" en Gary Gossen, ed. *South and Meso-American Native Spirituality* (New York: Crossroad, 1993), 41-64.

[5] Pedro Villa Hernandez, *Latinoamérica: Relación de Historia* (New York: Henry Holt and Co., 1942), 21.

[6] Stanley Rycroft, *Religion and Faith in Latin America*. (Philadelphia: Westminster Press, 1958), 82.

[7] Emilio Willems, *Latin American Cultures: An Anthropological Synthesis,* (New York: Harper and Row, 1975), 64.

[8] Sabine McCormack, "The Heart Has Its Resaons: Predicament of Missionary Christianity in Early Colonial Peru". En *Hispanic American Historical Review* 65 (1985): 443-466.

[9] Rycroft, 102-109.

[10] Rycroft, 109.

[11] Rudolf Obermuller, *Evangelism in Latin America* (London: Latterworth Press, 1957), 16.

[12] Rycroft, 109.

[13] Eugene Nida, *Understanding Latin Americans: With Special Reference to Religious Values and Movements* (South Pasadena: William Carey Library, 1974), 106.

[14] Nida, 110-119.

[15] Las fechas e iniciadores de obra siguen mayormente la investigación de F.W. Patterson en *Breve Historia de la Obra Misionera* (El Paso: Casa Bautista de Publicaciones, 1992).

[16] David Stoll *Is America Turning Protestant? The Politics of Evangelical Growth* (Berkeley: The University of California Press, 1990).

[17] Hay discrepancias entre las fechas de Patterson y las de otros historia- dores, debido a factores de incertidumbre. Por ejemplo, en Brasil, los metodistas entraron antes de 1855, en 1835 y 1837, pero sin establecer una obra duradera. Los metodistas también entraron al Uruguay en 1835 con el mismo resultado.

[18] Se consultaron varias páginas web para hacer esta lista. En los casos cuando mayores discrepancias fueron evidentes, se ha informado el rango de posibilidades publicadas.

[19] Citado en G. Costello, *Mission to Latin America* (Maryknoll, NY: Orbis Books, 1979), 60.

2 Cor 4:4

Hechos 16:

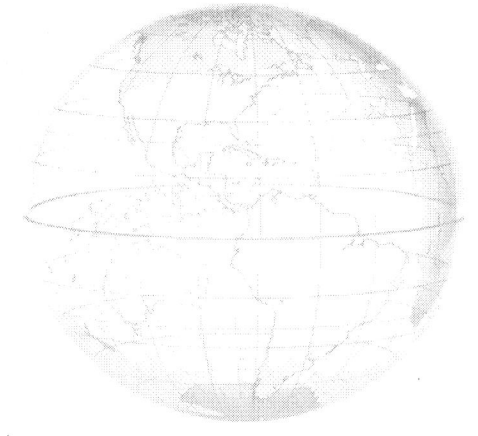

12
La Guerra Espiritual

¿Qué es la guerra espiritual? ¿Quiénes son los participantes en la guerra espiritual? ¿Cuáles son las consecuencias de la guerra espiritual? ¿Hay consejos para el cristiano y la iglesia en la guerra? La guerra espiritual ha ocupado un lugar muy visible en la misión de la iglesia en las últimas décadas. El Pacto de Lausana propone "la guerra espiritual" como uno de los siete énfasis mayores.[1] Este capítulo provee un breve resumen de la base bíblica y teológica para la guerra o el conflicto espiritual, la situación contemporánea, y unas recomendaciones para la iglesia. De antemano recalcamos la urgencia de la oración relacionada con la guerra espiritual para alcanzar a los no cristianos entre las múltiples religiones no cristianas del mundo. La Guerra espiritual bíblica tiene mucho que ver con la evangelización del mundo dado que el diablo quiere cegar los ojos de las personas al evangelio (2 Co. 4:4; Hch. 26:18).

La imagen de la guerra alumbra y al mismo tiempo confunde al cristiano que está vinculado a una vida cristiana obediente. Primero, durante una guerra los soldados no siempre están en batallas específicas o "extraordinarias" de combate pero siguen siendo soldados. Ellos entrenan, descansan, y realizan una multitud de otras tareas. La vida cristiana es una lucha y una guerra espiritual en este sentido. Vivimos la mayoría de nuestra vida como soldados de Cristo desarrollando nuestra vida espiritual, dedicándonos a tareas de servicio cristiano que no parecen ser "extraordinarias" pero son parte de la guerra espiritual. Lo que atrae más la atención son las batallas "extraordinarias" del combate como exorcismos de demonios, que son parte de la guerra pero no es lo que abunda. Segundo, la preparación espiritual para la vida cristiana diaria no se desliga de la preparación para las batallas "extraordinarias", sino que juega un papel sumamente importante para ella. A la misma vez, como un buen comandante en combate sabe hay instrucciones adicionales específicas para las batallas "extraordinarias". Lo extraordinario, ya sea en una guerra militar o la guerra espiritual, capta la mayor atención nuestra. Por consiguiente, aun considerando los dos aspectos como reales y vigentes, el segundo aspecto desafortunadamente tiende a atraer la atención desproporcionada. Los exhortamos a mantener un equilibrio bíblico y práctico entre los dos aspectos.

La situación contemporánea

Los cristianos en el área geográfica del sur del mundo manifiestan una orientación fuerte hacia lo sobrenatural.[2] La iglesia occidental está de acuerdo con lo sobrenatural por lo que profesan "en su fe" pero a menudo no en su práctica. Hay una renovación de interés en el Espíritu Santo y aun más en lo que hace él. El crecimiento de las iglesias evangélicas pentecostales y carismáticas en América Latina ha presentado la guerra espiritual como un tema muy importante para la misiología.

En la reunión de los participantes globales del Movimiento de Lausana en Manila, reconocieron la guerra espiritual, y repitieron que las armas espirituales son indispensables para el evangelismo, "especialmente la Palabra y el Espíritu junto con la oración".[3] El movimiento misionero cristiano quiere ser eficaz en comunicar el evangelio en contextos animistas o politeístas y contextualizar el

El movimiento misionero cristiano quiere ser eficaz en comunicar el evangelio en contextos animistas o politeístas y contextualizar el evangelio entre ellos. Aunque los animistas se preocupan por el poder, no debemos empezar con su comprensión del poder para establecer una teología de la guerra espiritual.

evangelio entre ellos. Aunque los animistas se preocupan por el poder, no debemos empezar con su comprensión del poder para establecer una teología de la guerra espiritual. La verdad ocupa un lugar principal en nuestra misión y Satanás intenta distorsionarla y engañar a todos (Jn. 8:44; 2 Co. 11:3; Ap. 12:9; 13:14). Dios nos pone sobre aviso respecto a la posibilidad de ser engañados (Ef. 5:6; 1 Ti 4:1; 1 Jn. 3:7; Mr. 13:22). A la misma vez, no podemos ignorar el contexto de la idolatría y la actividad y fuerza espiritual de demonios.

La iglesia cristiana ha afirmado la obra del Espíritu Santo en el evangelismo, el impulso misionero, la santidad, y otras áreas. Ha considerado su papel en la proclamación del evangelio para dar poder y valentía para testificar, tanto como la guía del liderazgo. Si la iglesia ha minimizado la obra del Espíritu Santo en otras áreas bíblicas, eso debe corregirse. Si recuperamos un énfasis urgente de la oración y una fe bíblica no limitada por los esfuerzos meramente humanos, los movimientos contemporáneos de la guerra espiritual han hecho una contribución misionera grande.

Algunas misiologías (y teologías de misión) con raíces norteamericanas tienden a adoptar lo que Samuel Escobar ha llamado "una misiología empresarial", donde dominamos el alcance del evangelio a todo el mundo con una metodología de los negocios seculares llena de objetivos que podemos "manejar". Él propone que este fenómeno ha influenciado el movimiento de la guerra espiritual de mapas y centros de control estadounidenses.[4] El propósito es misionero pero parece no interpretar bien la soberanía de Dios, ni el sufrimiento de Cristo, ni la persecución, ni el sufrimiento de sus seguidores, como factores teológicos en la guerra espiritual.

La base bíblica y teológica

La Biblia presenta como REAL la existencia de seres espirituales invisibles como ángeles y demonios, incluyendo a Satanás, quien se opone aun ahora a la obra de Dios en todo lugar, todo el tiempo (aunque el término "guerra espiritual" no aparece en ningún lugar de la Escritura). Jesucristo y los apóstoles demostraron el poder de Dios contra tales seres. El apóstol Pablo aclara la existencia de poderes espirituales (Ef. 6). La luz que brilla en las tinieblas, presentada por el apóstol Juan (Jn. 1), también incluye la presencia de tales seres y su actividad tanto como la manifestación angélica. Cuando Cristo venga por segunda vez, vendrá acompañado de sus ángeles (2 Ts. 1). El libro de Apocalipsis claramente expone no solo la existencia en aquel tiempo, sino en el presente y en el futuro, de estos seres y su actividad hasta la venida de Cristo y después (Ap. 12, 13, 20).[5] Hay actividad malvada donde operan los demonios contra Dios y su reino, una esfera que podemos denominar "las tinieblas".

Los enemigos del cristiano y la iglesia son más que los demonios. Hay tres enemigos del cristiano en la vida cristiana que ejercen influencia malvada. Clinton Arnold, un erudito y experto en el estudio y la experiencia de la guerra espiritual, aclara de Efesios 2:1-3 estos tres. Primero, son los caminos del mundo o lo mundano. Segundo, es la carne y su naturaleza pecaminosa. Tercero, es el diablo. Operan en distintas maneras pero a la misma vez. Él los ilustran como tres cuerdas entrelazadas que forman un solo lazo.[6]

En cuanto al tercero, la Biblia confirma la guerra espiritual contra el Diablo y sus fuerzas. El texto bíblico más usado declara que: ". . . no tenemos lucha contra sangre y carne, sino contra principados, contra potestades, contra los gobernadores de las tinieblas de este siglo, contra huestes espirituales de maldad en las regiones celestes...orando en todo tiempo con toda oración y súplica en el Espíritu, y velando en ello con toda perseverancia y súplica por todos los santos" (Ef. 6:12, 18). Es sumamente importante comprender esta guerra en la obra misionera.[7] Algunos concluyen que la mayoría del crecimiento de la iglesia en la mayor parte del mundo ha sucedido en áreas donde la iglesia abraza y practica intencionalmente una forma de la guerra espiritual.[8]

El Pacto de Lausana considera la guerra espiritual y la confirma como las Escrituras la presentan:

Creemos que estamos ocupados de una guerra espiritual constante con los principados y los poderes del malvado, quienes buscan vencer a la iglesia y frustrar su tarea de la evangelización del mundo. Conocemos nuestra necesidad de equiparnos con la armadura de Dios y pelear esta batalla con las armas espirituales de la verdad y la oración.[9]

Lausana identifica tres armas relacionadas con lo que hace Satanás: El error (Jn. 8:44; 1 Jn. 2:18-26; Gal. 1:6-9; 2 Co. 2:17; 4:2; 1 P 3:15, 16), ser mundano (2 Co. 4:2; 1 Jn. 2:15-17), y la persecución (Lc. 4:18; He. 13:3; Mt. 5:10-12).[10] Satanás presenta el placer del pecado, la culpabilidad e incapacidad humana, y la idolatría (Gn. 3). Amar lo mundano nos lleva a graves consecuencias y es una guerra espiritual rechazarlo (1 Jn. 2:15-17). Dios nos da armas opuestas a las de Satanás. Contra el error, él usa la verdad, centrado en Cristo (Jn. 14:6), su Palabra de verdad (2 Ti. 2:15) que transforma la mente (Ro. 12:1, 2). Al fin y al cabo la batalla para la verdad del evangelio es una batalla de la mente y Satanás intenta mentir, distorsionar, engañarnos, y apartarnos de la verdad. También Dios usa sus ángeles, y hombres y mujeres santos para guiar a su pueblo. Él se opone el pecado con la justicia de Cristo (Ro. 5) y a la tentación con el poder del Espíritu Santo que vive en el creyente (1 Co. 2—3; Gá. 5) y su paz (Jn. 14:27; Ef. 6:15). En todo momento de nuestra vida debemos permanecer en Cristo (Jn. 15). Contra la persecución, Dios guarda al creyente (2 Ts. 3:3) y usa su sufrimiento. Hebreos 11 es un capítulo desafiante e inspirador que nos muestra a algunos fieles que ganaron la guerra espiritual por la cruz y por mantenerse firmes en la verdad de Dios, aun hasta la muerte.

Dios es siempre soberano sobre todas las cosas. Pablo se refiere a los convertidos tomados de un reino de las tinieblas y trasladados al reino de Dios (Col. 1:12, 13). Este dominio se encuentra del Antiguo Testamento (Dn. 4:3; Ex. 19:5, 6) al Nuevo Testamento (Mt. 2:2, 6; 3:2; 12:25-28; Ap. 11:15). Al final, Dios y su reino son victoriosos y los cristianos son parte de la victoria. Aunque Dios le permite al diablo existir por el momento y operar, nadie puede arrebatarnos de la mano de Dios (Jn. 10:28).

La verdad central para la vida cristiana es lo que Dios hace en nuestra santificación y sucede en medio de la guerra espiritual. Mientras Dios nos hace conforme a la imagen de Cristo o nos santifica (renovando la imagen distorsionada por el pecado), habrá luchas espirituales. Primero, él manifiesta su poder y otorga los dones del Espíritu Santo. (Ro. 12; 1 Co. 12; Ef. 4) Pero el mayor énfasis en la santificación es la transformación del cristiano en carácter y espiritualmente. Destaca la enseñanza bíblica del fruto del Espíritu Santo y su presencia transformando la vida de cada creyente como un fiel DISCÍPULO de Jesucristo. Tal obra dura toda la vida del cristiano y cada día. En el Nuevo Testamento cambia lo que sucedió en la caída de Adán y Eva en Génesis 3 hasta hacernos nuevas criaturas en Cristo (2 Co. 5:17), renovándonos (Ro. 12: 1, 2) hasta la segunda venida de Cristo. Segundo, una perspectiva trinitaria reconoce el papel de todas las personas de Dios trino. Mientras la recuperación más contemporánea de la persona y obra del Espíritu Santo es importante, no olvidemos la exhortación de Jesús de permanecer en él porque separados de él es imposible hacer algo en su servicio y ministerio (Jn. 15).

La misión de Dios se realiza en medio de las tinieblas de un mundo caído, pecaminoso, quebrantado, necesitado, y rebelde (Jn. 1:5; 1 Jn. 2:15-17). Las tinieblas nos presentan el campo de la misión de Dios. Como cristianos debemos amar la luz pero a la misma vez, seguimos el ejemplo de Cristo de entrar en el mundo de las tinieblas para anunciar y demostrar el mensaje brillante de Cristo. El cristiano y la iglesia deben tocar personas en el mundo de la oscuridad (1 Jn. 2:11). Hay que entrar en su mundo sin abrazar la oscuridad del pecado, vivir en el mundo sin ser mundano. Es parte de ser el pueblo de Dios, distinto o santo. Un cristiano ha sido transferido del reino de las tinieblas al reino de la luz (Hch. 26:18). Si somos fieles al mandamiento y ejemplo de Jesucristo, será imposible evitar el combate espiritual de la guerra. La decepción espiritual ha dejado huellas en la vida de la iglesia. El presidente de un seminario evangélico en Yugoslavia dijo: "nuestra tarea principal es sencillamente lavar la cara de Jesús" porque ha sido ensuciada y distorsionada muchas veces a lo largo de la historia por los errores de la cristiandad institucional.[11] Presentar a Jesucristo como se revela en la Palabra de Dios y no tan distorsionado como a veces lo hacemos por los lentes culturales, deja que más claramente la luz brille en las tinieblas (2 Co. 4:6).

Una cosmovisión bíblica/cristiana

Dios sigue extendiendo su gloria a todas las naciones (Sal. 46:10; 96:1-4). En el centro de todo está su propósito de glorificarse redimiendo a su pueblo y renovando a cada creyente a la imagen de Cristo (Col 3:1-10). Los elementos bíblicos de una cosmovisión cristiana incluyen la realidad, el impacto del pecado, el poder del evangelio (Ro. 1:16), la conversión, y la batalla por la verdad del evangelio y la Palabra de Dios. El diablo se opone a todos los propósitos de Dios y su gloria (2 Co. 4:3, 4) y a la misma vez crea una variedad de cosmovisiones erróneas.

La teología bíblica y sistemática va de la mano con una cosmovisión cristiana. Dios creó todas las cosas y todo ser (Gn. 1). Los ángeles rebeldes (demonios) con el principal, Satanás, siguieron su rebelión y Satanás tentó a Adán y a Eva (Gn. 3). Adán y Eva pecaron y el pecado entró en la buena creación de Dios. Desde Génesis 3:15, Dios sigue reconciliando, restaurando y redimiendo a toda su creación, especialmente salvando a personas estableciendo su reino. Su medio es Jesucristo y su copartícipe el Espíritu Santo (Jn. 14–17). Son parte de la historia bíblica y fundamentos para entender la guerra espiritual.

Esta guerra no es entre iguales sino entre criaturas, los demonios y Satanás, y Dios el Creador, quien provee la victoria completa sobre los demonios y Satanás con la obra de Cristo en la cruz de vencer la muerte y el poder del pecado (Jn. 19:30). Tampoco es un conflicto entre dioses. No hay otros dioses (1 Co. 8:4-7; 2 Co. 4:4; Ga. 4:8) y el cristiano se opone al poder del pecado y a la maldad con un poder sumamente mayor, el poder de Cristo y el Espíritu Santo. Somos sensibles de reconocer la sinceridad de los no cristianos quienes creen en otros dioses cuando realizamos la obra misionera pero de una manera u otra deseamos su conversión a Jesucristo y la verdad.

> *Esta guerra no es entre iguales sino creaturas, los demonios y Satanás, y Dios el Creador, quien provee la victoria completa sobre los demonios y Satanás con la obra de Cristo en la cruz de vencer la muerte y el poder del pecado (Jn. 19:30). Tampoco es un conflicto entre dioses. No hay otros dioses (1 Co. 8:4-7; 2 Co. 4:4; Ga. 4:8) y el cristiano se opone al poder del pecado y a la maldad con un poder sumamente mayor, el poder de Cristo y el Espíritu Santo.*

La presencia y actividad vigentes de los demonios y Satanás tienen limitaciones. Satanás y los demonios no son omnipresentes y hay una mayor cantidad de ángeles (no caídos) (He. 12:22; Ap. 5:11). No hay una lucha larga de dos dioses o poderes espirituales más o menos iguales, buenos y malos, donde el cristiano u otro ser humano simplemente espera que el bueno gane; una cosmovisión dualista. Esta cosmovisión falsa es antigua pero popular hoy. La lucha verdadera es el establecer del reino de Dios en medio de una creación caída en el pecado, tentada e influenciada por Satanás y los demonios, el dominio del pecado y sus consecuencias. El asunto principal en el reino es la autoridad de Cristo (Mt. 28:18-20) y no demostrar si Dios tiene el mayor poder según las prácticas de una cultura animista o espiritista.

Los encuentros de poder

Hoy hay evangélicos que creen en "encuentros de poder" como necesarios para evangelizar en muchas áreas del mundo donde consideran una manifestación de poder como necesario para confirmar la verdad del evangelio o ganar una entrada por ella. ¿Hay encuentros de poder hoy? La respuesta es sí.

Primero, el evangelismo y la conversión a Cristo es un encuentro de poder. El evangelio es el poder de Dios (Ro. 1:16) y cuando enfrenta a un pecador es un encuentro de poder contra el pecado y los poderes espirituales que desean oponerse a la salvación de alguien. (2 Ti. 2:9-10)

Segundo, la sanidad milagrosa es un encuentro de poder con la enfermedad y el poder divino para sanar. Jesucristo enfrentó muchas enfermedades en su ministerio y sanó a muchos.

Tercero, la expulsión (reprender) de demonios es un acto de poder divino contra los demonios y su poder. Cristo y los apóstoles expulsaron demonios. A veces, la sanidad resultó simultáneamente con una expulsión de los demonios.

Estas manifestaciones a menudo constituyen "señales y milagros" aunque puede ser que haya otras manifestaciones milagrosas incluidas. No debemos, sin embargo, confirmar toda práctica extra bíblica llamada "encuentro de poder". Además, debemos ser muy claros en cuanto a las prácticas de una persona que parece usar al Espíritu Santo como un poder en el sentido de la magia. El Espíritu Santo no es un poder de la magia para ser manipulado. Él es Dios y es una persona de la Trinidad.[12] Además, hay señales y milagros falsos, que no son de Dios (las demostraciones de poder de los magos de Faraón, en Éxodo; las tentaciones por parte del diablo al Señor Jesús; 2 Ts. 2, entre otros). No imitamos las prácticas espiritistas o animistas, en las culturas donde evangelizamos, como si fueran cristianas ni tampoco creamos un sincretismo entre la práctica de la magia o espiritismo con el poder y la persona del Espíritu Santo. La meta es mantener una perspectiva correcta entre el enlace de la verdad de la Palabra de Dios y manifestaciones del poder del Espíritu Santo mientras evitamos un sincretismo de una cosmovisión no bíblica, espiritista, o animista con nuestra cosmovisión cristiana.

La actividad diabólica contra Dios seguirá hasta que llegue su final ya marcado (Ap. 20), junto con sus ataques contra los no cristianos y los cristianos (1 P. 5:8), pero no están aislados de la obra santificadora de Dios (Ro. 8:29; 2 Co. 3:18; Ef. 4:13-15). Cristo expulsó demonios (Mr. 1:27-29; 9:14-29; Mt. 8:28-34; Lc. 8:26-39) y la expulsión de demonios sigue vigente hoy pero no debe consumir nuestro ministerio cristiano. Aun en la conversión de los Tesalonicenses donde se declara que el evangelio no vino solo en palabras sino en poder, no presenta el poder como manifestaciones extraordinarias (1 Ts. 1:5). No deseamos imitar a tribus en culturas que viven constantemente comparando los actos de sus espíritus o dioses contra los de varias otras tribus. Cristo sanó a muchas personas milagrosamente y a menudo el milagro estaba vinculado con la expulsión de un demonio, y puede hacerlo hoy también. A la misma vez, la exhortación de Jesús pone de relieve la actitud correcta: "Pero no os regocijéis de que los espíritus se os sujetan, sino regocijaos de que vuestros nombres están escritos en los cielos" (Lc. 10:20). También, Pablo declaró: "...de buena gana me gloriaré más bien en mis debilidades, para que repose sobre mí el poder de Cristo" (2 Co. 12:9). El poder espiritual viene por medio del crecimiento espiritual al llenar nuestra vida con la palabra de Dios y la oración, que es parte de la santificación de cada cristiano y dura toda la vida. El Espíritu Santo obra en este proceso de santificación y transformación de un cristiano.

La guerra espiritual es real (Ef. 6; 2 Co. 4:4) y la obra de Satanás es oponerse a la misión de Dios (Mt. 4:1-11; Jn. 8:44; Gá. 4:8; 2 Co. 4:4; 1 Ts.1:5). El diablo se opone a la evangelización del mundo, el crecimiento del reino de Dios, y la vivencia espiritual del cristiano y la iglesia.

El Pacto de Lausana presenta el "Conflicto Espiritual":

Creemos que estamos ocupados con la guerra espiritual constante con los principados y los poderes del malvado, que buscan derrocar a la iglesia y frustrar su tarea de la evangelización del mundo. Conocemos nuestra necesidad de equiparnos con la armadura de Dios y pelear esta batalla con las armas espirituales *de la verdad y la oración*. Detectamos la actividad de nuestro enemigo, no solo en las ideologías falsas afuera de la iglesia, sino también adentro de ella en los evangelios falsos que tergiversan la Escritura y ponen al hombre en el lugar de Dios. Necesitamos ser vigilantes y tener discernimiento para proteger el evangelio bíblico... (énfasis nuestro).[13]

La misión depende de lo sobrenatural, el poder del Espíritu Santo, sus dones, y la oración eficaz. El interés en la guerra espiritual ha ayudado a recuperar la verdad y una cosmovisión cristiana de que toda la vida es espiritual y es parte de la guerra espiritual.

Consejos para la iglesia y el cristiano

Hay algunos consejos bíblicos muy prácticos para la guerra. Por lo menos, el cristiano debe someterse al Señorío de Jesucristo y su autoridad. Frente a la oposición del diablo, "Humillaos, pues, bajo la poderosa mano de Dios...vuestro adversario el diablo, como león rugiente, anda alrededor buscando a quien devorar; al cual resistid firmes en la fe" (1 P. 5:6, 9; Stg. 4:7, 10). Junto con estas acciones viene la necesidad de "acercarse a Dios". Algunos medios importantes son la confesión del pecado y la adoración (Stg. 4:8; 1 Jn. 1:9; Mt. 4:10). Con el Pacto de Lausana concordamos que el conocimiento y uso de la Biblia ligados a la oración (y el ayuno) son indispensables. La oración eficaz también puede unirse a la verdad de la Palabra de Dios (1 Ts. 5:17; Ef. 6:17; Ro. 12:1, 2).

> *Con el Pacto de Lausana concordamos que el conocimiento y uso de la Biblia ligados a la oración (y el ayuno) son indispensables.*

Debemos guardar nuestra vida espiritual, la oración, la santidad, el estudio de la Palabra de Dios, entre otros. (1 P. 1:16) Dios nos manda "permanecer en él" (Jn. 15:4, 5), vivir llenos del Espíritu Santo (Ef. 5:18), vivir por fe (Ro. 1:17), vivir una vida humilde y servicial con sus deseos carnales crucificados bajo el señorío de Cristo (Gá. 2:20), y dependiendo del compañerismo íntimo con otros creyentes en la iglesia (Hch. 2:41-47). Como el apóstol Pablo, anhelamos un conocimiento y una relación con Cristo completamente entregados a él (Gá. 2:20). Anhelamos ver el fruto del Espíritu Santo en nuestra vida (Ef. 5:22, 23) y recibir según nos da el Espíritu Santo los dones espirituales (Ro. 12; 1 Co. 12; Ef. 4). Nuestra preocupación mayor debe ser nuestra condición espiritual y una vida de fe (Ro. 10:17; Col. 3:2; 1 Ti. 1:5; 2 Ti. 4:2-4). Suena sencillo pero muchos de nosotros debemos reconocer que dedicamos menos tiempo a estudiar y meditar en la Palabra de Dios del que debemos. Tal vez más triste es nuestra reflexión sobre nuestro compromiso de orar y ayunar (Mateo 4:2; 6:16; Hch. 13:3). Debemos reconocer la presencia de Dios en nuestra vida momento a momento, con el amor y el gozo cristiano, y orar para que Dios nos proteja del maligno (Jn. 17:15).

La otra tensión se encuentra en el ministerio pastoral relacionada con las consecuencias del pecado al aconsejar a cristianos y a no cristianos. Un extremo y error es rechazar la existencia de los demonios. La Biblia nos alerta sobre la presencia del diablo, nos manda oponernos a él (1 P. 5:8-9; Stg. 4:7), y nos exhorta a luchar contra él con armas no humanas sino divinas (Ef. 6; 2 Co. 10:3-5). En la obra misionera, en muchos lugares, sí, habrá consecuencias e influencias de los demonios. Otro extremo es insistir en que los demonios son responsables de todo. No hay suficiente consideración de nuestra naturaleza pecaminosa, la confesión del pecado, y la influencia mundana. ¿Pueden los demonios impactar la vida cotidiana de las actitudes, los pensamientos, la moralidad, el enojo, y otros? Debemos contestar que sí. ¿Cómo se le puede oponer al diablo el cristiano? La Biblia enfatiza el crecimiento espiritual del creyente alimentándose con la Palabra ("pan diario") creciendo en las disciplinas espirituales y el amor hacia Dios y nuestro prójimo (Lc. 9:23; Ro. 6:12; Gá. 5:16-18). También, vemos la lucha espiritual bajo un concepto amplio y bíblico de la gracia de Dios (Ef. 1:6-23). El ministerio y consejo pastoral es amplio y presenta los propósitos de Dios, como volver a los caminos de Dios, vivir una vida que le agrada a Dios, además de un exorcismo cuando es necesario. La sabiduría bíblica, el desarrollo de las disciplinas espirituales, las relaciones con otros creyentes, la presencia cristiana en la consolación y la exhortación, son unas de las dimensiones que desempeña un pastor en su ministerio pastoral que tienen un impacto en la guerra espiritual.

> *El ministerio y consejo pastoral es amplio y presenta los propósitos de Dios, como volver a los caminos de Dios, vivir una vida que le agrada a Dios, además de un exorcismo cuando es necesario. La sabiduría bíblica, el desarrollo de las disciplinas espirituales, las relaciones con otros creyentes, la presencia cristiana en la consolación y la exhortación, son unas de las dimensiones que desempeña un pastor en su ministerio pastoral que tienen un impacto en la guerra espiritual.*

En la familia, los padres encuentran ataques espirituales contra sus hijos, incluso el rechazo de la fe y la moralidad de su familia. Los factores son varios pero la guerra espiritual es una. Un autor desenmascara las tácticas de Satanás como: robar, matar, y destruir (Jn. 10:10). Propone que Satanás intenta desarmar a nuestros hijos de su armadura espiritual (Ef. 6), la verdad de la palabra de Dios, la justicia, el evangelio de la paz, su fe, su salvación, el Espíritu de Dios, su vida de oración, dejándolos sin defensa espiritual. Demuestra por la Biblia y su experiencia la urgencia de entrar en la guerra espiritual en defensa de nuestros hijos. Reconoce los tres enemigos del creyente en la guerra: el mundo, nuestra carne y el pecado, Satanás y sus cohortes. Presenta verdades y aplicaciones para niños de todas las edades y hacia los tres enemigos. No cabe duda que la familia está bajo un ataque del diablo y las familias están en la guerra espiritual.[14]

El diablo no tiene un poder ilimitado sobre nosotros. Podemos resistir, rechazar, y responder con obediencia a Dios. Cuando la tentación del diablo es duda, respondemos con fe; cuando es división, nos unimos; cuando es enojo, perdonamos; cuando es odio, amamos. El diablo nos tienta y pone obstáculos pero el poder mayor, divino, soberano, es Dios. La victoria se ve en un compromiso diario de una vida bajo el Señorío de Cristo en todo sentido que nos lleva a una vida de rodillas dobladas en oración, llenos del Espíritu Santo que nos lleva a proclamar la salvación y el nombre de Cristo aun frente a la muerte (Hch. 4:31). También, nos exhorta a alabar a Dios en toda circunstancia (Sal. 22:3) para oponernos al diablo.

Un resumen práctico para los cristianos en la guerra incluye lo siguiente:

- Confíe en Cristo y entregue de nuevo el control completo de su vida a él. ("...Permanece...").
- Confiese su pecado conocido y entréguele de nuevo el control de su vida al Espíritu Santo.
- Busque vivir un estilo de vida espiritual en santidad y llenura del Espíritu Santo.
- Ore constantemente a solas y con otros, y practique el ayuno (la práctica del ayuno se vincula con la capacidad para tratar con los exorcismos).
- Aumente el conocimiento de la Palabra de Dios, incluyendo su memorización.
- Dependa del apoyo y la participación de otros cristianos en la guerra espiritual.

- Tome la ofensiva en la guerra de cumplir con la misión de Dios al servir en sus ministerios.
- Practique la adoración a solas y con otros cristianos.

Diccionario de términos:

Animismo: Una creencia de varios grupos de personas que consideran que los elementos del mundo físico como árboles, animales, estrellas, o el sol, por ejemplo, tienen las mismas características que los seres humanos. Tienen espíritus. Desarrollan prácticas para manipular al mundo físico para controlar a los espíritus.[15]

Sincretismo: En términos generales religiosos es mezclar creencias y prácticas no bíblicas con creencias y prácticas bíblicas. Por ejemplo, integrar la creencia animista de que árboles y ríos tienen espíritu como el ser humano, con la creencia cristiana de lo espiritual y el Espíritu Santo. A menudo, es la creencia de los espiritistas en América Latina y otras partes del mundo.

Texto Recomendado: John Franklin y Chuck Lawless. *Guerra Espiritual: La Verdad Bíblica para Obtener la Victoria.* Nashville, TN: Lifeway (Español)

Para la reflexión y la investigación:

1. ¿En qué consiste la guerra espiritual?
2. ¿Quiénes son los participantes en la guerra espiritual?
3. Presente dos errores comunes relacionados con el poder y la naturaleza de los participantes en la guerra espiritual.
4. Presente una diferencia entre la perspectiva bíblica del Espíritu Santo y el poder espiritual, y una cultura y perspectiva espiritista o animista.
5. ¿Cuáles son los tres enemigos del cristiano mencionados en el capítulo?
6. ¿Cuáles son las tres armas del diablo identificadas por el Pacto de Lausana y las tres armas cristianas para confrontarlas?
7. ¿En qué sentido bíblico hay encuentros de poder?
8. Presente siete de los consejos prácticos para el cristiano de luchar en la guerra espiritual.
9. ¿Cómo se relaciona la tarea del consejo pastoral con la guerra espiritual?
10. Reúnase con otros líderes de su iglesia para identificar e implementar una estrategia y unas prácticas bíblicas para la guerra espiritual entre los miembros y ministerios de su iglesia.

Notas

[1]John R. W. Stott, *Making Christ Known* (Grand Rapids, MI: Eerdmans Publishing Company, 1996), xv.

[2]Phillip Jenkins, *The Next Christendom: The Coming of Global Christianity* (Oxford: University Press, 2002), 7.

[3]Stott, *Making Christ Known*, 238.

[4] Samuel Escobar, "Evangelical Missiology" en *Global Missiology for the 21st Century*, William D.Taylor (Grand Rapids, MI: Baker Academic, 2000), 112-114.

[5]Reconocemos que hay varias interpretaciones del Apocalipsis.

[6]Clinton E. Arnold, *3 Crucial Questions about Spiritual Warfare* (Grand Rapids, MI: Baker Books, 1997), 32-36.

[7]Vea el análisis de Samuel Escobar, "Evangelical Missiology: peering into the future at the turn of the century" en *Global Missiology in the 21st Century*, Taylor, ed., 111.

[8]Michael Pocock, Gailyn Van Rheenen, and Douglas McConnell, *The Changing Face of World Missions* (Grand Rapids, MI: Baker Academic, 2005), 190-194.

[9]Stott, *Making Christ Known*, 44.

[10]Stott, *Making Christ Known*, 44.

[11]John R. W. Stott, *The Incomparable Christ* (Downers Grove, IL: InterVarsity Press, 2001), 120, 121.

[12]Vea Hechos 8 y Simón el Mago.

[13]Stott, *Making Christ Known*, 44.

[14]Leslie Montgomery, *Una Guía Para Padres sobre la Guerra Espiritual: Eduque a sus Hijos para que Ganen la Batalla* (Grand Rapids, MI: Portavoz, 2006), 73-75.

[15]Robert J. Priest, "Animism" in *Evangelical Dictionary of World Missions*, ed. A. Scott Moreau (Grand Rapids, MI: Baker Books, 2000), 63.

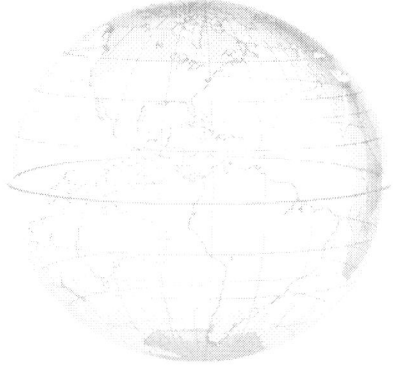

13
Hacia el Futuro

Un breve resumen

La misiología provee para la iglesia un panorama maravilloso para obedecer su llamamiento divino y realizar su ministerio diario. Este estudio presenta suficiente apoyo bíblico para transformar su comprensión de la vida cristiana y el ministerio de la iglesia. ¡Cuán fácil es llegar a una práctica diaria en la vida cristiana y ministerio de la iglesia que poco a poco nos lleve a una cristiandad que tiene muy poco en común con lo que leemos en la Palabra de Dios! Puede suceder en la vida de cristianos y ministros muy dedicados. Cuando uno considera el propósito de la vida como conocer y obedecer a Dios con el fin y la meta de glorificar a Dios, el estudio y la práctica de la misiología es indispensable. Nos enfocamos en cuatro participantes en la misión: Dios, el cristiano, la iglesia, y las personas sin Cristo en sus contextos distintos. La Biblia sola nos enseña quién y cómo es Dios, tanto como el contenido y la naturaleza de su misión. A la misma vez la Biblia revela lo más importante acerca de la naturaleza del cristiano, la iglesia, y toda persona en la tierra. Sin embargo, otros recursos de conocimiento o información iluminan y determinan dimensiones de quién y cómo es el cristiano, como un ser humano, y la iglesia como una entidad real y visible en el mundo mientras participa en la misión de Dios, obedece a Dios en su obra misionera. Tal vez el área donde más apreciamos conocimientos e información importante extra bíblica (dados por Dios por medio de revelación general), como las ciencias sociales, es el estudio de los seres humanos sin Cristo y sus situaciones reales y concretas. Proveen una mayor comprensión de su situación y su dignidad. Tales estudios nos preparan para comunicar el mensaje del evangelio y la Palabra de Dios con más claridad. El mayor énfasis gira alrededor de Dios y su Palabra en la misiología tanto como la vida cristiana. Sin embargo, la misiología demanda estudio y preparación. Dado que Dios ha creado todo y gobierna sobre todo ahora mismo, aun en áreas de estudio y conocimiento no directamente bíblicos, insistimos en que son dados por Dios bajo el señorío de Cristo. Este libro se aprovecha de varios de estos campos de estudio como: la historia, la antropología, la sociología, asuntos filosóficos, la literatura, asuntos lingüísticos, entre otros, y la experiencia. El ministerio misionero (tanto como el ministerio local) exige una interpretación correcta y fiel del texto de la Biblia, una expresión teológica contextual, y un análisis de la realidad y situación comprensiva de quienes están sin Cristo, su contexto.

El cristiano y líder cristiano involucrado en la obra misionera de Dios se hace un aprendiz, primero de Dios, su Palabra, y su misión, que no cambian, y a la misma vez de estudios, información, experiencias, y conocimiento que se aplican a las situaciones y contextos múltiples de un mundo que cambia rápidamente. Cautivados por Dios, su gloria, su evangelio, y su misión, dedicamos todo nuestro ser y esfuerzo a servir en su obra. Lo decimos de nuevo porque, estimado lector, este campo de estudio es nuevo para la mayoría de los lectores. El panorama de temas es comprensivo. La integración de todos estos campos de estudio resulta aun más exigente. El fruto de su estudio y preparación será la visión y eficacia de su ministerio ampliado, conocimiento que impacta el campo de la práctica.

Cada capítulo examina aspectos muy importantes, pero sirven en la mayoría de los casos como un resumen que subraya los elementos más importantes. Escuchen bien: queremos dedicarnos a ser mejores estudiantes o aprendices en todos los temas examinados pero tenemos una meta mayor. Queremos experimentar un cambió en cómo entendemos a Dios, quiénes somos como la iglesia del Señor Jesucristo, qué produce el evangelio, cómo verdaderamente amamos a Dios y a nuestro prójimo, y cómo observamos y actuamos en la realidad de nuestro mundo con una percepción y un propósito divinos. Buscamos entender cosas nuevas, el ministerio y vida de la iglesia de una manera nueva, y una confianza renovada en Dios quien da la misión y actúa en ella.

Su estudio de este libro es personal e individual pero está incompleto si no es un estudio en conjunto con otros misioneros, líderes, y miembros de sus iglesias. El diseño del libro sirve bien en materias formales de estudio y a la misma vez en la iglesia en un formato menos formal. Es un recurso y les señala otros recursos de estudio e información. Busquen maneras y foros para aprender de otros misioneros y de los que están involucrados en la obra misionera. Será una experiencia rica. Lean sus Biblias juntos, orando, pidiendo a Dios su conocimiento, sabiduría, dirección, bendición, visión, y campos específicos para alcanzar con el evangelio. No pueden esperar hasta dominar todo aspecto del estudio para llevarlo a cabo. Úsenlo "en el camino" cuando se lancen en nuevos ministerios misioneros, nuevos campos misioneros, y con nuevos grupos misioneros. Cuenten con la acción del Espíritu Santo para proveer nuevos impulsos misioneros, nuevos participantes (¡a veces sorprendentes!), dones inesperados para facilitar la misión, oportunidades inesperadas, nuevos colegas misioneros, y un nuevo gozo espiritual contagioso.

Algunos lectores van a conseguir para su preparación misionera recursos de investigación, libros de historias misioneras, estudios de otras religiones a cuyos adeptos desean presentarles el evangelio y el amor de Cristo, equipo para tener acceso a información por medio de la tecnología, o añadir a lo que ya tienen en la iglesia o ministerio misionero. Aun si no tienen mucho dinero ahora mismo, dedíquense a desarrollar la capacidad de preguntarles a otras personas que no tienen a Cristo para conocerlas mejor y aprender nueva información que les ayude a comunicarles el evangelio. Formen equipos, oren juntos, estudien juntos, y multipliquen los miembros misioneros. Estudien este libro y otros que puedan utilizar más de una vez. Lean los textos bíblicos citados en el libro con los que enseñan.

La obra misionera cristiana no se da sin un costo. Varios lectores han experimentado el costo del discipulado. Como el último capítulo nos advierte, hay y habrá oposición espiritual. Finalmente, cada uno de nosotros debe entregar su vida a Cristo completamente. La entrega total incluye "amar a Dios con toda la mente" como una disciplina espiritual junto con la oración y otras disciplinas espirituales.

¿Qué podemos esperar?

¿Que nos espera en el futuro de las misiones? ¿Habrá nuevas metodologías, nuevas estrategias? ¿Volveremos, quizá, a métodologías del pasado, ya probadas? ¿Habrá más énfasis en la siembra de iglesias, en el evangelismo, en la acción social, en atención física y espiritual de los damnificados, a los movimientos de la siembra de iglesias, a la lucha contra y dentro de la persecución de los santos? ¿Qué pasará a la iglesia del tercer mundo que está acertando sus bases teológicas y buscando su lugar en la responsabilidad misionera local y global?

El mundo en que vivimos se cambia rápidamente y aunque es difícil anticipar todos los nuevos desafíos que enfrentarán a la Iglesia podemos identificar las realidades de hoy que se desarrollan y crecen. Estos aspectos globales prometan ser parte de la obra misionera por las décadas venideras. Específicamente debemos destacar la oralidad, el crecimiento de Islamismo, la necesidad de discipular y capacitar después de evangelizar, y el llamado misionero que Cristo ha dado a Su Iglesia.

Más de 90% de los recursos para discipular, evangelizar, y capacitar es preparado para personas de alfabetismo alto. Personas en este nivel alto saben leer un libro que nunca jamás han visto, pueden reflexionar en el contenido, y escribir un resumen o análisis crítico. Pero por desgracia, sólo de 20% a 30% de la población del mundo es de alfabetismo alto. Estamos descubriendo que la mayoría del mundo es de culturas orales o de las que saben leer pero no leen. Las metodologías que hemos utilizado en el pasado no son eficaces en medio de culturas así. Misioneros necesitarán cambiar sus estrategias para alcanzar y discipular esta mayoría del mundo.

Las metodologías que tienen éxito entre estas culturas incluyen el contar historias bíblicas cronológicamente, el uso de repetición, y el enseñarles con preguntas y respuestas como se encuentran en los catecismos. Cuando el misionero cuenta historias de la Biblia los oyentes oyen el plan de Dios para salvar a los pecadores, y a la vez se forma una cosmovisión nueva sin la cual nadie puede entender lo que se escucha. Sin cambiar la cosmovisión el mensaje del evangelio no tiene sentido. Personas de culturas orales son tan inteligentes como las de alfabetismo pero su forma preferida para recibir nueva información y comunicarse con los demás es por las formas narrativas. Cuando culturas así reciben información en la forma apropiada se pueden entenderla, recordarla, y repetirla a otros. La razón por la cual la oralidad es uno de los fenómenos importantes en el futuro no es solamente porque estamos descubriendo más y más culturas orales no alcanzadas, y otras que misioneros han "alcanzado" pero sin efecto aparente, sino porque muchos culturas del alfabetismo alto están creciendo hacia la oralidad.

El segundo fenómeno creciente para la atención de los misioneros en el futuro es el Islamismo. Todo el mundo es más consciente de esta religión después de los eventos del 11 de septiembre de 2001 y el terrorismo que se ve en las noticias diariamente. Muchos misiólogos mantienen que esta religión crece a una velocidad más rápida que cualquiera otra religión en el mundo y es indudable que la población de musulmanes se crece en Latino América. Según un estudio por la Pew Foundation en 2009, fueron más de 780.000 musulmanes en Argentina y 110,000 en México. Un misionero investigando la presencia de musulmanes en América Latina estima su número en unos 21 millones por todo el continente de América del Sur.

La población musulmana crece fácilmente en América Latina por varias razones. Una es el trasfondo histórico que tienen en común por casi 800 años viviendo y luchando en la península Ibérica (711 a 1.492 d. de J.C.). Por su yuxtaposición durante esta época tienen mucho en común en cuanto al vocabulario compartido, arquitectura, filosofía, costumbres, y aun hasta la sangre. Aunque lo que tienen en común facilita la adaptación cultural de musulmanes que se trasladan a Latino América, la misma realidad funciona al revés, es decir, los latinos encuentran mucho éxito en el ministerio misionero en el mundo islámico. Se estima que hay más misioneros latinos en esta parte del mundo que en los Estados Unidos o Europa.

El Islamismo funciona como religión del estado de muchos países y por los pozos prolíficos de petróleo que hay en sus países existe mucho dinero disponible para invertir en sus esfuerzas de difundir el Islamismo por el mundo. Los gobiernos Islámicos invierten dinero en proyectos de infraestructura en países de pocos recursos y ganan la amistad de los gobernadores Latinoamericanos. Además de los esfuerzos políticos y económicos la realidad es que el Islamismo es muy agresivo en su deseo a establecer su religión en el mundo. Los musulmanes emplean nuevas metodologías para atraer y persuadir a los latinos con creciente éxito. La iglesia de América Latina debe prepararse para enfrentar esta amenaza que viene con fuerza.

La tercera tendencia que se ve en el mundo venidero es una consciencia del deber misionero bíblico. Por haber tenido misioneros en sus países por muchos años los latinos son más conscientes de las estrategias y metodologías bancarrotas que se han empleado por algunos en sus contextos. La práctica de muchos esfuerzos misioneros que inician una iglesia y muy pronto dejarla para plantar otra se ve como inadecuada. A menudo las sectas pasan por las comunidades y engañan a muchos miembros de esas iglesias. La única manera para evitar esta tragedia es profundizar a los hermanos en la Palabra de Dios y capacitar a los líderes. Muchos Latinos son agradecidos por los sacrificios que hicieron los misioneros en el pasado, pero ahora prefieren obras más profundas, líderes más capacitados, y creyentes discipulados. Con frecuencia las iglesias se sienten como víctimas de la metodología que predica el evangelio, que forma a los creyentes en grupos llamados iglesias lo más rápido posible, y que luego se desaparece el misionero. Tal metodología produce iglesias numerosas que tienen mucha anchura pero poca profundidad.

La iglesia del futuro demanda más compromiso a la plenitud de la Gran Comisión enseñándoles todo lo que Cristo nos ha mandado. Para satisfacer esta necesidad hay que estudiar y aplicar metodologías para alcanzar y capacitar a los analfabetos, desarrollar sistemas de capacitación que no requieren la presencia residencial de los estudiantes, y ser flexibles para incluir a laicos, líderes, y pastores con varios niveles académicos. No es suficiente establecer un seminario de licenciatura o maestría en la ciudad capital y esperar que todos los que necesitan capacitarse se trasladen para estudiar. Un futuro desafiante requiere que seamos creativos para descubrir nuevas respuestas.

El futuro también requiere que tomemos en cuenta el último desafío: ¡Por tanto id! No es suficiente esperar que otros vayan al mundo para predicar, sembrar iglesias, y capacitar a los discípulos. El llamado misionero toca a personas en cada cultura, en toda clase social, a los con mucho dinero y a los con escasos recursos. Las últimas palabras de Cristo antes de ascender a Su Padre deben ser nuestra prioridad.

Las personas en las partes del mundo donde no han oído el evangelio no son neutrales antes de rechazarlo, sino muertos en sus pecados y separados de Dios. Cada día unos 50.000 de ellos mueren y entran en una eternidad sin Cristo, sin esperanza, y sin perdón. Toda cultura ya tiene una religión pero las religiones del mundo no salvan a nadie. Solo en Jesucristo tenemos perdón y la salvación. Pedro nos dijo en Hechos 4:12 que no hay otro nombre bajo los cielos por el cual podemos ser salvos. Cristo mismo dijo en John 14:6 que Él es el camino, la verdad, y la vida y nadie viene al Padre sino por Él. No hay otra puerta a la salvación. Por eso, Cristo nos ha dado la Gran Comisión para hacer discípulos en toda cultura.

Por la lectura de este libro es posible que Dios le haya dado a Ud. un llamado misionero. El misionero Ralph D. Winter dijo, "Dios no le puede guiar según la información que Ud. no tiene." Al terminar la lectura de este libro usted ya tiene el entendimiento del panorama misionero bíblico y los propósitos de Dios para salvar a Su mundo por medio de la predicación de Su iglesia. Si usted se siente el llamado misionero, no trate de escaparlo. No tendrá éxito. Dios cumplirá con Sus planes para Su vida al fin (¡Sólo pregúntele a Jonás cuando llegue a los cielos!).

¿A quién llama al Señor a las misiones? El Señor siempre llama a los que son conscientes de la necesidad, a los que son preocupados por la necesidad, a los comprometidos a Dios, y a los que tienen el reconocimiento de sus dones y la bendición de su iglesia. Otra característica común que se ve en la vida de los misioneros es el deseo de servir al Señor como misionero (Salmo 37:4). Espero que el Señor haya utilizado este libro en esta manera en su vida. Los autores oran que el Señor use este libro y los ministerios de sus lectores para avanzar el reino de Cristo y traer gloria a Su nombre. Amén.

§

Bibliografía

Allen, Roland. "Pentecostés y el Mundo" (OUP, 1917), 36. En *El Cristiano Contemporáneo.* Editado por John R. W. Stott. Libros Desafío, Grand Rapids, MI, 1995.

Allen, Roland. *Missionary Methods: St. Paul's Or Ours?* Eerdmans, Grand Rapids,MI, 1962.

Armstrong, Hayward. "Ayudas Prácticas", en *Comentario Bíblico Mundo Hispano, Tomo 6.* Editorial Mundo Hispano, El Paso, TX, 2000.

Armstrong, Hayward. *Más Cerca de Dios: Las Disciplinas Espirituales.* Editorial Mundo Hispano, El Paso, TX, 2009.

Arnold, Clinton E. *3 Crucial Questions about Spiritual Warfare.* Baker Books, Grand Rapids, MI, 1997.

Arrastia, Cecilio. *Tentación y Misión: Reflexiones Sobre la Misión de la Iglesia.* Casa Bautista de Publicaciones, El Paso, TX, 1993.

Bakke, Ray. *A Theology as Big as the City.* InterVarsity Press, Downers Grove, IL, 1997.

Baxter, Richard. *The Reformed Pastor.* The Banner of Truth Trust, East Peoria, IL, 1974.

Bosch, David. *Believing in the Future: Toward a Missiology of Western Culture.* Trinity Press International, Harrisburg, PA.

Bosch, David. J. *Misión en Transformación.* Orbis Books, Maryknoll, New York.

Carver, W.O. *Missions in the Plan of the Ages.* Broadman Press, Nashville, 1903.

Cook, Harold. *Highlights of Christian Missions: A History and survey* Moody Press, Chicago, 1967.

Corduan, Winfried. *Neighboring Faiths: A Christian Introduction to World Religions.* InterVarsity Press, Downers Grove, IL, 1998.

Costas, Orlando. *Christ Outside the Gate: Mission beyond Christendom.* Orbis Maryknoll, NY, 1982.

Costas, Orlando. *Theology of the Crossroads in Contemporary Latin America* Rodopi, Amsterdam, Netherlands, 1976.

Dayton, Edward R. and David A. Fraser. *Planning Strategies for World Evangelization.* Eerdmans, Grand Rapids, 1980.

Eckhard, Schnabel. *Paul the Missionary: Realities, Strategies And Methods - Realities, Strategies and Methods.* InterVarsity Press, Downers Grove, IL, 2008.

Edmonson, Munro. "The Mayan Faith". En *South and Meso-American Native Spirituality.* Editado por Gary Gossen. Crossroad, New York, 1993.

Elliot, Elisabeth. *Portales de Esplendor.* Editorial Portavoz, Grand Rapids: 1957.

Elmer, Duane, *Cross-Cultural Servanthood*. Intervarsity Press, Colorado Springs: 2006.

Engel, James F. "Beyond the Numbers Game," *Christianity Today*, August 7, 2000, 54.

Escobar, Samuel "Evangelical Missiology". En *Global Missiology for the 21ˢᵗ Century*. Editado por William D.Taylor. Baker Academic, Grand Rapids, MI, 2000.

Escobar, Samuel. *La Palabra: Vida de la Iglesia*. Editorial Mundo Hispano, El Paso, TX, 2006.

Fernando, Ajith. "Grounding our Reflections in Scripture: biblical trinitarianism and mission" in *Global Missiology for the 21ˢᵗ Century*. Editado por William D. Taylor, ed., Baker Academic, Grand Rapids, MI, 2000.

Garrett, James Leo. *Teología Sistemática, Tomo 2*. Mundo Hispano, El Paso, TX, 2000.

Glasser, Arthur. "Levantando Iglesias" en *Misión Mundial,* Tomo I. Editado por Jonatán Lewis. Editorial Unilit, Miami, FL, 1990.

Gonzales, Justo L. *Mañana: Christian Theology through Hispanic Eyes.* Abingdon Press, Nashville, TN, 1990.

González, Justo L. y Carlos F. Cardoza. *Historia General de las Misiones.* Editorial CLIE, Barcelona, España, 2008.

Green, Michael. *But Don't All Religions Lead to God?* Baker Books, Grand Rapids, MI, 2002.

Green, Michael. *But Don't All Religions Lead to God?* Baker Books, Grand Rapids, MI: 2002.

Greenway, Roger. *Apóstoles a la Ciudad*. Libros Desafío, Grand Rapids, MI, 2004.

Greenway, Roger. *¡Vayan y hagan discípulos!: Una introducción a las misiones cristianas*. Libros Desafío, Grand Rapids, 2004.

Grunlan, Stephan A. y Marvin K. Mayers. *Antropolgía Cultural*. Editorial Vida, Deerfield, 1997.

Guthrie, Stan. *Missions in the Third Millennium*. Paternoster Publishing, Carlisle, UK, 2000.

Harnack, Adolf. *The Mission and Expansion of Christianity in the First Three Centuries, Vol. II*. G. P. Putnam's Sons, New York, 1908.

HCJB Global. "History HCJB Radio", Disponible en línea http://www.hcjb.org/History/radio-station-hcjb.html.

Hernandez, Pedro Villa. *Latinoamérica: Relación de Historia*. Henry Holt and Co. , New York, 1942.

Hiebert, Paul G. *Anthropological Reflections on Missiological Issues*. Baker, Grand Rapids, 1994.

Hiebert, Paul, R. Daniel Shaw, y Tite Tiénou. *Understanding Folk Religion: A Christian Response to Popular Beliefs and Practices*. Baker Academic, Grand Rapids, 1999.

Hill Ronald. "The Apostolic Team," En *Mission-Driven Teams*. International Centre for Excellence in Leadership, International Mission Board, SBC, Rockville, VA, 2002.

Hofstede, Gert Jan and Paul B. Pederson. *Exploring Culture: Exercises, Stories, and Synethetic Cultures.* Intercultural Press, Yarmouth, ME, 2002.

Hogue, James y Ebbie C. Smith. *Christianity Faces a Pluralistic World.* Christian Literary Productions, Ft. Worth, 1989.

House, H. Wayne. *Charts of World Religions.* Zondervan, Grand Rapids, MI, 2006.

Iorg, Jeff. *The Character of Leadership*. Broadman & Holman Publishing Group, Nashville, 2007.

Jenkins, Phillip. *The Next Christendom: The Coming of Global Christianity.* University Press, Oxford, 2002.

Johnstone, Patrick y Jason Mardryk. *Operation World, 21st Century Edition.* Operation Mobilization, 2001.

Junta de Misiones Internacionales. *The 7 Dimensions & 4 Phases Profile.* International Mission Board, Richmond, VA, 2001.

Kane, J. Herbert. *A Concise History of the Christian World Mission: A Panoramic View of Missions from Pentecost to the Present.* Baker Book House, Grand Rapids, 1978.

Latourette, Kenneth Scott. *A History of Christianity: Beginnings to 1500,* edición revisada. Prince Press, Peabody, Massachusetts.

Latourette, Kenneth Scott. *Historia del Cristianismo, Tomo II.* Traducción por Jaime Quarles y Lemuel Quarles. Casa Bautista de Publicaciones, El Paso, 1983.

León-Portilla, Miguel. "Those Made Worthy by Divine Sacrifice: The Faith of Ancient Mexico" En *South and Meso-American Native Spirituality.* Editado por Gary Gossen. Crossroad, New York, 1993.

Lewis, James F. and William G. Travis. *Religious Traditions of the World.* Zondervan Publishing House, Grand Rapids, MI, 1991.

Lewis, Jonatán P. *Misión Mundial, Tomo 3.* Editorial Unilit, Miami, 1990.

Lewis, Richard. *Cultural Imperative.* Intercultural Press, Yarmouth, ME, 2002.

Lingenfelter, Sherwood. *Ministering Cross-Culturally.* Baker Academic, Grand Rapids, 2003.

McInerney, Virginia, *Single Not Separate: How to Make the Church a Family* Charisma House, Lake Mary, FL, 2003. Citado en *Serving God Alone.* International Centre for Excellence in Leadership, Rockville, VA, 2006.

Montgomery, Leslie. *Una Guía Para Padres sobre la Guerrà Espiritual: Eduque a sus Hijos para que Ganen la Batalla.* Portavoz, Grand Rapids, MI, 2006.

Moreau, Scott, Gary Corwin, y Gary McGee. *Introducing World Missions: A Biblical, Historical, and Practical survey.* Baker Academic, Grand Rapids, 2004.

Morena, A. Scott, editor. "10/40 Window". En *Evangelical Dictionary of World Missions.* Baker Books, Grand Rapids, MI.: 2000.

Neil, Stephen. *History of Christian Missions,* Penguin Books, London, 1964.

Newbigin, Leslie. *The Open Secret: An Introduction to the Theology of Mission,* 2nd ed. Eerdmans, Grand Rapids, MI, 1995.

Nida, Eugene. *Understanding Latin Americans: With Special Reference to Religious Values and Movements.* William Carey Library, South Pasadena, 1974.

Núñez, Emilio. *La Teología de la Liberación: Una Perspectiva Evangélica.* Editorial Caribe, Miami, FL, 1986.

Obermuller, Rudolf. *Evangelism in Latin America.* Latterworth Press, London, 1957.

Ott, Craig and Harold A. Netland, editores. *Globalizing Theology: Belief and Practice in an Era of World Christianity* Baker Academic, Grand Rapids, MI, 2006.

Patterson, Francisco. *Breve historia de la obra misionera Cristiana.* Casa Bautista de Publicaciones, El Paso, 1992.

Piper, John. *Let the Nations Be Glad: The supremacy of God.* Baker Academic, Grand Rapids, MI, 2003.

Pocock, Michael, Gailyn Van Rheenen, and Douglas McConnel. *The Changing Face of World Missions.* Baker Academic, Grand Rapids, MI, 2005.

Priest, Robert J. "Animism". En *Evangelical Dictionary of World Missions.* Editado por A. Scott Moreau. Baker Books, Grand Rapids, MI, 2000.

Queiroz, Edison. *La Iglesia Local y Las Misiones.* Editorial Unilit, Miami, FL, 1994.

Rycroft, Stanley. *Religion and Faith in Latin America.* Westminster Press, Philadelphia, 1958.

Sills, M. David. *El llamado misionero: Encuentre su lugar en el plan de Dios para el mundo.* Unilit, Miami, 2009.

Sills, M. David. *Reaching and Teaching: A Call to Great Commission Obedience.* Moody Publishers, Chicago, 2010.

Smith, Donald K. *Creating Understanding.* Zondervan, Grand Rapids, 1992.

Steuernagel, Valdir R., ed. "La Gran Comisión: Leámosla de Nuevo". En *La Misión de la Iglesia: Una Visión Panorámica.* Visión Mundial Internacional, San José, Costa Rica, 1992.

Stoll, David . *Is America Turning Protestant? The Politics of Evangelical Growth.* The University of California Press, Berkeley, 1990.

Stott, John R. W. *El Cristiano Contemporáneo.* Libros Desafío, Grand Rapids, MI, 2001.

Stott, John R. W. *The Incomparable Christ.* InterVarsity Press, Downers Grove, IL, 2001.

Stott, John R. W., editor. *Making Christ Known: Historic Mission Documents from the Lausanne Movement, 1974-1989.* Eerdmans Publishing Company, Grand Rapids, MI, 1996.

Stott, John. "The Living God is a Missionary God", En *Perspectives on the World Christian Movement*, 3rd Edition. Editado por Ralph Winter y Steven Hawthorne. William Carey Library. Pasadena, California.

Terry, John Mark, Ebbie Smith, and Justice Anderson, editores. *Missiology.* Broadman and Holman, Nashville, TN, 1998.

Tylor, Edward B. *Primitive Culture: Researches into the development of mythology, philosophy, religion, language, art and custom, Vol. 1.* Gordon Press, New York, 1871.

Van Engen, Carlos. *El Pueblo Misionero de Dios.* Libros Desafío, Grand Rapids, MI, 2004.

Weaver, Richard. *Ideas have Consequences.* University of Chicago Press, Chicago, 1984.

Willems, Emilio. *Latin American Cultures: An Anthropological Synthesis.* Harper and Row, New York, 1975.

Winter, Ralph. *The Twenty-Five Unbelievable Years 1945-1969.* William Carey Library, Pasadena, 1970.

Wright, Christopher J. H. *The Mission of God: Unlocking the Bible's Grand Narrative.* InterVarsity Press, Downers Grove, IL, 2006.

Yrion, José. *Heme Aquí, Señor, Envíame a Mí.* Editorial Caribe, Nashville, 2004.

Made in the USA
Middletown, DE
18 December 2018